DB 성능 최적화를 위한
SQL 실전 가이드

SQL
레벨업

SQL 레벨업 : DB 성능 최적화를 위한 SQL 실전 가이드

초판 1쇄 발행 2016년 1월 30일
초판 6쇄 발행 2022년 4월 28일

지은이 미크(MIC) / **옮긴이** 윤인성 / **펴낸이** 김태헌
펴낸곳 한빛미디어(주) / **주소** 서울시 서대문구 연희로2길 62 한빛미디어(주) IT출판부
전화 02-325-5544 / **팩스** 02-336-7124
등록 1999년 6월 24일 제25100-2017-000058호 / **ISBN** 978-89-6848-251-9 93000

총괄 전정아 / **책임편집** 홍성신 / **기획·편집** 박지영 / **진행** 이윤지
디자인 표지·내지 김연정 / **전산편집** 방유선
영업 김형진, 김진불, 조유미 / **마케팅** 박상용, 송경석, 한종진, 이행은, 고광일, 성화정 / **제작** 박성우, 김정우

이 책에 대한 의견이나 오탈자 및 잘못된 내용에 대한 수정 정보는 한빛미디어(주)의 홈페이지나 아래 이메일로
알려주십시오. 잘못된 책은 구입하신 서점에서 교환해 드립니다. 책값은 뒤표지에 표시되어 있습니다.
한빛미디어 홈페이지 www.hanbit.co.kr / 이메일 ask@hanbit.co.kr

지금 하지 않으면 할 수 없는 일이 있습니다.
책으로 펴내고 싶은 아이디어나 원고를 메일(**writer@hanbit.co.kr**)로 보내주세요.
한빛미디어(주)는 여러분의 소중한 경험과 지식을 기다리고 있습니다.

DB 성능 최적화를 위한
SQL 실전 가이드

SQL

레벨업

미크 지음
윤인성 옮김

HB 한빛미디어
Hanbit Media, Inc.

지은이·옮긴이 소개

지은이 **미크** MIC

SI 기업에서 근무하는 데이터베이스 엔지니어. 대규모 데이터베이스 시스템의 구축, 성능 설계, 튜닝이 전문이다. 저서로는 『집에서 배우는 데이터베이스 기본』(한빛미디어, 근간), 『SQL 더 쉽게, 더 깊게』(제이펍), 『達人に学ぶ SQL徹底指南書(프로에게 배우는 SQL 지침서)』가 있다.

옮긴이 **윤인성**

출근하는 게 싫어서 책을 집필/번역하기 시작했다. 일본어는 픽시브에서 웹 코믹을 읽다가 배웠다고 전해진다. 현재 직업 특성상 집에서 나갈 이유가 별로 없다는 것에 굉장히 만족하는 성격이기도 하다. 홍차와 커피를 좋아하며 요리, 음악, 그림, 스컬핑 등이 취미다.

『모던 웹을 위한 JavaScript+jQuery 입문』, 『모던 웹을 위한 Node.js 프로그래밍』, 『모던 웹 디자인을 위한 HTML5+CSS3 입문』 등을 저술하였으며, 『TopCoder 알고리즘 트레이닝』, 『Nature of Code』(이상 한빛미디어), 『소셜 코딩으로 이끄는 GitHub 실천 기술』(제이펍) 등을 번역했다.

이 책의 목적은 성능 좋은 SQL을 쓰는 방법, 특히 대량의 데이터를 처리하는 SQL의 성능을 향상시키는 방법을 이해하는 것입니다. SQL의 첫 번째 목적은 사용자가 원하는 데이터를 선택하는 것 또는 데이터를 갱신하는 것입니다. 일반적인 프로그래밍 언어와 마찬가지로, 한 가지 목적을 구현하는 코드는 많습니다. 다만 그러한 구현 방법은 기능적으로는 차이가 없어도 성능적으로 큰 차이가 있습니다. 따라서 SQL을 작성할 때는 효율과 성능을 중시해서 코드를 작성해야 합니다.

애플리케이션 개발자 중에는 DBMS의 내부 아키텍처와 저장소라는 하위 계층을 의식하지 않고 블랙박스처럼 다루는 사람이 많을 것입니다. 실제로 데이터베이스에서 다루는 데이터양이 적다면, 충분히 잘 동작하는 시스템을 만들 수 있습니다. 이는 RDB(관계형 데이터베이스)와 SQL이 지향하는 '내부 동작 원리를 몰라도 사용할 수 있다'가 이루어지는 것이지요.

하지만 최근에는 데이터베이스가 다루는 데이터양이 굉장히 많아졌습니다. 그래서 '빅데이터'라는 용어도 IT 업계를 넘어 비IT 사람들에게까지 퍼졌습니다. 데이터양이 많아지면서 데이터베이스의 성능에 대한 요구도 많아지고 있습니다.

그런데 데이터베이스 성능을 이해하려면, SQL뿐만 아니라 데이터베이스 내부 아키텍처와 저장소 같은 하드웨어 특성을 고려해야 합니다. 어떤 SQL이 빠르고 왜 그러한 결과가 나오는지, 왜 다른 SQL은 느린지를 이해하려면 블랙박스의 뚜껑을 열어 안을 들여다봐야 합니다. 이 책은 뚜껑을 열고 실행 계획을 들여다봄으로써 블랙박스를 화이트박스로 만드는 것이 목적입니다.

RDB와 SQL은 '사용자가 직관적으로 처리할 수 있는 인터페이스'와 '대용량 데이터의 효율적 처리'라는 상반된 명제 사이에 있는 미들웨어입니다. RDB와 SQL이 이러한 문제를 어떻게 해결하려고 노력했는지, 어떤 성과가 있는지, 그리고 지금 어떠한 벽에 부딪혔는지를 하나하나 살펴봅시다.

이 책도 사실 이러한 문제에 대한 완벽한 해결책을 제공하지는 못한다고 생각합니다. 하지만 실무에서 매일매일 데이터베이스 성능과 씨름하는 엔지니어가, RDB와 SQL을 블랙박스로 다룰 때보다 한 걸음 더 나아갈 수 있으면 좋겠습니다.

이 책을 집필할 때, 기무라 메이지 씨와 ARTTRY의 사카이 메구미 씨가 많은 교정을 해주었습니다. 이 자리를 빌려 감사의 말씀을 드립니다.

2015년 3월 15일
미크

옮긴이의 말

현대 개발의 핵심은 데이터입니다. 데이터를 어떻게 구성하고 전송하며 처리하는 지가 주요 과제이지요. 그래서 모든 개발의 중심에는 데이터베이스가 있고, 데이터베이스를 관리하는 SQL이 있습니다.

과거에는 데이터베이스를 대충 다루어도 되었습니다. 적당히 다뤄도 괜찮은 속도가 나오고, 호스트 언어(C, C++, 자바, C# 등)로 CRUD(Create-Read-Update-Delete)하는 방법만 공부하면 데이터베이스와 관련된 내용은 문제없다라는 말도 있었습니다. 현재가 그렇다는 것은 아닙니다.

데이터가 쌓이는 속도와 데이터에 접근하는 속도가 달라지면서 데이터베이스에 많은 부하가 걸리기 시작했습니다. 그래서 2010년을 전후로 그러한 빅데이터를 처리하기 위해 여러 가지 대안이 등장했습니다.

그 대안 중에 하나로 NoSQL 데이터베이스가 있었습니다. 많은 개발자가 "더 이상 SQL을 사용하지 않아도 되는 걸까?"하는 기대에 부푼 때도 있었지만, 결국 메인 데이터베이스는 아직도 SQL이 굳게 지키고 있습니다. SQL은 굉장히 잘 만들어진, 오랜 시간을 거치며 만들어진 뿌리 깊은 나무 같은 언어입니다.

그렇다면 왜 2010년에는 사람들이 SQL로 많은 양의 데이터를 제대로 처리할 수 없다고 생각했을까요? 물론 하드웨어적인 문제도 있었고, 기능 부족의 문제도 있었습니다. 하지만 가장 큰 문제는 많은 개발자가 SQL을 제대로 사용하지 못하기 때문입니다. 데이터양이 많아지는 순간 갑자기 바뀌는 실행 계획을 예측하지 못했고, 결합에서 어떤 테이블을 우선해야 하는지 등을 고려하지 못했습니다.

이제 SQL을 대충 사용하면 안 되고, 신중하게 사용해야 하는 시점입니다. 내가 작성한 SQL 구문이 내부적으로 어떻게 동작하고 미래에 어떤 위험성을 가지고 있는지 정도는 알아야 합니다. 이 책은 그러한 내용을 다루는 책입니다.

책의 기본적인 독자 대상은 기본적인 SQL 구문(SELECT, INSERT, UPDATE, DELETE)을 알고 있는 사람입니다. 지금까지 한 번도 실행 계획이라는 것을 살펴보지 않은 데이터베이스 관련 개발자에게 좋은 내용이 될 것으로 생각합니다.

책을 담당해주신 한빛미디어 박지영 님과 책의 조판과 마케팅에 참여해주신 모든 분께 감사의 말씀을 드립니다.

윤인성

이 책의 구성

이 책은 10개의 장과 2개의 부록으로 구성되어 있습니다.

1장 : DBMS 아키텍처

이 책의 도입 부분으로 RDB의 내부적인 동작 모델을 이해하는 것이 목표입니다. 데이터 캐시 또는 워킹 메모리 등의 메모리 관련 구조, 저장소 구조를 알아봅니다. 또한 SQL의 퍼포먼스를 이해하기 위한 핵심 개념인 실행 계획과, 실행 계획을 만드는 옵티마이저를 알아봅니다.

2장 : SQL 기초

SQL 기초 구문을 이해합니다. 검색, 갱신, 분기, 집약, 행간 비교를 하는 SQL 구문을 살펴봅니다. 이 장에서 배우는 SQL 구문은 이후의 성능 관련 내용을 살펴볼 때 중요하게 다뤄집니다.

3장 : SQL의 조건 분기

SQL에서 조건 분기를 표현하는 방법인 CASE 식에 대해서 알아봅니다. CASE 식을 사용했을 때 어떻게 성능이 변화하는지 실행 계획을 통해 살펴봅니다.

4장 : 집약과 자르기

SQL의 집합 지향이라는 패러다임을 GROUP BY 구문과 집약 함수를 통해 살펴봅니다. 또한 이전 장에서 배운 CASE 식을 활용해 집합 지향적인 SQL 구문을 어떻게 만드는지 알아보고, 어떠한 성능 변화가 생기는지도 살펴봅니다.

5장 : 반복문

RDB의 성능 문제를 발생시키는 원인 중 하나로 SQL이라는 집합 지향 세계에 절차 지향적인 패러다임을 적용하려는 시도를 들 수 있습니다. 이 장에서는 반복을 적용하는 것의 문제에 대해서 살펴봅니다.

6장 : 결합

SQL 성능 문제는 대부분 결합과 관련된 부분에서 발생합니다. Nested Loops, Hash, Sort Merge와 같은 결합 알고리즘의 실행 계획을 살펴보고, RDB가 결합을 최적화하려면 어떻게 해야 하는지에 대해 살펴봅니다.

7장 : 서브쿼리

문제를 작게 분할하고 단계적으로 해결하는 서브쿼리의 접근법은 절차 지향적인 프로그래밍과 비슷합니다. 이러한 접근법에 의존하게 되었을 때 발생하는 성능 문제를 살펴보고 어떻게 그러한 문제를 해결할 것인지도 살펴봅니다.

8장 : SQL의 순서

전통적으로 절차 지향적이지 않은 패러다임을 가지고 있는 SQL이지만, 최근 절차 지향적인 기능을 받아들이는 변화가 일어나고 있습니다. 그 대표적인 상징이 윈도우 함수인데요. 윈도우 함수로 인한 혁명을 중심으로 절차 지향적인 SQL을 살펴봅니다.

9장 : 갱신과 데이터 모델

SQL 구문을 바꾸는 것이 성능을 개선하는 가장 좋은 수단은 아닙니다. 데이터 모

7장 서브쿼리

부록

1 장

DBMS 아키텍처

공짜 밥은 존재할까?

어느 정치가나 경제평론가들의 주장이 너무 그럴듯해서

믿기 어렵다고 생각되면 십중팔구 여러분의 판단이 옳은 것이다.

이들의 말이 공짜 점심을 제공하는 것처럼 들린다면

여러분은 숨겨진 가격표를 찾으려 애써야 한다.

비용이 들지 않고 이득만 주는 정책은 거의 없기 때문이다[1].

_ 니콜라스 그레고리 맨큐

일단 SQL의 성능을 이야기하는 데 필요한 DBMS(Database Management System
: 데이터베이스 관리 시스템)의 아키텍처에 대해 설명하겠습니다. SQL을 작성하는 방법
은 다음 장부터 상세하게 설명합니다. 하지만 그 전에 DBMS와 기억장치의 관계, 옵티마
이저(optimizer)의 구조, 메모리의 작동 방식에 대해서 살펴보겠습니다. 그리고 그러한
내용을 알아보면서 DBMS가 트레이드오프[2]의 균형을 위해 어떠한 노력을 하는지, 우리
가 DBMS를 사용할 때는 무엇을 우선하고 무엇을 버려야 하는지에 대해 생각해봅시다.

----

1 역자주_ 어딘가에서 공짜 밥을 준다는 것은 어딘가에서 돈을 가져온다는 뜻입니다. 어떤 것을 얻으려
   면 어떤 것은 희생해야 한다는 의미로 사용된 말입니다. 이 책에서 계속해서 등장하는 말이므로 간단하
   게 어떤 관계인지 생각하고 넘어갑시다.

2 역자주_ Trade−off. 어느 것을 얻으려면 반드시 다른 것을 희생하여야 하는 경제 관계

1강

DBMS 아키텍처 개요

현재 사용되는 RDB(Relational Database) 제품은 굉장히 많습니다. 한국에서는 Oracle, Microsoft SQL Server, DB2, PostgreSQL, MySQL 등이 많이 사용됩니다. 이러한 제품은 각각의 특징이 있습니다. 따라서 내부 아키텍처들이 조금씩 다릅니다.

하지만 RDB로써 기능을 제공한다는 목적은 모두 동일합니다. 따라서 모두 관계 모델이라는 수학적인 이론을 바탕으로 합니다. 결국 기본적인 구조 자체는 모두 같습니다. 이러한 공통적인 구조를 이해한다면, 각각의 DBMS가 가지는 특징도 쉽게 이해할 수 있을 것입니다.

다음 [그림 1-1]은 DBMS의 일반적인 아키텍처 개요를 그림으로 나타낸 것입니다.

그림 1-1 DBMS 아키텍처

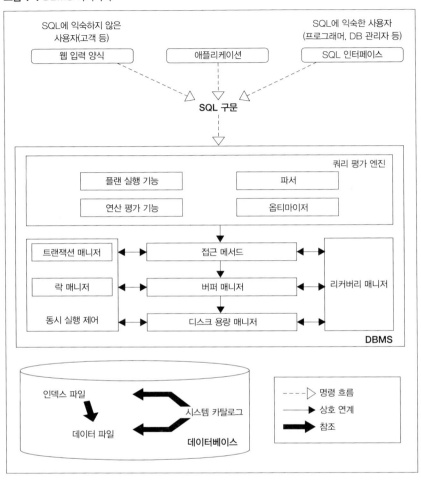

그림에서 위에 있는 것은 데이터베이스 사용자(일반 사용자 또는 프로그래머)와의 인터페이스를 나타냅니다. 여기서 전달된 SQL 구문은 중간에 있는 DBMS를 통해 다양한 처리를 수행합니다. 그리고 저장 장치에 있는 데이터에 접근해서 데이터를 읽고 쓰게 됩니다.

우리가 관심을 가질 부분은 중간에 있는 DBMS에서 일어나는 '다양한 처리'입니다. 그럼 DBMS 내부에는 어떠한 기능이 있는지 간단하게 살펴봅시다.

1. 쿼리 평가 엔진

쿼리 평가 엔진은 사용자로부터 입력받은 SQL 구문을 분석하고, 어떤 순서로 기억장치의 데이터에 접근할지를 결정합니다. 이때 결정되는 계획을 '실행 계획'(또는 '실행 플랜'[1])이라고 부릅니다. 이러한 실행 계획에 기반을 둬서 데이터에 접근하는 방법을 '접근 메서드(access method)'라고 부릅니다. 한마디로 쿼리 평가 엔진은 계획을 세우고 실행하는 DBMS의 핵심 기능을 담당하는 모듈입니다. 이 책에서 중요하게 다루는 성능과도 깊은 관련이 있는 모듈입니다.

추가로 '쿼리(query)'는 '질의'를 의미하는 영어 단어입니다. 좁은 의미로는 SELECT 구문을 나타내는 말이며, 큰 의미로는 SQL 구문 전체를 나타냅니다. 이 책에서 쿼리는 좁은 의미(SELECT 구문)로 사용됩니다.

2. 버퍼 매니저

DBMS는 버퍼라는 특별한 용도로 사용하는 메모리 영역을 확보해둡니다. 이 메모리 영역을 관리하는 것이 바로 버퍼 매니저입니다. 버퍼 매니저는 곧이어 설명할 디스크를 관리하는 디스크 용량 매니저와 함께 연동되어 작동합니다. 이러한 메커니즘도 성능과 중요한 관련이 있답니다.

3. 디스크 용량 매니저

데이터베이스는 프로그램 중에서도 가장 많은 데이터를 다루는 소프트웨어입니다. 또한 웹 서버 또는 애플리케이션 서버는 실행되는 동안만 데이터를 저장하면 되지만, 데이터베이스는 데이터를 영구적으로 저장해야 합니다. 디스크 용량 매니저는 어디에 어떻게 데이터를 저장할지를 관리하며, 데이터의 읽고 쓰기를 제어합니다.

---

1 역자주_ 영어로는 **Explain Plan**이라고 부릅니다.

4. 트랜잭션 매니저와 락 매니저

상용 시스템에서 데이터베이스를 사용하는 사람은 한 명이 아닙니다. 수백에서 수천 명의 사람이 동시에 데이터베이스에 접근해서 사용하게 되는데요. 이때 각각의 처리는 DBMS 내부에서 트랜잭션이라는 단위로 관리됩니다. 이러한 트랜잭션의 정합성을 유지하면서 실행시키고, 필요한 경우 데이터에 락을 걸어 다른 사람의 요청을 대기시키는 것이 트랜잭션 매니저와 락 매니저의 역할입니다.

5. 리커버리 매니저

DBMS가 저장하고 있는 데이터 중에는 절대 잃어버리면 안 되는 데이터가 있습니다. 하지만 시스템은 언제나 장애가 발생할 수 있습니다. 따라서 이러한 상황을 대비하려면 데이터를 정기적으로 백업하고, 문제가 일어났을 때 복구해줘야 하는데요. 이러한 기능을 수행하는 것이 리커버리 매니저입니다.

지금까지 간단하게 소개했는데요. 이러한 설명만으로 "DBMS가 무엇인지 알겠어!"하고 말하는 것은 말도 안 되는 일입니다. 따라서 제대로 이해하지 못했어도 상관없답니다. 어쨌거나 이 책에서 중점을 두어 다루는 성능이라는 관점에서 가장 중요한 것은 '쿼리 평가 엔진'(또는 쿼리 평가 엔진이 세우는 '실행 계획')입니다. 이 책에서는 실행 계획의 예제를 몇 가지 살펴보면서, 어떤 SQL 구문이 왜 느린지(또는 왜 빠른지)에 대해 살펴보겠습니다. 버퍼 매니저도 성능과 밀접한 관련을 가지는데요. 이는 이번 장의 'DBMS와 기억장치의 관계'에서 자세하게 설명하겠습니다.

이 이외의 것들은 일단 잊어버려도 상관없습니다. 사실 SQL의 성능에서 '트랜잭션 매니저'와 '락 매니저'도 굉장히 중요합니다. 하지만 이러한 것들은 '하나의 SQL 구문을 처리하는 때'가 아니라 '여러 SQL 구문을 동시에 실행하는 때'의 성능과 관련 있는 메커니즘입니다. 이 책에서는 하나의 SQL 구문을 독립적으로 실행하는 때의 성능을 중심으로 설명합니다. 따라서 SQL 구문을 동시에 실행하는 때 발생하는 충돌과 같은 관점은 살펴보지 않습니다.

DBMS와 버퍼

2강에서는 DBMS의 버퍼 매니저가 어떤 기능을 수행하는지 알아보겠습니다. 앞에서 설명했던 것처럼 버퍼는 성능에 굉장히 중요한 영향을 미칩니다. 메모리는 한정된 희소 자원입니다. 반면 데이터베이스가 메모리에 저장하고자 하는 데이터는 굉장히 많습니다. 따라서 데이터를 버퍼에 어떠한 식으로 확보할 것인가 하는 부분에서 트레이드오프가 발생합니다.

1. 공짜 밥은 존재할까?

[그림 1-2]는 기억장치의 분류를 계층으로 나타낸 그림입니다.

그림 1-2 기억장치의 계층

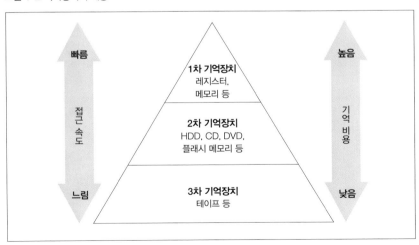

일반적으로 기억장치는 기억 비용(또는 기억 코스트)에 따라 1차부터 3차까지의 계층으로 분류합니다. **기억 비용**이라고 하는 것은 간단하게 '데이터를 저장하는 데 소모되는 비용'을 나타냅니다. 컴퓨터를 조립하는 경우를 생각해봅시다. 일반적으로 하드디스크(HDD, Hard Disk Drive) 용량에는 그다지 고민하지 않지만, 메모리 용량에는 고민합니다. 이는 그만큼 하드디스크가 저렴하기 때문입니다(기억 비용이 낮습니다). [그림 1-2]에서 피라미드의 아래 면적이 큰 것은 '같은 비용으로 저장할 수 있는 데이터 용량이 많다'라는 것을 나타냅니다.

그렇다고 아래에 있는 하드디스크 또는 테이프가 위에 있는 메모리보다 우수한 기억장치라고 말할 수는 없습니다. 물론 다량의 데이터를 영속적으로 저장하는 데는 메모리보다 좋지만, 데이터 접근 속도는 메모리보다 떨어지기 때문입니다. 독자 모두 컴퓨터에서 큰 용량의 파일을 열 때 하드디스크가 소리를 내며 꽤 오랜 시간 동안 파일을 열려 하는 것을 경험한 적이 있을 것입니다.

따라서 많은 데이터를 영속적으로 저장하려 하면 속도를 잃고, 속도를 얻고자 하면 많은 데이터를 영속적으로 저장하기 힘들다는 트레이드오프가 발생합니다. 한 마디로 시스템의 세계에는 공짜 밥이라는 것이 없다는 것이지요. 이러한 것이 저장소와 관련되어 나타나는 첫 번째 트레이드오프라는 것을 기억해주세요!

2. DBMS와 기억장치의 관계

DBMS는 데이터 저장을 목적으로 하는 미들웨어입니다. 따라서 기억장치와 떨어뜨릴 수 없는 관계입니다. DBMS가 사용하는 대표적인 기억장치는 다음과 같은 2가지입니다.

– 하드디스크(HDD)

DBMS가 데이터를 저장하는 매체(저장소)는 현재 대부분 HDD입니다. 물론 하드디스크 이외에도 많은 선택 사항이 있습니다[1]. 하지만 용량, 비용, 성능의 관점

---

1 저자주_ 예를 들어 인메모리 데이터베이스(in-memory database)는 이름 그대로 메모리에 데이터를 저장하고, 테이프 등의 매체에 백업합니다. 또한 최근에는 SSD(Solid State Drive)라는 플래시 메모리를 사용한 빠르고 영속적인

에서 대부분 하드디스크를 선택하고 있습니다.

하드디스크는 기억장치 계층에서 한가운데에 있는 2차 기억장치로 분류됩니다. 2차 기억장치는 그렇게 좋은 장점도 없지만, 그렇게 나쁜 단점도 없는 매체입니다. 데이터베이스는 대부분의 시스템에서 범용적으로 사용되는 미들웨어이므로, 어떤 상황(또는 관점)에서도 평균적인 수치를 가지는 매체를 선택하는 것이 자연스럽습니다.

그렇다고 해서 DBMS가 데이터를 디스크 이외의 장소에 저장하지 않는다는 뜻은 아닙니다. 오히려 일반적인 DBMS는 항상 디스크 이외의 장소에도 데이터를 올려놓습니다. 바로 1차 계층의 기억장치 메모리에 말이죠.

– 메모리

메모리는 디스크에 비해 기억 비용이 굉장히 비쌉니다. 따라서 하드웨어 1대에 탑재할 수 있는 양이 크지 않습니다. 일반적인 데이터베이스 서버의 경우 탑재되는 메모리 양은 한두 자리 정도입니다. 아무리 많다고 해도 100GB를 넘는 경우는 거의 없지요. 테라바이트 단위의 용량을 가지는 하드디스크와 비교하면 엄청나게 작은 크기입니다. 따라서 규모 있는 상용 시스템의 데이터베이스 내부 데이터를 모두 메모리에 올리는 것은 불가능합니다.

– 버퍼를 활용한 속도 향상

그렇지만 DBMS가 일부라도 데이터를 메모리에 올리는 것은 성능 향상 때문입니다. 한마디로 SQL 구문의 실행 속도를 빠르게 만들기 위함이라는 것이지요. [그림 1-2]처럼 메모리는 가장 빠른 1차 기억장치입니다[2]. 따라서 자주 접근하는 데이터를 메모리 위에 올려둔다면, 같은 SQL 구문을 실행한다고 해도 디스크에서 데이터를 가져올 필요 없이 곧바로 메모리에서 읽어 빠르게 데이터를 검색할 수 있습니다(그림 1-3).

기억장치도 상용화되고 있습니다. 아직은 가격이 비싸서 몇몇 시스템에서만 이용하고 있지만, 이후에 가격이 낮아지고 신뢰성이 높아지면 현재의 HDD를 대체할 수 있을 것입니다.

2 저자주_ 메모리와 디스크는 대충 수십만 배에서 수백만 배의 성능 차이가 있습니다.

그림 1-3 메모리에 데이터가 있다면 고속으로 처리 가능

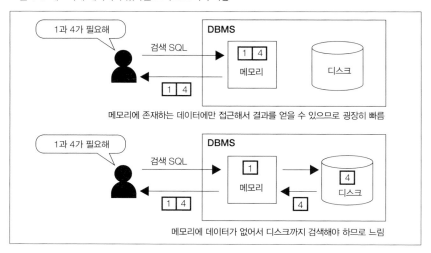

디스크 접근을 줄일 수 있다면 굉장히 큰 폭의 성능 향상이 가능합니다. 이는 일반적인 SQL 구문의 실행 시간 대부분을 저장소 I/O(입출력)에 사용하기 때문입니다[3].

이렇게 성능 향상을 목적으로 데이터를 저장하는 메모리를 **버퍼(buffer)** 또는 **캐시(cache)** 라고 부릅니다. 버퍼는 '완충제'라는 의미입니다. 사용자와 저장소 사이에서 SQL 구문의 디스크 접근을 줄여주는 역할을 하므로 붙은 이름입니다. 캐시역시 사용자와 저장소 사이에서 데이터 전송 지연을 완화시켜주는 것입니다. 모두물리적인 매체로 메모리가 사용되는 경우가 많습니다. 따라서 하드디스크 위에 있는 데이터에 접근하는 것보다 훨씬 빠르답니다. 이 책에서는 버퍼와 캐시를 거의같은 용어로 사용합니다.

이러한 고속 접근이 가능한 버퍼에 '데이터를 어떻게, 어느 정도의 기간 동안 올릴지'를 관리하는 것이 DBMS의 버퍼 매니저입니다. 이러한 것을 생각하면 버퍼 매니저가 데이터베이스의 성능에 굉장히 중요한 영향을 끼친다는 것을 쉽게 이해할수 있을 것입니다.

---

3 저자주_ 물론 모든 SQL이 그런 것은 아니고 전체적인 경향이 그렇다는 것입니다. 매우 적은 양의 데이터에만 접근하는 SQL 구문은 상대적으로 저장소의 I/O보다 CPU 연산에 많은 시간을 잡아먹습니다.

3. 메모리 위에 있는 두 개의 버퍼

DBMS가 데이터를 유지하기 위해 사용하는 메모리는 크게 다음과 같이 두 종류입니다.

- 데이터 캐시
- 로그 버퍼

대부분의 DBMS는 이러한 두 개의 역할을 하는 메모리 영역을 가지고 있습니다. 이러한 버퍼는 사용자가 용도에 따라 크기를 변경하는 것이 가능합니다. 이러한 메모리 크기를 Oracle, PostgreSQL, MySQL을 예로 정리했으므로 참고하기 바랍니다(표 1-1).

표 1-1 DBMS의 버퍼 메모리의 제어 매개변수

		Oracle 11gR2	PostgreSQL 9.3	MySQL 5.7(InnoDB)
데이터 캐시	명칭	데이터베이스 버퍼 캐시	공유 버퍼	버퍼 풀
	매개변수	DB_CACHE_SIZE	shared_buffers	innodb_buffer_pool_size
	초깃값	5MB×CPU 개수×그래뉼 크기(SGA_TARGET이 설정되어 있지 않은 경우 48MB)	128MB	128MB
	설정값 확인 명령어 예	SELECT value FROM v$parameter WHERE name='db_cache_size';	show shared_buffers;	SHOW VARIABLES LIKE 'innodb_buffer_pool_size';
	비고	SGA 내부에 확보	–	–
로그 버퍼	명칭	REDO 로그 버퍼	트랜잭션 로그 버퍼	로그 버퍼
	매개변수	LOG_BUFFER	wal_buffers	innodb_log_buffer_size
	초깃값	512KB 또는 128KB× CPU_COUNT 중에 큰 것	64KB	8MB
로그	설정값 확인 명령어 예	SELECT value FROM v$parameter WHERE name='log_buffer';	show wal_buffers;	SHOW VARIABLES LIKE 'innodb_log_buffer_size';
	비고	REDO 로그 버퍼	–	InnoDB 엔진 사용 시에만 적용

– 데이터 캐시

데이터 캐시는 디스크에 있는 데이터의 일부를 메모리에 유지하기 위해 사용하는 메모리 영역입니다. 만약 여러분이 실행한 SELECT 구문에서 선택하고 싶은 데이터가 운 좋게 모두 이러한 데이터 캐시에 있다면, 디스크와 같은 저속 저장소에 접근하지 않고 처리가 수행됩니다. 따라서 굉장히 **빠르게** 응답합니다.

반대로 운 나쁘게 버퍼에서 데이터를 찾을 수 없다면, 저속 저장소까지 데이터를 가지러 가야 합니다. 따라서 SQL 구문의 응답 속도가 느려집니다. 데이터베이스 세계에는 '디스크를 건드리는 자는 불행해진다'라는 오래된 격언이 있습니다. 실제로 그 저주대로 SQL 구문의 속도가 느려지는 경우도 자주 있답니다.

– 로그 버퍼

로그 버퍼는 갱신 처리(INSERT, DELETE, UPDATE, MERGE)와 관련 있습니다. DBMS는 갱신과 관련된 SQL 구문을 사용자로부터 받으면, 곧바로 저장소에 있는 데이터를 변경하지 않습니다. 일단 로그 버퍼 위에 변경 정보를 보내고 이후 디스크에 변경을 수행합니다(그림 1-4)[4].

그림 1-4 갱신 처리는 비동기로 이루어짐

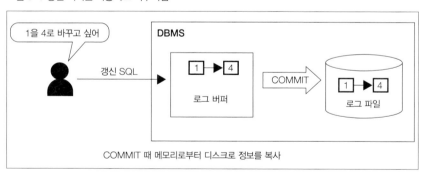

이처럼 데이터베이스의 갱신 처리는 SQL 구문의 실행 시점과 저장소에 갱신하는 시점에 차이가 있는 비동기 처리입니다.

....

4 저자주_ 로그 파일에 출력되는 시점에서는 커밋(commit)이 일반적이지만, 그 이외의 시점에서 출력되는 경우도 있습니다. 자세한 내용은 제품의 매뉴얼을 참고해주세요.

SQL 구문을 실행할 때 단순히 저장소 상의 파일을 바로 변경해버리는 편이 간단한 방법입니다. 그럼에도 DBMS가 이러한 시점 차이를 두는 이유는 역시 성능을 높이기 위해서입니다. 저장소는 검색뿐만 아니라 갱신을 할 때도 상당한 시간이 소모됩니다. 따라서 저장소 변경이 끝날 때까지 기다리면 사용자는 장기간 대기하게 됩니다. 따라서 한 번 메모리에 갱신 정보를 받은 시점에서 사용자에게는 해당 SQL 구문이 '끝났다'라고 통지하고, 내부적으로 관련된 처리를 계속 수행하는 것입니다.

이러한 두 개의 버퍼 설명을 읽고 나면 알 수 있겠지만, 결국 DBMS는 '저장소의 느림을 어떻게 보완할 것인가'라는 것을 계속해서 고민해온 미들웨어입니다. DBMS는 오래전부터 저속 저장소로 인한 성능 문제를 어떻게 해결할 수 있을지 계속 고민했습니다. 그리고 이러한 고민에 대한 답으로 복잡한 버퍼 메커니즘을 탑재하게 되었습니다. 어쨌거나 반대로 저장소의 속도가 빨랐다면 이런 귀찮은 구조를 사용하지 않아도 되었을 것입니다.

4. 메모리의 성질이 초래하는 트레이드오프

앞에서 '메모리가 가진 단점은 가격이 비싸서 보유할 수 있는 데이터양이 적은 것이다'라고 이야기했습니다. 물론 이것만으로도 굉장히 큰 단점인데요. 사실 이 이외에도 몇 가지 단점이 더 있답니다.

– 휘발성

메모리에는 데이터의 영속성이 없습니다. 하드웨어의 전원을 꺼버리면 메모리 위에 올라가 있는 모든 데이터가 사라져 버리는데요, 이러한 성질을 **휘발성**이라고 부릅니다[5].

DBMS를 껐다 켜면 버퍼 위의 모든 데이터가 사라집니다. 따라서 DBMS에 어떤 장애가 발생해서 프로세스다운이 일어나면(즉, 서버가 죽으면), 메모리 위에 있는 모든 데이터가 날아갑니다. 결국 미래에 메모리 가격이 엄청나게 싸진다고 해도,

---

5 저자주_ 내부에 전원 공급이 없어도 데이터를 잃지 않는 메모리도 있습니다. 하지만 이러한 메모리는 일반적인 서버에 사용되지 않는답니다.

영속성이 없는 이상 기능적으로 디스크를 완전히 대체하는 것은 불가능합니다.

– 휘발성의 문제점

휘발성의 가장 큰 문제점은 장애가 발생했을 때 메모리에 있던 데이터가 모두 사라져버려 데이터 부정합을 발생시키는 것입니다. 데이터 캐시라면 장애로 인해 메모리 위의 데이터가 사라져버려도, 원본 데이터는 디스크 위에 남아있으므로 아무 문제없습니다. 그냥 디스크에서 데이터를 한 번 더 읽어들이면 되니까요. 따라서 시간이 더 걸리기는 하겠지만, 결과에는 아무 문제없습니다.

하지만 로그 버퍼 위에 존재하는 데이터가 디스크 위의 로그 파일에 반영되기 전에 장애가 발생해서 사라져버리면 어떻게 될까요? 해당 데이터가 완전히 사라져서 복구조차 불가능해질 것입니다. 이는 사용자가 수행했던 갱신 정보가 사라진다는 의미입니다. 이러한 문제는 비즈니스적인 관점에서 굉장히 심각한 문제입니다. 은행 입출금 또는 카드 인출이 데이터베이스에 반영되지 않을 수도 있습니다. 이렇게 되면 회사가 큰 혼란에 빠져버릴 것입니다.

그런데 로그 파일에 전달된 갱신 정보가 DBMS가 다운될 때 사라지는 현상은 DBMS가 갱신을 비동기로 하는 이상, 언제든 발생할 수 있는 문제입니다. 따라서 이를 회피하고자 DBMS는 커밋 시점에 반드시 갱신 정보를 로그 파일(이는 영속적인 저장소 위에 존재합니다)에 씀으로써, 장애가 발생해도 정합성을 유지할 수 있게 합니다. **커밋(Commit)**이란 갱신 처리를 '확정'하는 것인데요. DBMS는 커밋된 데이터를 영속화합니다.

반대로 말하면 커밋 때는 반드시 디스크에 동기 접근이 일어납니다. 결국 여기서 지연이 발생할 가능성이 있습니다[6]. 여기에서 또다시 트레이드오프가 모습을 드러냅니다(표 1-2). 디스크에 동기 처리를 한다면 데이터 정합성은 높아지지만 성

---

6 **저자주_** 로그 버퍼에서 디스크로 쓰이는 시점은 커밋 이외의 시점에도 있습니다. 하지만 어쨌건 커밋 시점에는 무조건 로그 버퍼에서 디스크로 쓰입니다. 다만 설정을 변경하면 이를 바꿀 수 있는데요. PostgreSQL의 경우 '비동기 Commit'이라는 기능이 있습니다. Commit 시점에도 로그 버퍼에서 디스크에 쓰지 않을 수 있는 위험성을 가진 기능입니다. 데이터의 신뢰성을 버리고 성능을 추구하는 굉장히 극단적인 트레이드오프입니다. 당연히 기본 설정에서는 '사용하지 않음'으로 되어 있답니다.

능이 낮아집니다. 반대로 성능을 높이려면 데이터 정합성이 낮아집니다. 이 두 가지 선택 사항은 현재에도 많은 데이터베이스 엔지니어가 골머리를 썩이는 문제랍니다.

표 **1-2** 데이터 정합성과 성능의 트레이드오프

이름	데이터 정합성	성능
동기 처리	○	×
비동기 처리	×	○

5. 시스템 특성에 따른 트레이드오프

– 데이터 캐시와 로그 버퍼의 크기

앞에서 살펴본 [표 1-1]의 데이터 캐시와 로그 버퍼를 비교해보면 3개의 DBMS에서 공통으로 데이터 캐시에 비해 로그 버퍼의 초깃값이 굉장히 작다는 것을 알 수 있을 것입니다. Oracle 또는 PostgreSQL 등에서 로그 버퍼는 1MB도 되지 않는데요. 이렇게 작아도 괜찮은 것일까요?

괜찮을지 아닐지는 실제 성능 검증을 해보기 전까지는 알 수 없습니다. 하지만 데이터베이스가 2개의 버퍼에 대해 이렇게 극단적으로 비대칭적인 크기를 할당한 데는 명확한 이유가 있습니다. 이는 데이터베이스가 기본적으로 검색을 메인으로 처리한다고 가정하기 때문입니다.

검색 처리를 할 때는 검색 대상 레코드가 수백만에서 수천만 건에 달하는 경우도 많습니다. 하지만 갱신 처리를 할 때는 갱신 대상이 많아 봤자 트랜잭션마다 한 건에서 수만 건 정도밖에 안 됩니다(물론 트랜잭션 규모에 따라서 다를 수는 있겠지요). 따라서 갱신 처리에 값비싼 메모리를 많이 사용하는 것보다는, 자주 검색하는 데이터를 캐시에 올려놓는 것이 좋다고 생각하는 것입니다(그림 1-5).

그림 1-5 데이터베이스는 검색을 중시한 메모리 배분이 기본

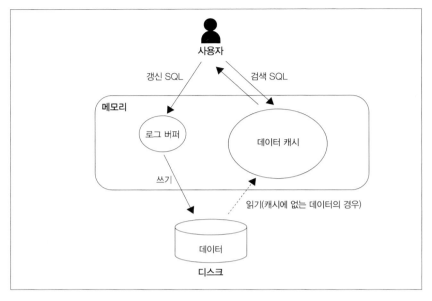

실제로 많은 DBMS가 물리 메모리에 여유가 있다면, 데이터 캐시를 되도록 많이 할당할 것을 추천하고 있습니다[7].

물론 이는 데이터베이스 제작자가 (표현이 좋지는 않지만) 자기 마음대로 정한 것입니다. 만약 여러분이 만드는 시스템이 검색에 비해 갱신이 많다면, 초기 설정을 그대로 사용해서는 성능이 제대로 나오지 않을 수 있습니다. 그럴 때는 로그 버퍼의 크기를 늘려주는 튜닝(최적화) 등을 고려해봐야 할 것입니다.

– 검색과 갱신 중에서 중요한 것

여기서 우리들은 검색과 갱신 중에서 어떤 것이 더 우선되어야 하는가라는 트레이드오프에 직면합니다. 메모리라는 비싼 희소 자원으로 모든 것을 커버하기에는

---

7 저자주_ 예를 들어 MySQL의 매뉴얼을 보면 '서버가 데이터베이스 전용이라면 물리 메모리의 80%를 버퍼 풀로 할당해도 괜찮다'라고 쓰여 있습니다. 여기서 '데이터베이스 전용'이라는 조건이 붙은 것은, 같은 서버에서 다른 애플리케이션이 작동하고 있는 경우 해당 애플리케이션의 메모리 사용량도 고려해야 하기 때문입니다.
「MySQL 5.7 Reference Manual :: 14.12 InnoDB Startup Options and System Variables」
http://dev.mysql.com/doc/refman/5.7/en/innodb–parameters.html

부족합니다. 따라서 어떤 것을 우선하여 지킬 것인지, 어떤 것을 버릴지를 판단해야 합니다.

물론 시스템에 걸리는 부하에 대해서 상대적으로 메모리가 많이 남는다면 이런 고민을 할 필요가 전혀 없습니다. 데이터 캐시와 로그 버퍼 모두에 충분한 메모리를 할당하면 되니까요. 참고로 최근의 DBMS는 꽤 발전해서, 리소스를 자동으로 조정하는 기능도 가지고 있습니다. 그리고 이를 사용해 메모리 할당을 스스로 조정하는 DBMS도 있습니다. 하지만 여기에도 한계는 있습니다. 굉장히 중요한 리소스 배분이 필요한 상황에서 아무 생각 없이 모든 것을 자동 설정에 의지하는 일은 굉장히 위험합니다.

이러한 경우 적절한 판단을 위해, 데이터베이스가 어떠한 생각에 기반을 둬서 리소스를 배분하고 있는지를 이해하는 것이 굉장히 중요합니다. 일단 로그 버퍼가 크게 잡혀있다면, 갱신 처리와 관련해 큰 부하가 걸릴 것을 고려한 설계임을 알 수 있습니다. 반대로 데이터 캐시가 크게 잡혀있다면 검색 처리와 관련된 처리가 중심이라는 것을 알 수 있습니다[8].

6. 추가적인 메모리 영역 '워킹 메모리'

– 언제 사용될까?

DBMS는 앞에서 설명했던 2개의 버퍼 이외에도, 일반적으로 메모리 영역을 하나 더 가지고 있습니다. 이는 정렬 또는 해시 관련 처리에 사용되는 작업용 영역으로 **워킹 메모리**(working memory)라고 부릅니다. 정렬은 ORDER BY 구, 집합 연산, 윈도우 함수 등의 기능을 사용할 때 실행됩니다. 반면 해시는 주로 테이블 등의 결합에서 해시 결합이 사용되는 때 실행됩니다[9].

이 메모리 영역의 이름과 관리 방법은 DBMS에 따라 다릅니다. 예를 들어 Oracle,

----

8 저자주_ 물론 아무 생각 없이 기본 설정을 사용하고 있는 시스템도 많이 볼 수 있습니다.

9 저자주_ 최근에는 GROUP BY에서도 해시 알고리즘이 사용되는 경우가 있습니다. 해시 결합과 관련된 내용은 6장에서 자세하게 설명합니다.

PostgreSQL, MySQL에서는 각각 [표 1–3]과 같은 명칭으로 부릅니다[10].

표 **1-3** 각 DBMS에서 워킹 메모리를 부르는 명칭과 설정

DBMS	명칭	매개변수	기본값
Oracle 11g R2	PGA(Program Global Area)	PGA_AGGREGATE_ TARGET	10MB 또는 SGA 크기의 20% 중 에 큰 것
PostgreSQL 9.3	워크 버퍼	work_mem	8MB
MySQL 5.7	정렬 버퍼	sort_buffer_size	256KB

이 작업용 메모리 영역은 SQL에서 정렬 또는 해시가 필요한 때 사용되고, 종료되면 해제되는 임시 영역으로, 일반적으로는 데이터 캐시와 로그 버퍼와는 다른 영역으로 관리되는 경우가 많습니다. 이 영역이 성능적으로 중요한 이유는, 만약 이영역이 다루려는 데이터양보다 작아 부족해지는 경우가 생기면 대부분의 DBMS가 저장소를 사용하기 때문입니다(그림 1–6). 이는 OS 동작에서 말하는 스왑 (swap)과 같은 것입니다.

그림 **1-6** 메모리가 부족한 경우에는 저장소 사용

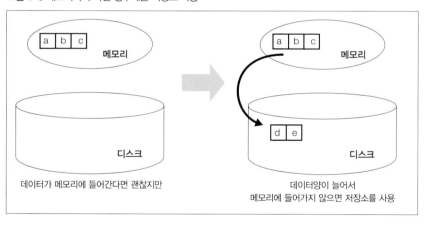

데이터가 메모리에 들어간다면 괜찮지만

데이터양이 늘어서 메모리에 들어가지 않으면 저장소를 사용

----

10 저자주_ 각각의 자세한 내용에 대해서는 매뉴얼을 참고해주세요.
- Oracle Database Online Document 11g Release 1 (11.1)
  http://docs.oracle.com/cd/B28359_01/server.111/b28318/memory.htm
- PostgreSQL 9.4 document 18.4.1 memory
  http://www.postgresql.org/docs/9.4/static/runtime-config-resource.html
- MySQL 5.7 Reference Manual 5.1.4 Server System Variables
  http://dev.mysql.com/doc/refman/5.7/en/server-system-variables.html#sysvar_sort_buffer_size

많은 DBMS는 워킹 메모리가 부족할 때 사용하는 임시적인 영역을 가지고 있습니다. 해당 영역은 다음과 같은 이름으로 부릅니다.

① **Oracle :** 임시 테이블 스페이스(TEMP Tablespace)
② **Microsoft SQL Server :** TEMPDB
③ **PostgreSQL :** 일시 영역(pgsql_tmp)

이러한 일시 영역들은 저장소 위에 있으므로 당연히 접근 속도가 느립니다.

– 부족하면 무슨 일이 일어날까?

저장소가 부족해지면 무슨 일이 일어나는 것일까요? 이전에 말했던 것처럼 저장소는 메모리에 비해서 굉장히 느립니다. 따라서 그런 곳에 접근하게 되면 당연히 전체적인 속도가 느려집니다. 물론 메모리가 부족하다고 처리가 멈추거나 에러가 발생하는 것처럼 심각한 문제가 생기는 것은 아닙니다. 하지만 메모리에서 작동하고 있을 때는 빠르게 움직이다가, 메모리가 부족해지는 순간 갑자기 느려지는 순간적인 변화가 일어나는 것이 문제입니다.

또한 이 영역은 여러 개의 SQL 구문들이 공유해서 사용하므로, 하나의 SQL 구문을 실행하고 있을 때는 메모리에 잘 들어가지만 여러 개의 SQL 구문을 동시에 실행하면 메모리가 넘치는 경우가 있습니다. 따라서 그러한 상황을 재현하는 검사(부하 검사)를 실시하지 않으면 메모리 부족 현상이 일어날지 판별하기 힘듭니다. 하나가 있을 때의 성질뿐만 아니라, 여러 개가 있을 때의 성질도 주의해야 한다는 것은 컨트롤하기 힘든 성능 문제입니다.

DBMS의 이러한 메커니즘들이 굉장히 성가시다고 생각할 수도 있습니다. 하지만 이를 반대로 돌려보면, DBMS는 '메모리가 부족하더라도 무언가를 처리하려고 계속 노력하는 미들웨어'라고 생각할 수 있습니다. 사실 DBMS도 워킹 메모리가 부족할 때 곧바로 SQL 구문 처리를 중단하게 만들 수 있었습니다. 예를 들어 자바는 힙(heap) 크기가 부족하면 메모리 부족(out of memory) 오류를 발생시켜 모든 처리를 중단시켜 버립니다. 하지만 데이터베이스는 그러한 선택을 하지 않습니다. 메모리가 부족하다는 이유로 SQL 구문에 오류를 절대 발생시키지 않습니다. 비록 느려지는 상황이 발생하더라도 상관없으니 어떻게든 끝까지 처리하려 노력합니다. 이는 DBMS가 중요한 데이터를 보관하고 처리할 때, 운영체제 정도의 급으로 처리 계속성을 담보하려 하기 때문입니다.

이런 워킹 메모리와 관련된 것들은 4장의 GROUP BY 구, 6장의 해시 결합을 다룰 때 다시 등장하므로 꼭 기억하기 바랍니다.

3강

DBMS와 실행 계획

웹 화면의 입력 양식, 명령 프롬프트의 명령행 툴을 사용하는 등의 인터페이스와 관련 없이 RDB를 조작할 때는 SQL이라는 전용 언어를 사용합니다. 사용자 또는 개발자가 데이터베이스에서 의식적으로 사용하는 것은 SQL 레벨까지입니다. 이후의 모든 것은 SQL 구문을 읽어들인 DBMS가 알아서 처리하고 결과를 제공해줍니다. 따라서 사용자는 데이터가 있는 곳을 알 필요도 없고, 데이터에 접근하는 방법도 따로 생각하지 않습니다. 이러한 모든 것은 DBMS에게 맡깁니다.

이러한 과정은 보통 '프로그래밍'이라고 말하는 것과는 거리가 멉니다. 데이터를 검색 또는 갱신하는 처리를 일반적인 프로그래밍 언어로 한다면, 어디에 있는 데이터를 어떻게 찾고 처리할지 등의 절차적인 세부사항을 모두 작성해줘야 합니다. 그런데 SQL은 그러한 절차적인 것을 전혀 기술하지 않고 사용합니다.

1. 권한 이양의 죄악

이런 태도의 차이는 좋고 나쁘다고 구분할 수 없습니다. 그저 언어의 설계 사상 차이일 뿐입니다. C, 자바, 루비와 같은 절차가 기초가 되는 언어는 사용자가 데이터에 접근하기 위한 절차(How)를 책임지고 기술하는 것이 전제입니다. 반면 비절차적인 RDB는 그러한 모든 일을 사용자가 아니라 시스템에게 맡겼습니다. 따라서 사용자가 하는 일은 대상(What)을 기술하는 것으로 축소되었습니다.

RDB가 이렇게 대담하게 권한 이양을 감행한 데는 당연히 정당한 이유가 있습니다. 바로 '그렇게 하는 것이 비즈니스 전체의 생산성을 향상시키기 때문'입니다.

물론 현재 상황을 놓고 보면 이러한 말은 반은 맞고 반은 틀렸습니다. 맞다는 것은 RDB가 시스템 세계의 곳곳에 침투해 있는 것을 보면 알 수 있습니다. 반면 틀렸다는 것은 여전히 우리가 RDB를 다루기 어려워한다는 점을 보면 알 수 있습니다. SQL은 초기에 생각했던 것처럼 그렇게 간단한 언어가 아닙니다. 또한 How를 의식하지 않고 사용하는 것 때문에 성능 문제로 고생하는 경우도 꽤 있습니다. RDB가 숨기고 있는 내부 절차를 들여다봐야 하는 것은 이러한 이유 때문입니다.

2. 데이터에 접근하는 방법은 어떻게 결정할까?

앞에서 설명했던 것처럼 RDB에서 데이터 접근 절차를 결정하는 모듈은 쿼리 평가 엔진이라고 부릅니다. 쿼리 평가 엔진은 사용자로부터 입력받은 SQL 구문(쿼리)을 처음 읽어들이는 모듈이기도 합니다. 쿼리 평가 모듈은 추가로 파서 또는 옵티마이저와 같은 여러 개의 서브 모듈로 구성됩니다.

쿼리가 어떻게 처리되고, 실제로 데이터 접근이 이루어지는지를 큰 그림으로 나타내면 [그림 1-7]과 같습니다.

그림 1-7 DBMS의 쿼리 처리 흐름

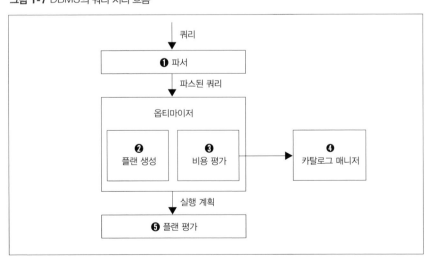

– 파서(parser)

파서(❶)의 역할은 이름 그대로 파스(구문 분석)하는 것입니다. 사용자로부터 입력받은 SQL 구문이 항상 구문적으로 올바르다는 보증이 없으므로 검사를 해주는 것입니다. 사용자가 쉼표 쓰는 것을 잊거나, FROM 구에 존재하지 않는 테이블 이름을 쓰거나 했을 때는 서류 심사에서 미리 떨어뜨리는 것입니다. 또한 파서는 SQL 구문을 정형적인 형식으로 변환해줍니다. 그렇게 해야 DBMS 내부에서 일어나는 후속 처리가 효율화됩니다. 사실 구문 분석이라는 것은 SQL에 한정되는 것이 아니라 일반 프로그래밍 언어의 컴파일 시점에서도 실행되는 것이랍니다.

– 옵티마이저(optimizer)

서류 심사를 통과한 쿼리는 옵티마이저로 전송됩니다. 옵티마이저의 한국어 번역은 '최적화'입니다. 이때 최적화의 대상은 데이터 접근법(실행 계획)입니다. 옵티마이저가 바로 DBMS 두뇌의 핵심입니다.

옵티마이저는 인덱스 유무, 데이터 분산 또는 편향 정도, DBMS 내부 매개변수 등의 조건을 고려해서, 선택 가능한 많은 실행 계획을 작성하고(❷), 이들의 비용을 연산하고(❸), 가장 낮은 비용을 가진 실행 계획을 선택합니다. 옵티마이저가 어떤 SQL에 대해 어떤 실행 계획을 세우는지에 대해서는 이 책의 후반에서 많은 실제 예를 살펴보며 알아보겠습니다.

접근법의 수가 많이 나온다면 그 비용을 계산하고 비교해야 하는데요. 사람이 하기에는 굉장히 귀찮은 일입니다. RDB가 데이터 접근의 절차 지향 결정을 자동화하는 이유는 이런 귀찮은 일을 기계적으로 처리해주기 위해서입니다.

– 카탈로그 매니저(catalog manager)

옵티마이저가 실행 계획을 세울 때 옵티마이저에 중요한 정보를 제공하는 것이 카탈로그 매니저(❹)입니다. 카탈로그란 DBMS의 내부 정보를 모아놓은 테이블들로, 테이블 또는 인덱스의 통계 정보가 저장되어 있습니다. 따라서 이러한 카탈로그 정보를 간단하게 '통계 정보'라고 부르기도 합니다. 이 책에서도 이 이름을 사용하겠습니다.

– 플랜 평가(plan evaluation)

옵티마이저가 SQL 구문에서 여러 개의 실행 계획을 세운 뒤 그것을 받아 최적의 실행 결과를 선택하는 것이 플랜 평가(❺)입니다. 이후에 실제로 몇 가지 예를 직접 살펴보겠지만 실행 계획이라는 것은 곧바로 DBMS가 실행할 수 있는 형태의 코드가 아닙니다. 오히려 인간이 읽기 쉽게 만들어진 문자 그대로의 '계획서'입니다. 따라서 성능이 좋지 않은 SQL 구문이 있을 때 실행 계획을 읽고, 수정 방안 등을 고려할 수 있습니다.

이렇게 해서 하나의 실행 계획을 선택하면, 이후에 DBMS는 실행 계획을 절차적인 코드로 변환하고 데이터 접근을 수행합니다.

3. 옵티마이저와 통계 정보

이상이 DBMS가 쿼리를 읽어들여 실제로 데이터 접근을 수행할 때까지의 흐름입니다. 옵티마이저 내부에서 일어나는 처리는 엔진 자체를 구현하는 엔지니어 이외에는 관계가 없으므로 이 책에서는 다루지 않습니다. 오히려 데이터베이스 사용자로서는 옵티마이저를 잘 사용하는 것이 더 중요합니다. 이렇게 말하는 이유는 옵티마이저가 명령하는 대로 다 잘 처리해주는 만능은 아니기 때문입니다. 특히 카탈로그 매니저(❹)가 관리하는 통계 정보에 대해서는 데이터베이스 엔지니어가 항상 신경 써줘야 합니다.

플랜 선택을 옵티마이저에게 맡기는 경우, 실제로 최적의 플랜이 선택되지 않는 경우가 꽤 많습니다. 옵티마이저가 실패하는 패턴이 몇 가지 있는데요. 통계 정보가 부족한 경우가 대표적인 원인으로 꼽힙니다.

구현에 따라 차이는 있지만 카탈로그에 포함되어 있는 통계 정보는 다음과 같은 것들입니다.

- 각 테이블의 레코드 수
- 각 테이블의 필드 수와 필드의 크기
- 필드의 카디널리티^{cardinality}(값의 개수)
- 필드값의 히스토그램(어떤 값이 얼마나 분포되어 있는가)

- 필드 내부에 있는 NULL 수
- 인덱스 정보

이러한 정보를 활용함으로써 옵티마이저는 실행 계획을 만듭니다. 문제가 생기는 경우는 이러한 카탈로그 정보가 테이블 또는 인덱스의 실제와 일치하지 않을 때입니다. 테이블에 데이터 삽입/갱신/제거가 수행될 때 카탈로그 정보가 갱신되지 않는다면, 옵티마이저는 오래된 정보를 바탕으로 실행 계획을 세우게 됩니다. 옵티마이저는 과거 정보밖에 가지고 있지 않으므로 어쩔 수 없이 잘못된 계획을 세울 수밖에 없습니다[1].

극단적인 예로, 테이블을 만들면 일단 레코드 0개의 상태로 카탈로그 정보가 저장됩니다. 그런데 이후에 1억 건의 데이터를 올리고 카탈로그 정보를 갱신하지 않는다면 옵티마이저는 데이터 0개를 기준으로 플랜을 생성하게 됩니다. 이것으로는 최적의 플랜을 절대 기대할 수 없습니다. "Garbage In, Garbage Out(쓰레기 같은 입력으로부터는 쓰레기 같은 결과밖에 나오지 않는다)"라는 것이지요. 이것으로 SQL 구문이 늦어졌다고 모든 것을 옵티마이저의 탓으로 돌린다는 것은 조금 가혹한 일입니다.

4. 최적의 실행 계획이 작성되게 하려면

올바른 통계 정보가 모이는 것은 SQL 성능에 있어서 굉장히 중요한 문제입니다. 따라서 테이블의 데이터가 많이 바뀌면 카탈로그의 통계 정보도 함께 갱신해야 한다는 것은 데이터베이스 엔지니어 사이의 상식입니다. 수동으로 갱신하는 것뿐만 아니라, 데이터를 크게 갱신하는 배치 처리가 있을 때는 Job Net[2]을 조합하는 경

----

1 저자주_ 통계 정보가 한 번도 수집되지 않거나 실효되었을 경우, 쿼리를 실행할 때 통계 정보를 실시간으로 수집하는 기능을 가진 DBMS도 있습니다. 이러한 것을 JIT(Just In Time) 통계라고 부릅니다. JIT은 항상 최신 정보를 얻을 수 있다는 것이 장점이지만 단점도 있습니다. 통계 정보 수집이라는 행위 자체가 시간이 꽤 걸리는 작업이므로 JIT이 지연을 일으켜버리는 본말전도(주객전도)가 될 위험이 있다는 것입니다. 그렇다고 JIT을 빠르게 만들고자 수집할 정보를 제한해버리면 정밀도가 낮은 통계 정보가 모인다는 문제가 또 생깁니다. 결국 여기서도 다시 트레이드오프를 생각해야 하는 것이지요.

2 저자주_ 각각의 작업(Job)의 실행 순서를 나타냅니다. 업무적인 전후 관계 또는 병렬 실행 가능 여부 등을 고려해서 조합합니다.

우도 많고, Oracle처럼 기본 설정에서 정기적으로 통계 정보 갱신 작업(Job)이 수행되는 경우도 있으며, Microsoft SQL Server처럼 갱신 처리가 수행되는 시점에 자동으로 통계 정보를 갱신하는 DBMS도 있습니다.

통계 정보 갱신은 대상 테이블 또는 인덱스의 크기와 수에 따라서 몇십 분에서 몇 시간이 소요되기도 하는, 실행 비용이 굉장히 높은 작업입니다. 하지만 DBMS가 최적의 플랜을 선택하려면 필요한 조건이므로 갱신 시점을 확실하게 검토해야 합니다.

대표적인 DBMS의 통계 정보 갱신 명령어는 [표 1-4]와 같습니다. 표에 정리한 것은 기본적인 구문이므로 옵션 지정에 따라 테이블 단위가 아니라 스키마 전체를 기준으로 구하거나, 샘플링 레이트를 지정하거나, 테이블에 부여된 인덱스의 통계 정보도 함께 구할 수 있는 등의 다양한 제어가 가능합니다. 상세한 내용은 각 DBMS의 매뉴얼을 참고하기 바랍니다.

표 1-4 대표적인 DBMS의 통계 정보 갱신 명령어

이름	명령어
Oracle	exec DBMS_STATS.GATHER_TABLE_STATS(OWNNAME => [스키마 이름], TABNAME => [테이블 이름]);
Microsoft SQL Server	UPDATE STATISTICS [테이블 이름]
DB2	RUNSTATS ON TABLE [스키마 이름].[테이블 이름];
PostgreSQL	ANALYZE [스키마 이름].[테이블 이름];
MySQL	ANALYZE TABLE [스키마 이름].[테이블 이름];

4강

실행 계획이 SQL 구문의 성능을 결정

실행 계획이 만들어지면 DBMS는 그것을 바탕으로 데이터 접근을 수행합니다. 하지만 데이터양이 많은 테이블에 접근하거나 복잡한 SQL 구문을 실행하면 반응 지연이 발생하는 경우가 꽤 있습니다. 그 이유로는 앞에서 설명했던 것처럼 통계 정보가 부족한 경우도 있습니다만, 이미 최적의 경로(방법)가 설정되어 있는데도 느린 경우도 있습니다. 또한 통계 정보가 최신이라도 SQL 구문이 너무 복잡하면 옵티마이저가 최적의 접근 경로(방법)를 선택하지 못할 수도 있습니다.

1. 실행 계획 확인 방법

이러한 SQL 구문의 지연이 발생했을 때 제일 먼저 실행 계획을 살펴봐야 합니다. 모든 DBMS는 실행 계획을 조사하는 수단을 제공합니다. 구현에 따라서 차이는 있지만 모두 명령행 인터페이스에서 확인할 방법을 제공해 줍니다(표 1-5).

표 1-5 실행 계획을 확인하는 명령어

이름	명령어
Oracle※	set autotrace traceonly
Microsoft SQL Server※	SET SHOWPLAN_TEXT ON
DB2	EXPLAIN ALL WITH SNAPSHOT FOR SQL 구문
PostgreSQL	EXPLAIN SQL 구문
MySQL	EXPLAIN EXTENDED SQL 구문

※ Oracle 또는 Microsoft SQL Server에서는 위의 명령어 이후에 대상 SQL 구문을 실행합니다. 둘 다 확인 명령과 SQL 구문 사이에 개행이 들어가도 상관없습니다.

그럼 지금부터 다음과 같은 3개의 기본적인 SQL 구문의 실행 계획을 살펴보겠습니다.

❶ 테이블 풀 스캔(Full Scan)의 실행 계획
❷ 인덱스 스캔의 실행 계획
❸ 간단한 테이블 결합의 실행 계획

[그림 1-8]과 같은 샘플 테이블을 사용하겠습니다. 특정 업종의 점포에 대한 평가와 주소 지역 데이터를 저장하고 있는 테이블이라고 생각해주세요. 기본 키는 점포 ID이며, 테이블에는 60개의 레코드를 넣고 통계 정보까지 구해놨다고 가정합니다.

그림 1-8 점포 테이블

Shops(점포)

shop_id(점포)	shop_name(점포 이름)	rating(평가)	area(지역)
00001	○○상점	3	서울
00002	△△상점	5	속초
00003	××상점	4	수원
00004	□□상점	5	부산
생략			
00060	☆☆상점	1	대전

※ 테이블을 그림으로 나타내는 경우에는, 표 왼쪽 위에 테이블 이름을 표기하겠습니다. 또한 필드 이름에 밑줄이 쳐져 있는 경우는 기본 키(primary key)를 나타냅니다. 기본 키는 테이블 내부에서 레코드를 유일하게 특정 지을 수 있는 필드의 조합을 의미합니다.

2. 테이블 풀 스캔의 실행 계획

일단 레코드 전체를 검색하는 단순한 SQL 구문의 실행 계획을 살펴보겠습니다.

```
SELECT *
  FROM Shops;
```

PostgreSQL과 Oracle에서 실행 계획을 살펴보면 다음과 같습니다(그림 1-9, 그림 1-10). 이 책에서는 이후에도 실행 계획을 나타낼 때, 읽기 쉬운 PostgreSQL과 Oracle의 실행 계획을 예시로 사용하겠습니다.

그림1-9 테이블 풀 스캔의 실행 계획(PostgreSQL)

```
EXPLAIN
SQL 구문을 실행

- - - - - - - - - - - - - - - - - - - - - - - - - - - - - - - - - - - -
Seq Scan on shops (cost=0.00..1.60 rows=60 width=22)
```

그림 1-10 테이블 풀 스캔의 실행 계획(Oracle)

```
set autotrace traceonly
SQL 구문을 실행

- - - - - - - - - - - - - - - - - - - - - - - - - - - - - - - - - - - - - - - - - -
|Id|  Operation           |  Name  | Rows | Bytes | Cost (%CPU)| Time      |
- - - - - - - - - - - - - - - - - - - - - - - - - - - - - - - - - - - - - - - - - -
| 0 |  SELECT STATEMENT    |        |  60  | 1260  |    3  (0)| 00:00:01|
| 1 |    TABLE ACCESS FULL | SHOPS  |  60  | 1260  |    3  (0)| 00:00:01|
- - - - - - - - - - - - - - - - - - - - - - - - - - - - - - - - - - - - - - - - - -
```

※ 이후에 실행 계획을 그림으로 제공할 때는 실행 계획을 확인하는 명령어와 SQL 구문을 생략하겠습니다.

실행 계획의 출력 포맷이 완전히 같지는 않지만, 두 가지 DBMS에 모두 공통적으로 나타나는 부분이 있습니다. 바로 다음과 같은 3가지입니다.

❶ 조작 대상 객체
❷ 객체에 대한 조작의 종류
❸ 조작 대상이 되는 레코드 수

이러한 3가지 내용은 거의 모든 DBMS의 실행 계획에 포함되어 있습니다. 그만큼 중요한 부분이라는 것입니다.

– 조작 대상 객체

첫 번째로 조작 대상 객체를 살펴보면, PostgreSQL은 on이라는 글자 뒤에, Oracle은 Name 필드에 Shops 테이블이 출력됩니다. 샘플의 SQL 구문이 Shops 라는 테이블만 사용하고 있으므로 지금은 전혀 헷갈리지 않지만, 여러 개의 테이블을 사용하는 SQL 구문에서는 어떤 객체를 조작하는지 혼동하지 않게 주의가 필요합니다.

또한 이 부분은 테이블 이외에도 인덱스, 파티션, 시퀀스처럼 SQL 구문으로 조작할 수 있는 객체라면 무엇이라도 올 수 있습니다[1].

– 객체에 대한 조작의 종류

객체에 대한 조작의 종류는 실행 계획에서 가장 중요한 부분입니다. PostgreSQL은 문장의 앞부분에 나오며, Oracle에서는 'Operation' 필드로 나타납니다. PostgreSQL의 'Seq Scan'은 '순차적인 접근(Sequential Scan)'의 줄임말로 '파일을 순차적(Sequential)으로 접근해서 해당 테이블의 데이터 전체를 읽어낸다'는 의미입니다. Oracle의 'TABLE ACCESS FULL'은 '테이블의 데이터를 전부 읽어들인다'는 의미입니다.

컬럼 실행 계획의 실행 비용과 실행 시간

객체 이름 또는 레코드 수라는 지표에 비해서, Oracle 또는 PostgreSQL의 출력에 포함되어 있는 실행 비용(Cost)이라는 지표는 평가하기 조금 어려운 항목입니다. 이름만 보면 작을수록 좋다고 생각할 수 있는데요. 물론 대부분의 경우는 그렇습니다. 하지만 이를 절대 평가의 지표로 쓰는 것은 굉장히 곤란한 일입니다[2].

또한 Oracle이 출력하는 Time 필드도 어디까지나 추정되는 실행 시간이므로, 절대 지표로 사용할 수 없습니다. 이렇게 실행 계획에 출력되는 비용 또는 실행 시간, 처리 레코드 수는 추정값이므로 절대 지표로는 사용하면 안 됩니다. 다만 구현에 따라서는 실제 값을 검색하는 방법을 준비한 DBMS도 있습니다.

예를 들어 Oracle에서는 SQL 구문의 실행 시간을 검색하는 방법(DBMS_XPLAN. DISPLAY_CURSOR)이 있는데요. 이 방법을 사용하면 조작마다 걸린 실행 시간을 출력할 수 있습니다. 예를 들어 인덱스를 사용하는 SQL 구문은 [그림 A]처럼 실행 계

---

1 저자주_ 물론 가장 자주 오게 되는 것은 테이블입니다. 이어서 인덱스가 자주 온다는 것은 딱히 말하지 않아도 되겠죠?
2 저자주_ 예를 들어 "이 SQL 구문은 Cost가 5000밖에 되지 않으니까, 1초 이내로 끝나겠다"라는 추측은 할 수 없습니다.

획이 나옵니다[3].

그림 A DBMS_XPLAN.DISPLAY_CURSOR를 사용한 실행 계획 검색

```
set serveroutput off
alter session set statistics_level=all;
SELECT *
  FROM Shops;
SELECT * FROM TABLE(DBMS_XPLAN.DISPLAY_CURSOR(format=>'ALL ALLSTATS LAST' ));

----------------------------------------------------------------------------------
|Id |Operation                     | Name    |Starts | E-Rows |A-Rows | A-Time   | Buffers |
|----------------------------------------------------------------------------------
|  1 |TABLE ACCESS BY INDEX ROWID  | SHOPS   |    1|      1|     1|00:00:00.01|       2|
| *2 |  INDEX UNIQUE SCAN          | PK_SHOPS|    1|      1|     1|00:00:00.01|       1|
----------------------------------------------------------------------------------
```

각각의 필드는 다음과 같은 의미입니다.

- E-Rows : 추정되는 조작 레코드 수
- A-Rows : 실제 조작 레코드 수
- A-Time : 실제 실행 시간

이 책의 목적은 특정 DBMS를 해설하는 것이 아니므로, 이 이상의 자세한 내용은 서술하지 않겠습니다. 직접 매뉴얼을 참고해주세요!

사실 엄밀하게 말해서 두 가지가 같은 것은 아닙니다. 테이블에서 데이터를 모두 읽는 방법으로, 반드시 시퀀셜 스캔을 선택할 이유는 없기 때문입니다. 따라서 PostgreSQL의 출력이 조금 더 물리적 차원에 가까운 출력이라고 볼 수 있습니다. 하지만 실질적으로 Oracle도 테이블 풀 스캔을 할 때는 내부적으로 시퀀셜 스캔을 수행하므로, 같다고 생각해도 상관은 없습니다. 따라서 이러한 형태의 접근법을 이 책에서는 모두 '테이블 풀 스캔'이라고 부르겠습니다.

– 조작 대상이 되는 레코드 수

세 번째로 중요한 항목은 조작 대상이 되는 레코드 수입니다. 이는 두 가지 DBMS

---

3 저자주_ 물론 SQL 구문을 실제로 실행하므로, 실행 시간이 너무 긴 SQL 구문에는 사용하지 않는 것이 좋습니다.

모두 Rows라는 항목에 출력됩니다. 결합 또는 집약이 포함되면 1개의 SQL 구문을 실행해도 여러 개의 조작이 수행됩니다. 그러면 각 조작에서 얼마만큼의 레코드가 처리되는지가 SQL 구문 전체의 실행 비용을 파악하는 데 중요한 지표가 됩니다.

이 숫자와 관련해서 자주 오해를 사는 것이 있는데요. 이 숫자는 3강의 '데이터에 접근하는 방법은 어떻게 결정할까?'에서 다룬 옵티마이저가 실행 계획을 만들 때 설명했던, 카탈로그 매니저로부터 얻은 값입니다. 따라서 통계 정보에서 파악한 숫자이므로, 실제 SQL 구문을 실행한 시점의 테이블 레코드 수와 차이가 있을 수 있습니다(물론 JIT을 사용하는 경우는 차이가 없겠지요).

예를 들어 Shops 테이블의 모든 레코드를 삭제하고, 실행 계획을 다시 검색하면 어떻게 될까요? 실제로 해보면 알 수 있겠지만, Oracle과 PostgreSQL 모두 그대로 60이라는 값이 출력됩니다. 이는 옵티마이저가 어디까지나 통계라는 메타 정보를 믿기 때문에, 실제 테이블을 제대로 보지 않는다는 증거입니다[4].

3. 인덱스 스캔의 실행 계획

이번에는 이전에 실행했던 간단한 SQL 구문에 WHERE 조건을 추가하겠습니다.

```
SELECT *
  FROM Shops
  WHERE shop_id = '00050';
```

다시 실행 계획을 살펴보면 [그림 1-11], [그림 1-12]처럼 됩니다.

그림 **1-11** 인덱스 스캔의 실행 계획(PostgreSQL)

```
Index Scan using pk_shops on shops (cost=0.00..8.27 rows=1 width=320)
  Filter: (shop_id = '00050'::bpchar)
```

----

4 저자주_ 'SQL 구문을 실행할 때마다 JIT 처리를 수행해서 레코드 수를 구하면 될 텐데'라고 생각할 수도 있는데요. 1억 개 정도의 레코드가 들어있는 레코드에 JIT 처리를 수행하면 이것만으로도 수십 분이 걸리는 경우가 있기 때문에 그러지 않는 것입니다. 앞에서 설명한 주석1(45페이지)도 함께 참고해주세요.

그림 **1-12** 인덱스 스캔의 실행 계획(Oracle)

```
| Id | Operation                         | Name     | Rows | Bytes | Cost (%CPU)| Time     |
|  0 | SELECT STATEMENT                  |          |   1 |   21 |   1   (0)| 00:00:01 |
|  1 |  TABLE ACCESS BY INDEX ROWID      | SHOPS    |   1 |   21 |   1   (0)| 00:00:01 |
|* 2 |    INDEX UNIQUE SCAN              | PK_SHOPS |   1 |      |   0   (0)| 00:00:01 |
```

이번 실행 계획에는 재미난 변화가 보입니다. 이전과 마찬가지로 3개의 부분으로 나누어 살펴봅시다.

– 조작 대상이 되는 레코드 수

일단 두 가지 DBMS 모두 Rows가 1로 바뀌었습니다. WHERE 구에서 기본 키가 '00050'인 점포를 지정했으므로, 접근 대상은 반드시 레코드 하나이기 때문입니다 [5]. 이는 당연한 변화입니다.

– 접근 대상 객체와 조작

객체와 조작은 어떻게 되었을까요? 이 부분에서 굉장히 흥미로운 변화가 보입니다. PostgreSQL에서는 'Index Scan', Oracle에서는 'INDEX UNIQUE SCAN'이라는 조작이 나타납니다. 이는 인덱스를 사용해 스캔을 수행한다는 것입니다.

Oracle에서는 'TABLE ACCESS FULL'이 'TABLE ACCESS BY INDEX ROWID'로 바뀌었고, 추가적으로 내역을 보면 Id=2의 레코드에 'INDEX UNIQUE SCAN', Name(대상 객체)에 'PK_SHOPS'가 출력됩니다. 이 PK_SHOPS는 기본 키의 인덱스 이름입니다[6].

인덱스와 관련된 내용은 10장에서 자세하게 설명하겠지만, 일반적으로는 스캔하는 모집합 레코드 수에서 선택되는 레코드 수가 적다면 테이블 풀 스캔보다 빠르게 접근을 수행합니다. 이는 풀 스캔이 모집합의 데이터양에 비례해서 처리 비용이 늘어나는 것에 반해, 인덱스를 사용할 때 활용되는 B-tree가 모집합의 데이

---

5 역자주_ 기본 키는 유일하기 때문입니다!
6 역자주_ PK는 Primary Key의 약어입니다.

터양에 따라 대수 함수적으로 처리 비용이 늘어나기 때문입니다. 간단하게 말해서 인덱스의 처리 비용이 완만하게 증가한다는 뜻으로, 특정 데이터양(N)을 손익분기점으로 인덱스 스캔이 풀 스캔보다도 효율적인 접근을 하게 된다는 것입니다 (그림 1-13)[7].

그림 **1-13** 모집합의 데이터가 많을수록 인덱스 스캔이 좋음

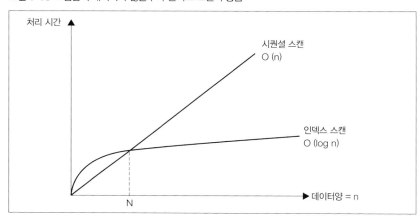

현재는 레코드가 60개뿐이므로, 데이터에 순차적으로 접근하는 것과 인덱스로 랜덤 접근하는 것의 차이가 크지 않습니다[8]. 하지만 레코드 수가 많아지면 차이가 굉장히 커질 것입니다.

4. 간단한 테이블 결합의 실행 계획

마지막으로 결합을 수행하는 쿼리의 실행 계획을 살펴봅시다. SQL에서 지연이 일어나는 경우는 대부분 결합과 관련된 것입니다. 결합을 사용하면 실행 계획이 상당히 복잡해지므로, 옵티마이저도 최적의 실행 계획을 세우기 어렵습니다. 따라서 결합 시점의 실행 계획 특성을 공부하는 것은 굉장히 중요한 의미가 있습니다. 결

----

7 저자주_ 어디까지나 일반론적인 이야기이므로, 조건에 따라서 그렇지 않을 수도 있습니다. 자세한 내용은 10장에서 살펴봅니다.

8 저자주_ 사실 60개 정도 분량의 레코드는, WHERE 구에 기본 키를 지정해도 인덱스 스캔을 사용하지 않고 풀 스캔을 하는 경우도 있습니다.

합의 실행 계획을 이해하는 것이 이 책의 목적 중의 하나이기도 합니다.

결합을 수행하려면 테이블이 두 개 이상 필요하므로 [그림 1-8]의 점포 테이블 이외에 [그림 1-14]의 예약 관리 테이블(Reservation)을 추가합니다. 데이터는 10개 등록하겠습니다.

그림 1-14 예약 관리 테이블

Reservations(예약 관리)

reserve_id(예약 ID)	ship_id(점포 ID)	reserve_name(예약자)
1	00001	A씨
2	00002	B씨
3	00003	C씨
4	00004	D씨
생략		
10	00010	E씨

실행 계획을 검색할 대상 SQL은 다음과 같습니다. 예약이 존재하는 점포를 선택하는 SELECT 구문입니다.

```
SELECT shop_name
  FROM Shops S INNER JOIN Reservations R
    ON S.shop_id = R.shop_id;
```

상세한 내용은 6장에서 설명하겠지만, 일반적으로 DBMS는 결합을 할 때는 세 가지 종류의 알고리즘을 사용합니다.

가장 간단한 결합 알고리즘은 Nested Loops[9]입니다. 한쪽 테이블을 읽으면서 레코드 하나마다 결합 조건에 맞는 레코드를 다른 쪽 테이블에서 찾는 방식입니다. 절차 지향형 언어로 구현한다면, 이중 반복으로 구현되므로 중첩 반복(Nested Loops)이라는 이름이 붙은 것입니다[10].

....

9 저자주_ Oracle은 'Nested Loops', PostgreSQL은 'Nested Loop'라고 표기합니다. 책에서는 편의상 모두 'Nested Loops'로 통일해서 표기하겠습니다.

10 저자주_ 여기서 알 수 있는 것처럼 DBMS는 내부적으로 절차 지향형 방법을 사용해 데이터 접근을 수행합니다.

두 번째는 Sort Merge입니다. 결합 키(현재 예제에서는 점포 ID)로 레코드를 정렬하고, 순차적으로 두 개의 테이블을 결합하는 방법입니다. 결합 전에 전처리로 (원칙적으로) 정렬을 수행해야 하는데요. 이때 작업용 메모리로 2강의 '추가적인 메모리 영역 '워킹 메모리''에서 다루었던 워킹 메모리를 사용합니다.

세 번째는 Hash입니다. 이름 그대로 결합 키값을 해시값으로 맵핑하는 방법입니다. 해시 테이블을 만들어야 하므로, 마찬가지로 작업용 메모리 영역을 필요로 합니다.

그럼 Oracle과 PostgreSQL에서 어떤 결합 알고리즘을 채택하는지 살펴봅시다(그림 1-15, 그림 1-16).

그림 **1-15** 결합의 실행 결과(PostgreSQL)

```
Nested Loop (cost=0.14..14.80 rows=10 width=2)
  -> Seq Scan on reservations r (cost=0.00..1.10 rows=10 width=6)
  -> Index Scan using pk_shops on shops s (cost=0.14..1.36 rows=1 width=8)
        Index Cond: (shop_id = r.shop_id)
```

그림 **1-16** 결합의 실행 결과(Oracle)

Id	Operation	Name	Rows	Bytes	Cost (%CPU)	Time
0	SELECT STATEMENT		1	48	3 (0)	00:00:01
1	NESTED LOOPS		1	48	3 (0)	00:00:01
2	TABLE ACCESS FULL	RESERVATIONS	1	7	2 (0)	00:00:01
3	TABLE ACCESS BY INDEX ROWID	SHOPS	1	41	1 (0)	00:00:01
*4	INDEX UNIQUE SCAN	PK_SHOPS	1		0 (0)	00:00:01

– 객체에 대한 조작의 종류

Oracle의 Operation 필드를 보면 'NESTED LOOPS'라고 나오므로, 어떤 알고리즘을 사용하고 있는지 쉽게 알 수 있습니다. 마찬가지로 PostgreSQL에서도 'Nested Loop'라고 나오므로 같은 알고리즘을 선택하고 있다는 것을 알 수 있습니다[11].

----

11 저자주_ 사용하는 결합 알고리즘은 환경에 따라 다를 수 있습니다. 따라서 Sort Merge 또는 Hash가 나타날 수도 있는데요. 책에 나오는 실행 계획은 어디까지나 한 가지 예라고 생각해주세요.

여기서 잠시 실행 계획을 읽는 방법을 짚고 넘어갑시다. 실행 계획은 일반적으로 트리 구조입니다. 이때 중첩 단계가 깊을수록 먼저 실행됩니다. PostgreSQL의 결과를 예로 살펴보면 'Nested Loop'보다도 'Seq Scan'과 'Index Scan'의 단계가 깊으므로, 결합 전에 테이블 접근이 먼저 수행된다는 것을 알 수 있습니다(당연한 이야기지요). 이때 결합의 경우 어떤 테이블에 먼저 접근하는지가 굉장히 중요한 의미를 갖는데요[12]. 같은 중첩 단계에서는 위에서 아래로 실행한다는 뜻입니다. 예를 들어서 PostgreSQL과 Oracle 모두 Reservation 테이블과 Shop 테이블 접근이 같은 중첩 단계에 있지만, Reservation 테이블에 대한 접근이 위에 있으므로, Reservation 테이블에 대한 접근이 먼저 일어난다는 것을 알 수 있습니다.

이런 결합 알고리즘과 테이블 접근 순서의 중요성에 대해서는 6장에서 자세하게 설명합니다. 지금은 실행 계획이라는 것을 읽는 방법에 익숙해지는 것만으로 충분합니다.

12　저자주_ 이때 먼저 접근하는 테이블을 구동 테이블(driving table)이라고 부릅니다.

실행 계획의 중요성

최근의 옵티마이저는 꽤 우수합니다. 하지만 그렇다고 완벽한 것은 아닙니다. 앞에서 설명했던 것처럼, 옵티마이저가 좋을 것으로 여겨 선택한 실행 계획이 참담한 성능을 만들어내는 경우도 많습니다. 또한 그러한 복잡한 문제 이전에 옵티마이저에게 정보를 제대로 주지 못하는 문제도 나올 수 있습니다. 예를 들어 인덱스를 사용해야 빨라지는 부분인데 사용하지 않거나, 테이블 결합 순서를 이상하게 적는 실수를 할 수도 있습니다.

이런 경우에는 최후의 튜닝 수단을 사용해야 합니다. 바로 실행 계획을 수동으로 변경해주는 것이지요. 예를 들어서 Oracle, MySQL 등이 가지고 있는 힌트 구를 사용하면, SQL 구문에서 옵티마이저에게 강제적으로 명령할 수 있습니다. 사실 힌트 구라는 것이 있다는 것은 DBMS 개발자들이 자신들의 옵티마이저가 아직 부족하다는 것을 인정하는 것입니다. 따라서 자랑스럽게 소개하며 사용을 권장하는 기능은 아닙니다. 그래서 DB2처럼 힌트 구와 같은 기능을 아예 만들지 않는 DBMS도 있습니다(사실 실행 계획을 읽게 할 수 있다는 것 자체도, 개발자들의 입장에서는 내키지 않는 일이지요).

하지만 옵티마이저가 선택하는 실행 계획이 최적의 방법이 아니라면, 사람이 어떤 방법으로라도 변경하게 만들 필요가 있습니다. 따라서 힌트 구 자체를 막아버린다면 그건 그것대로 또 곤란한 일입니다. 만약 힌트 구 자체를 막아버린다면 SQL 구문의 구조 변경, 테이블 설정, 애플리케이션 전체 수정이라는 대규모 대응이 필요할 수 있기 때문입니다.

그런데 실행 계획을 변경하려면 어떤 선택지가 있는지를 알아야 합니다. 따라서 이 책에서는 어떤 기능에 대해 어떠한 선택지들이 있는 방법을 알아볼 것입니다. 하지만 그 전에 SQL 구문과 그러한 SQL 구문들이 어떠한 접근 경로(access path)로 데이터를 검색하는지 아는지가 먼저입니다. 그리고 제대로 된 SQL 구문을 작성하려면 어떤 테이블 설정이 효율적인지 알아야 하며, 어떤 SQL 구문이 주어졌을 때 어떠한 실행 계획이 나올지 예측할 수도 있어야 합니다. 사실 이러한 것들은 물리 계층을 은폐한다는 RDB의 목표를 거스르는 일이지만, 이상에 도달하지 못한 현실에 살고 있는 우리에게는 이상적이지 않은 방법도 필요합니다.

마치며

- 데이터베이스는 다양한 트레이드오프의 균형을 잡으려는 미들웨어

- 특히 성능적인 관점에서는 데이터를 저속의 저장소(디스크)와 고속의 메모리 중에 어디에 위치시킬지의 트레이드오프가 중요

- 데이터베이스는 갱신보다도 검색과 관련된 것에 비중을 두도록 기본 설정되어 있지만, 실제 시스템에서도 그럴지는 판단이 필요

- 데이터베이스는 SQL을 실행 가능한 절차로 변환하고자 실행 계획을 만듦

- 사실 사용자가 실행 계획을 읽는다는 것은 데이터베이스의 이상을 어기는 일이지만, 세상 모든 것이 이상적으로 돌아가지는 않음

연습문제

`해답은 390p`

DBMS의 데이터 캐시는 용량이 한정되어 있는 메모리에서 효율적으로 데이터를 유지하고자 다양한 알고리즘을 사용합니다. 어떤 알고리즘을 사용할지 한 번 생각해보세요. 그리고 자신이 사용하는 DBMS에서는 어떤 알고리즘을 채택해서 사용하고 있는지 매뉴얼 등을 보기 바랍니다.

캐시라는 구조는 데이터베이스 계층뿐만 아니라 다양한 계층에서 사용됩니다. 예를 들어 Linux OS는 '파일 캐시'라는 캐시를 가집니다. 이 캐시는 OS 위에서 작동하는 애플리케이션 등이 사용하지 않는, 남은 메모리를 사용합니다. 또한 하드웨어 레벨의 저장소 역시 캐시를 가지고 있습니다(그림 A).

그림 **A** 캐시의 계층

애플리케이션에서 데이터베이스의 결과 집합을 캐시에 저장해서, 데이터베이스에 다시 SQL 구문을 발행하지 않아도 사용자에게 결과를 리턴해주는 구조도 일종의 캐시라고 할 수 있습니다. 이러한 방법은 최신 데이터를 필요로 하는 경우가 아니라면, 간단하게 애플리케이션 전체의 성능을 개선할 수 있는 방법입니다.

이러한 다양한 계층의 캐시는 데이터베이스에서의 캐시 역할과 일부 중복됩니다. 하지만 다른 계층의 캐시를 많이 할당하는 것보다는, 서버의 실제 메모리를 압박하지 않는 범위에서 데이터베이스의 데이터 캐시를 할당하는 편이 데이터베이스의 성능 향상을 더 기대할 수 있습니다. OS가 캐시하는 대상은 데이터베이스의 데이터 이외에도 다른 프로세스가 사용하는 데이터가 포함되어 있기 때문입니다. 따라서 데이터베이스만 놓고 본다면 캐시 효율이 낮지요.

그렇다고 데이터베이스에 메모리를 너무 많이 할당해버리면, 물리 메모리가 고갈되어버려 운영체제 단에서 스왑이 일어날 수 있습니다. 이렇게 되면 슬로 다운이 일어나 주객전도가 되어버리는 꼴이 됩니다. 따라서 데이터베이스에 메모리를 얼마나 할당할지 판단할 때는 어디까지나 '물리 메모리의 범위에서 가능한 많이'가 원칙입니다.

DBMS 중에는 SQL Server처럼 데이터베이스에 할당되어 있는 메모리를 자동으로 조정할 수 있는 DBMS도 있습니다. 이는 OS(윈도우)와 DBMS(SQL Server)를 같은 벤더(마이크로소프트)가 개발해서, 두 개를 밀접하게 연계할 수 있기 때문입니다.

2장

SQL 기초

자연 언어를 사용하는 것처럼

이번 장에서는 RDB를 조작하는 언어인 SQL과 관련된 기초적인 설명을 합니다. 복잡한 SQL의 성능을 이해하기 위한 준비 운동이라고 생각해주세요.

RDB는 데이터를 관계(relation)라는 형식으로 저장합니다. 구현으로는 이를 테이블(table)이라고 부르는데요. 이 이름이 조금 더 친숙하죠? 어쨌거나 관계에 가장 근접한 그림은 엑셀과 같은 스프레드시트에 있는 2차원 표입니다. 사실 관계와 2차원 표는 여러 가지 차이점이 있지만, 처음에는 대충 비슷한 것으로 생각해도 문제없습니다.

SQL은 테이블을 검색해서 데이터를 검색하거나 갱신할 때 사용하는 언어입니다. 프로그래머가 아닌 사람도 사용할 수 있게 하자는 의도로 설계되어, 자연 언어인 영어와 비슷한 구문으로 되어있어서 직관적으로 사용할 수 있습니다. 이렇게 '간단한 것을 간단하게 하자'라는 개념을 적용한 쉽고 간단한 인터페이스가 SQL의 장점입니다. 덕분에 많은 사람들이 프로그래밍을 잘 몰라도 데이터베이스를 조작할 수 있게 되었습니다.

그렇다고는 해도 사실 SQL은 복잡합니다. 복잡한 작업을 수행할 때는 '자연 언어를 사용하는 것처럼' SQL을 조작한다고 말하기 힘듭니다(게다가 최근의 SQL 표준에는 굉장히 복잡한 기능이 많이 들어가서 더 어려워졌습니다). 또한 내부적인 움직임을 제대로 이해하지 못하면 성능이 제대로 나오지도 않습니다. 현재의 SQL은 RDB를 처음 설계했던 때처럼 쉬운 언어가 아니게 되었습니다. 어쨌거나 이번 장에서는 일단 기초적인 SQL 구문에 대해 살펴보도록 하겠습니다.

SELECT 구문

데이터베이스를 이용하는 때 핵심이 되는 처리가 바로 **검색**입니다. 검색은 데이터가 저장되어 있는 테이블에서 필요한 데이터를 뽑아내는 것입니다. 다른 말로는 **질의(query)**라던지 **추출(retrieve)**이라고 부릅니다. 데이터를 많이 모아 빅데이터를 이룬다고 해도 활용하지 못하면 의미가 없습니다. 따라서 SQL은 검색과 관련되어 굉장히 많은 기능을 제공합니다.

검색을 위해 사용하는 SQL 구문을 SELECT 구문이라고 부릅니다. 문자 그대로 **선택**한다는 것인데요. SQL은 영어에 가까운 구문으로 기술되므로, 코드를 보면 대충 어떤 의미인지 파악할 수 있으므로 다른 언어보다는 간단합니다. 일단 주소록을 나타내는 Address 테이블(표 2-1)에서 내부의 모든 데이터를 선택해봅시다. 이러한 것을 할 때는 [코드 2-1]처럼 간단한 SELECT 구문을 사용합니다.

그림 2-1 주소 테이블

Address(주소)

name(이름)	phone_nbr(전화번호)	address(주소)	sex(성별)	age(나이)
인성	080-3333-XXXX	서울시	남	30
하진	090-0000-XXXX	서울시	여	21
준	090-2984-XXXX	서울시	남	45
민	080-3333-XXXX	부산시	남	32
하린		부산시	여	55
빛나래	080-5848-XXXX	인천시	여	19
인아		인천시	여	20

| 아린 | 090-1922-XXXX | 속초시 | 여 | 25 |
| 기주 | 090-0001-XXXX | 서귀포시 | 남 | 32 |

코드 2-1 SELECT 구문으로 테이블 전체를 선택

```
SELECT name, phone_nbr, address, sex, age
  FROM Address;
```

실행 결과

```
name    | phone_nbr       | address  |sex |age
--------+-----------------+----------+----+-----
인성    |080-3333-XXXX    | 서울시   |남  | 30
하진    |090-0000-XXXX    | 서울시   |여  | 21
준      |090-2984-XXXX    | 서울시   |남  | 45
민      |080-3333-XXXX    | 부산시   |남  | 32
하린    |                 | 부산시   |여  | 55
빛나래  |080-5848-XXXX    | 인천시   |여  | 19
인아    |                 | 인천시   |여  | 20
아린    |090-1922-XXXX    | 속초시   |여  | 25
기주    |090-0001-XXXX    | 서귀포시 |남  | 32
```

1. SELECT 구와 FROM 구

이 SELECT 구문은 두 개의 부분으로 구성되어 있습니다. 첫 번째는 SELECT 뒤에 나열되어 있는 부분으로, SELECT 구라고 부릅니다. 데이터베이스에서 데이터를 검색할 때 반드시 입력해야 하는 부분입니다. SELECT 구에는 테이블이 갖고 있는 필드라면 쉼표로 연결해서 여러 개 쓸 수 있습니다.

두 번째 부분은 'FROM [테이블 이름]'으로 FROM 구라고 부르며, 데이터를 선택할 대상 테이블을 지정합니다. 이 부분은 반드시 입력해야 하는 것은 아닙니다. 다만 테이블에서 데이터를 검색하는 경우에는 반드시 입력해야 합니다(그렇지 않으면 어떤 테이블에서 데이터를 찾아야 하는지 모르니까요). FROM 구를 입력하지 않아도 되는 경우는, 예를 들어 'SELECT 1'처럼 상수를 선택하는 경우입니다. 이러한 경우 특정한 테이블에서 데이터를 꺼내오는 것이 아니므로 FROM 구가 없어도 됩니다(물론 Oracle처럼 FROM 구를 반드시 입력해야 하는 DBMS도 있지만,

이는 어디까지나 예외적인 구현입니다).

이 주소록에서 모든 사원을 선택하는 SQL 구문은 가장 간단한 SQL 구문이지만, 이런 간단한 샘플 내부에서도 이미 SQL의 특성이 암묵적으로 나타납니다. 이는 SELECT 구문에는 데이터를 '어떤 방법으로' 선택할지 일절 쓰여 있지 않다는 것입니다. 이 방법(= 절차 지향)은 DBMS에게 맡기게 됩니다. '최대한 쉽게 만드는 것'이 RDB의 기본 정신입니다. 사용자가 생각해야 하는 것은 어떤 데이터가 필요한지 정도입니다. 그 이외의 것은 모두 DBMS라는 하인에게 맡기면 된답니다.

[코드 2-1]의 SELECT 구문의 결과를 보면 정보가 불완전하다는 것을 느낄 수 있을 것입니다. 그렇습니다. 공란으로 되어있는 하린과 인아의 전화번호입니다. 이는 원래 Address 테이블에 전화번호가 등록되어 있지 않기 때문입니다.

RDB에서는 이렇게 불명한 데이터도 '공란'으로 취급합니다. 이러한 '공란'을 NULL이라고 부릅니다. NULL을 다루는 방법은 6강의 'NULL – 아무것도 아니라는 것은 무엇일까?'에서 살펴봅시다.

2. WHERE 구

앞의 SELECT 구문에서는 Address 테이블에 있는 모든 데이터를 검색하므로 모두 9개의 레코드가 출력됩니다. 하지만 항상 모든 레코드가 필요한 것은 아닙니다. 특정 조건에 맞는 일부의 레코드만 선택하고 싶을 때가 실제로 더 많습니다.

이러한 경우를 위해 SELECT 구문에는 레코드를 선택할 때 추가적인 조건을 지정할 수 있는 방법이 있습니다. 이를 WHERE 구라고 부릅니다. 예를 들어 'address(주소)' 필드가 '인천시'인 데이터만 선택하고 싶을 때는 [코드 2-2]처럼 작성합니다.

```
SELECT name, address
  FROM Address
 WHERE address = '인천시';
```

실행 결과

```
name  | address
---------+------------
빛나래  |  인천시
인아   |  인천시
```

이러한 처리는 엑셀의 '필터 조건'을 사용하는 것과 같습니다. 이때 WHERE라는 단어를 사용하는 것이 이상하다고 생각할 수 있는데요. 이때의 WHERE은 '어디?'를 나타내는 의문사가 아니라, '~라는 경우'를 나타내는 관계부사입니다.

– WHERE 구의 다양한 조건 지정

WHERE 구는 예제에서 사용한 '='와 같은 동일 조건뿐만 아니라, 더 다양한 조건 지정이 가능합니다. 대표적으로 [표 2–1]과 같은 조건을 사용할 수 있습니다.

표 2-1 WHERE 구에서 사용할 수 있는 대표적인 연산자

연산자	의미
=	~와 같음
〈 〉	~와 같지 않음
〉=	~ 이상
〉	~ 보다 큼
〈=	~ 이하
〈	~ 보다 작음

예를 들어 '나이가 30세 이상' 또는 '주소가 서울시 이외'라는 조건이라면, 각각 [코드 2–3]과 [코드 2–4]처럼 WHERE 구를 사용합니다. 그 결과 각각의 조건에 맞는 일부의 레코드만 선택되어 출력하는 것을 확인할 수 있습니다.

코드 2-3 나이가 30세 이상

```
SELECT name, age
  FROM Address
 WHERE age >= 30;
```

실행 결과

```
name | age
------+-----
인성  | 30
준    | 45
민    | 32
하린  | 55
기주  | 32
```

코드 2-4 주소가 서울시 이외

```
SELECT name, address
  FROM Address
 WHERE address <> '서울시';
```

실행 결과

```
name   | address
-------+-----------
민     | 부산시
하린   | 부산시
빛나래 | 인천시
인아   | 인천시
아린   | 속초시
기주   | 서귀포시
```

– WHERE 구는 거대한 벤다이어그램

이러한 WHERE 구를 사용하면 테이블에 필터 조건을 붙일 수 있습니다. 그런데
실제 사용하고 싶은 조건은 지금의 예처럼 단순하지 않고, 복합적일 때가 많습니다. 예를 들어서 다음과 같은 복합 조건을 생각해봅시다.

- '주소가 서울시에 있다' 그리고 '나이가 30세 이상이다'

각각의 개별적인 조건을 다음과 같이 나타낼 수 있다는 것은 이미 살펴보았습니다.

- 주소가 서울시 : address='서울시'

- 나이가 30세 이상 : age > = 30

그럼 두 개의 조건을 연결하는 '그리고'를 표현해야 할 텐데요. 이는 영어로 '그리고'를 나타내는 'AND'를 그대로 사용하면 됩니다. 따라서 지금까지의 내용을 SELECT 구문으로 작성하면 [코드 2-5]처럼 됩니다.

코드 2-5 AND는 집합의 공유 부분을 선택

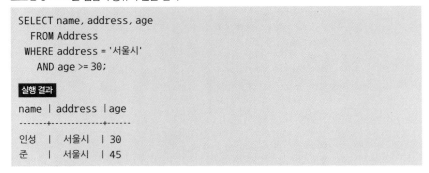

```
SELECT name, address, age
  FROM Address
 WHERE address = '서울시'
   AND age >= 30;
```

실행 결과

```
name | address | age
------+----------+------
인성  | 서울시   | 30
준    | 서울시   | 45
```

이렇게 하면 두 개의 조건을 모두 만족하는 레코드만 선택합니다. 이러한 복합 조건을 이해할 때는 [그림 2-2]와 같은 벤다이어그램을 생각해주면 좋습니다. 벤다이어그램은 중고등학교 때 집합을 공부하면서 살펴본 다음과 같은 원입니다.

그림 2-2 벤다이어그램으로 나타낸 AND 연산

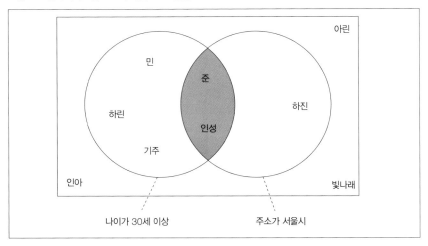

현재 Address 테이블은 크게 다음과 같은 세 개의 그룹으로 나눌 수 있습니다.

❶ 주소가 서울시인 그룹 : 준, 하진, 인성
❷ 나이가 30세 이상인 그룹 : 민, 하린, 기주, 준, 인성
❸ 위의 ❶과 ❷의 어떤 조건도 만족하지 않는 그룹 : 아린, 빛나래, 인아

예제에서 구하고자 하는 것은 ❶과 ❷를 모두 만족하는 공통 부분에 있는 사람들 입니다.

'그리고'에 상응하는 'AND'가 있으므로, '또는'에 상응하는 'OR'도 당연히 있을 것 입니다. 이를 사용하는 SQL 구문을 만들어보면 [코드 2–6]과 같습니다.

코드 2-6 OR은 집합의 합집합을 선택

```
SELECT name, address, age
  FROM Address
 WHERE address = '서울시'
    OR age >= 30;
```

실행 결과

```
name  | address  | age
------+----------+------
인성   | 서울시    | 30
하진   | 서울시    | 21
준     | 서울시    | 45
민     | 부산시    | 32
하린   | 부산시    | 55
기주   | 서귀포시  | 32
```

이번에는 ❶과 ❷의 어디에 있던 모두 선택합니다. 벤다이어그램으로 표현하면 [그림 2–3]과 같습니다. 수학 용어로 말한다면 '합집합'이라고 할 수 있겠지요.

그림 **2-3** 벤다이어그램으로 나타낸 OR 연산

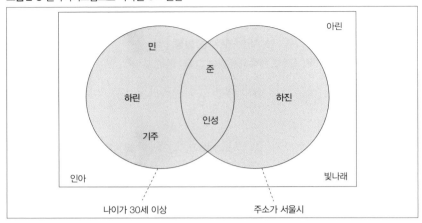

지금까지 살펴본 것처럼 WHERE 구라는 것은 벤다이어그램을 그리기 위한 도구입니다. WHERE 구에 복잡한 조건을 지정할 때 벤다이어그램을 그려보면 쉽게 이해할 수 있을 것입니다.

– IN으로 OR 조건을 간단하게 작성

이렇게 SQL에서는 AND/OR를 사용해 다양한 조건을 지정할 수 있습니다. 상황에 따라서는 OR 조건을 굉장히 많이 지정해야 할 때가 있을 수 있습니다. 예를 들어 [코드 2-7]과 같은 경우입니다.

코드 **2-7** OR 조건을 여러 개 지정

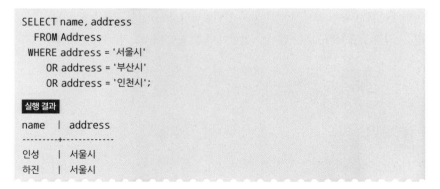

```
SELECT name, address
  FROM Address
 WHERE address = '서울시'
    OR address = '부산시'
    OR address = '인천시';
```

실행 결과
```
name  | address
--------+------------
인성   | 서울시
하진   | 서울시
```

```
준      | 서울시
민      | 부산시
하린    | 부산시
빛나래  | 인천시
인아    | 인천시
```

예제에서는 '주소가 서울시 또는 인천시 또는 부산시'인 사람을 선택했습니다. 이렇게 3개 정도라면 OR로 나열해도 괜찮습니다. 하지만 몇십 개의 조건을 나열해야 한다면, 작성하기도 힘들고 보기도 좋지 않습니다.

SQL은 이러한 때 조건을 간단하게 작성할 수 있게 도와주는 IN이라는 도구를 제공합니다. 다음 코드는 앞의 예제에서 IN을 사용해 변경한 것입니다(코드 2-8).

코드 2-8 IN을 사용한 방법

```
SELECT name, address
  FROM Address
 WHERE address IN ('서울시', '부산시', '인천시');
```

실행 결과는 이전과 같지만 WHERE 구가 굉장히 깔끔하게 바뀌었습니다.

– NULL – 아무것도 아니라는 것은 무엇일까?

WHERE 구로 조건을 지정할 때, 초보자가 처음 곤란해하는 부분이 바로 NULL을 검색할 때입니다.

지금 Address 테이블에 전화번호가 없는(=NULL) 사람이 2명 있습니다. 이 사람들만 선택하는 조건을 만들고 싶다면 어떻게 하면 될까요? 대부분의 사람들은 [코드 2-9]와 같은 SELECT 구문을 생각합니다.

코드 2-9 제대로 실행되지 않는 SELECT 구

```
SELECT name, address
  FROM Address
 WHERE phone_nbr = NULL;
```

이는 사람의 눈에는 정상적인 SELECT 구문입니다. 'phone_nbr가 NULL인 것'

을 나타내는 조건이라고 생각할 수 있는데요. 실제로 제대로 작동하는 SELECT 구문이 아닙니다. 물론 오류가 발생하지는 않습니다. 다만 결과로 아무것도 나오지 않습니다.

NULL 레코드를 선택할 때는 'IS NULL'이라는 특별한 키워드를 사용해야 합니다 (코드 2-10).

코드 2-10 제대로 작동하는 SELECT 구문

```
SELECT name, phone_nbr
  FROM Address
 WHERE phone_nbr IS NULL;
```

실행 결과

```
name  |  phone_nbr
--------+------------------
하린   |
인아   |
```

반대로 NULL이 아닌 레코드를 선택하고 싶은 경우에는 'IS NOT NULL'이라는 키워드를 사용합니다. 이를 사용해 코드를 작성하면 이전과 반대의 결과가 나옵니다.

일단 그냥 NULL은 이렇게 다룬다고 외우는 것이 편합니다. NULL 데이터를 선택할 때 '=NULL'과 같은 코드를 사용하지 않는 데는 이유가 있지만 조금 복잡합니다[1]. NULL을 다루는 것은 RDB에서 많은 사람들을 곤란하게 만드는 문제 중에 하나인데요. 일단 'IS NULL'과 'IS NOT NULL'을 사용한다는 것만 알아두면 어느 정도 문제없을 것입니다.

> **컬럼** **SELECT 구문은 절차 지향형 언어의 함수**
>
> 이렇게 보면 SELECT 구문의 기능은 절차 지향형 언어에서의 '함수'와 같다는 것을 알수 있습니다. 함수라는 것은 모두 알고 있는 것처럼, 입력을 받고 관련된 처리를 수행

---

1 저자주_ 한마디로 말하자면 'NULL은 데이터값이 아니므로, 데이터값에 적용하는 연산자(=)를 적용할 수 없다'라는 이유 때문입니다.

한 뒤에 리턴하는 것입니다. SELECT 구문도 테이블이라는 입력을 FROM 구로 받아, 특정 출력을 리턴한다는 점에서 같은 방식으로 작동합니다. 이때 입력이 되는 테이블에는 변경이 일어나지 않으므로, SELECT 구문은 일종의 '읽기 전용' 함수라고 말할 수 있습니다(그림 A).

그림 A SELECT 구문은 함수

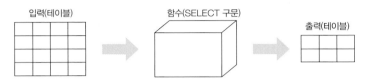

일반적인 절차 지향형 언어의 함수는 매개변수와 리턴값의 자료형이 정수 자료형 또는 문자열 자료형처럼 결정되어 있습니다. SELECT 구문의 경우에도 마찬가지로 자료형이 결정되어 있습니다. 그런데 SELECT 구문의 입력과 출력 자료형은 무엇일까요?

답은 '테이블'(관계)입니다. 따라서 입력도 출력도 모두 2차원 표라는 것이지요. 이외에는 어떠한 자료형도 존재하지 않습니다. 이러한 성질 때문에 관계가 닫혀있다는 의미로 폐쇄성(closure property)이라고 부릅니다(그림 B). 단순하게 SELECT 구문만 본다면 이러한 성질에 무슨 의미가 있는지 모르겠지만, 뷰와 서브쿼리를 함께 이해할 때는 이러한 개념이 굉장히 중요하므로 기억해주세요!

그림 B SELECT 구문의 닫힌 세계

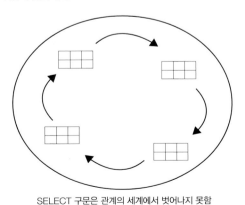

SELECT 구문은 관계의 세계에서 벗어나지 못함

3. GROUP BY 구

GROUP BY 구를 사용하면, 테이블에서 단순하게 데이터를 선택하는 것뿐만 아니라 합계 또는 평균 등의 집계 연산을 SQL 구문으로 할 수 있습니다.

GROUP BY 구의 기능을 쉽게 표현하면 '테이블을 홀 케이크처럼 다룬다'라고 할 수 있습니다. 홀 케이크는 생일 등에 먹는 둥근 형태의 큰 케이크입니다. 물론 많이 먹는 사람이라면 혼자서도 다 먹을 수 있겠지만, 칼이라는 도구를 사용해 케이크를 자르고 많은 사람이 나눠 먹는 것이 일반적입니다. GROUP BY 구는 이때 케이크를 자르는 칼과 같은 역할을 합니다.

그럼 일단 Address 테이블을 하나의 생일 케이크라고 생각해봅시다. 물론 무리가 있을 수 있겠지만, 최대한 열심히 상상력을 발휘해보기 바랍니다(힘내세요). 대충 그림을 머릿속에 떠올렸다고 합시다. 그럼 이제 그 케이크를 칼로 잘라보겠습니다. 케이크를 자를 때의 기준은 바로 '필드'입니다. 일단 성별을 사용해 남자와 여자라는 두 개로 나눠 잘라보겠습니다(그림 2-4).

그림 **2-4** 케이크를 성별로 자르기

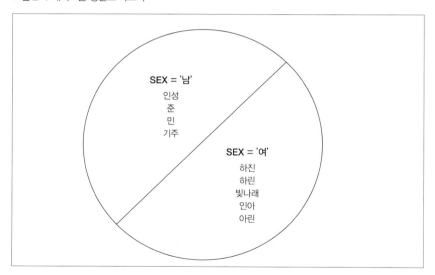

- 그룹을 나누었을 때의 장점

예쁘게 두 조각으로 잘렸습니다. 그런데 대체 케이크를 자르면 뭐가 좋은 걸까요? 일단 잘라진 케이크 조각을 **그룹**이라고 부릅니다. 그리고 이러한 그룹은 다양한 숫자 관련 함수를 사용한 집계가 가능합니다.

어떠한 집계가 가능한지 SQL의 대표적인 함수를 5개 살펴봅시다(표 2-2).

표 2-2 SQL의 대표적인 집계 함수

함수 이름	설명
COUNT	레코드 수를 계산
SUM	숫자를 더함
AVG	숫자의 평균을 구함
MAX	최댓값을 구함
MIN	최솟값을 구함

예를 들어서 남자 그룹과 여자 그룹에 각각 몇 명이 있는지를 구하고 싶을 때는 [코드 2-11]과 같은 SELECT 구문을 사용합니다.

코드 2-11 성별 별로 사람수를 계산

```
SELECT sex, COUNT(*)
  FROM Address
 GROUP BY sex;
```

실행 결과

```
sex  | count
-----+-----------
남   | 4
여   | 5
```

그럼 이번에는 케이크를 자르는 기준을 변경해봅시다. 살고 있는 지역을 기준으로 케이크를 자른다면 [그림 2-5]처럼 될 것입니다.

그림 2-5 케이크를 주소로 자르기

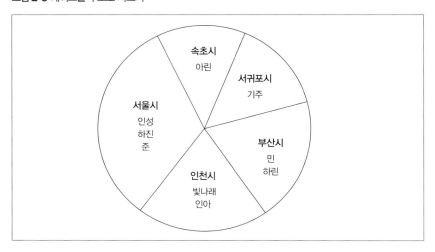

지역마다 살고 있는 사람의 수가 다르기 때문에 케이크가 조금 이상하게 생기기는 했지만, 이전과 다르지 않습니다. 앞에서와 마찬가지로 수를 세어 해당 지역에 몇 명이 살고 있는지를 구해봅시다.

코드 2-12 주소별로 사람수를 계산

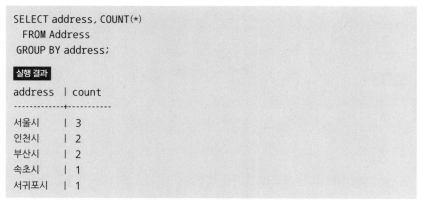

```
SELECT address, COUNT(*)
  FROM Address
 GROUP BY address;
```

실행 결과

```
address  | count
---------+--------
서울시    | 3
인천시    | 2
부산시    | 2
속초시    | 1
서귀포시  | 1
```

이전에 '홀 케이크를 혼자 먹지는 않을 것이다'라고 했는데요. 혼자 먹는 경우도 있을 수 있겠지요. 그런데 SQL에서 이러한 상황이 일어나면 어떻게 해야 할까요?

문제없습니다. SQL에서도 케이크를 자르지 않고 그냥 먹어버릴 수 있습니다. 자르지 않고 싶다면 GROUP BY 구를 사용할 때 키를 지정하지 않으면 됩니다. 이렇게 하면 테이블 전체(= 케이크 전체)를 하나의 조각으로 생각해서 함수를 적용할 수 있습니다(그림 2-6)(코드 2-13).

그림 2-6 케이크를 자르지 않고 먹기

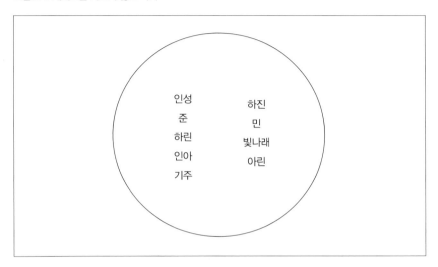

코드 2-13 전체 인원수를 계산

```
SELECT COUNT(*)
  FROM Address
 GROUP BY ( );
```

실행 결과

```
count
-------
    9
```

GROUP BY 구의 '( )'는 키를 지정하지 않는다는 뜻입니다. 그런데 SQL에 익숙한 사람도 이런 코드는 조금 익숙하지 않을 텐데요. 보통 이러한 경우에는 GROUP BY 구 자체를 생략하는 일이 많기 때문입니다.

```
SELECT COUNT(*)
  FROM Address;
```

두 가지 모두 실행결과는 완전히 같지만 생략하는 형태가 많이 사용됩니다. 참고로 'GROUP BY ()' 라는 구문은 일부 DBMS에서는 지원하지 않으므로 주의하기 바랍니다[2].

하지만 '자르는 기준이 없다'라는 것을 명시적으로 지정한 [코드 2–13]처럼 작성하는 편이 의미적으로는 좋겠습니다. 처음 SQL을 공부한다면 이렇게 쓰는 것이 논리적으로 이해하기는 쉬울 것입니다[3].

4. HAVING 구

앞에서 살펴보았던 주소별 사람수를 구하는 SELECT 구문, 즉 [코드 2–12]로 돌아갑시다. 해당 구문을 실행한 결과 5개의 집합을 얻었는데요. SQL은 그러한 결과 집합에 또다시 조건을 걸어 선택하는 기능이 있습니다. 사용 방법은 WHERE 구로 레코드를 선택하는 것과 거의 같은데요. 이번에는 HAVING이라는 영어 단어를 사용합니다.

예를 들어 살고 있는 사람수(레코드 수)가 한 명뿐인 주소 필드(address)를 선택하고 싶다면 [코드 2–14]처럼 작성합니다.

코드 2-14 한 사람밖에 없는 주소를 선택

```
SELECT address, COUNT(*)
  FROM Address
 GROUP BY address
HAVING COUNT(*) = 1;
```

실행 결과

```
address  | count
---------+----------
속초시    | 1
서귀포시  | 1
```

----

2 저자주_ Oracle, Microsoft SQL Server, DB2에서는 작동하지만 PostgreSQL, MySQL에서는 오류가 발생합니다.

3 저자주_ 필자는 지금도 GROUP BY가 생략된 SQL 구문을 보면 머릿속으로 'GROUP BY ( )'를 붙여서 생각하는 습관이 있답니다.

이전의 [코드 2-12]에 있었던 5개의 결과 집합에서 2개만 선택된 것을 확인할 수 있습니다. 이렇게 HAVING 구를 사용하면 선택된 결과 집합에 또다시 조건을 지정할 수 있습니다. 즉 WHERE 구가 '레코드'에 조건을 지정한다면, HAVING 구는 '집합'에 조건을 지정하는 기능이라고 할 수 있습니다.

이러한 HAVING 구는 SQL이 가진 굉장히 강력한 기능 중 하나로, 다양하게 응용할 수 있습니다. 이 책에서도 HAVING 구를 매우 많이 사용하는데요. 이후에도 계속해서 나오는 구이므로 꼭 기억하기 바랍니다.

5. ORDER BY 구

지금까지 SELECT 구문과 관련된 몇 가지 예제와 결과를 살펴보았습니다. 그런데 그 결과 레코드들은 대체 어떤 순서로 출력되는 것일까요?

간단하게 말하면 '엉터리로 출력한다'입니다. 엉터리라는 단어가 조금 그렇다면 순화해서 '딱히 정해진 규칙은 없다'라고 말할 수 있습니다. DBMS에 따라서 특정한 규칙을 가지고 정렬될 수 있겠지만, SQL의 일반적인 규칙에서는 정렬과 관련된 내용이 없습니다. 따라서 어떤 DBMS에서 순서를 가지고 출력된다 해도, 다른 DBMS에서는 그렇게 출력되지 않을 수도 있습니다.

모든 DBMS에서 SELECT 구문의 결과 순서를 보장하려면 명시적으로 순서를 지정해줘야 합니다. 이때 ORDER BY 구를 사용합니다. 예를 들어 Address 테이블에서 모든 레코드를 선택하고 나이가 많은 순서로 레코드를 정렬하고 싶다면 [코드 2-15]처럼 작성합니다.

코드 2-15 나이가 많은 순서로 레코드를 정렬

```
SELECT name, phone_nbr, address, sex, age
  FROM Address
 ORDER BY age DESC;
```

실행 결과(나이 내림차순)
```
name    | phone_nbr        | address      | sex   | age
--------+------------------+--------------+-------+------
하린    |                  | 부산시       | 여    | 55
```

```
준      |090-2984-XXXX |  서울시   |  남   |  45
기주    |090-0001-XXXX |  서귀포시 |  남   |  32
민      |080-3333-XXXX |  부산시   |  남   |  32
인성    |080-3333-XXXX |  서울시   |  남   |  30
아린    |090-1922-XXXX |  속초시   |  여   |  25
하진    |090-0000-XXXX |  서울시   |  여   |  21
인아    |              |  인천시   |  여   |  20
빛나래  |080-5848-XXXX |  인천시   |  여   |  19
```

코드에서 'DESC'는 Descending Order(내림차순)을 나타냅니다. 반대로 오름차순은 'ASC(Ascending Order)'라는 키워드를 사용합니다. 오름차순의 경우는 SQL의 기본 설정이므로 따로 ASC라는 키워드를 사용할 필요는 없습니다. 이는 모든 DBMS의 공통 규칙이랍니다.

실행 결과를 보면 32세의 사람이 두 명 있습니다(기주와 민). 이 사람들의 순서도 DBMS마다 다를 수 있습니다. 이 순서도 맞추고 싶다면 정렬 키를 추가해서 정렬 순서를 지정해줘야 합니다. 예를 들어 'ORDER BY age DESC, phone_nbr ASC'라고 하면 전화번호 순서까지 적용되어 민이 위로 오게 됩니다.

6. 뷰와 서브쿼리

지금까지 다양한 형태의 SELECT 구문을 사용해봤습니다. 데이터베이스를 사용하다 보면 SELECT 구문 중에서도 자주 사용하는 것과 거의 사용하지 않는 것이 나옵니다. 이때 자주 사용하는 SELECT 구문은 텍스트 파일에 따로 저장해놓아도 좋을 것입니다. 하지만 사용자가 직접 텍스트 파일을 관리한다면 파일을 지워버리거나 덮어 씌워버릴 수 있습니다.

이럴 때 SELECT 구문을 데이터베이스 안에 저장할 수 있다면 편리하겠죠? 그 기능이 바로 **뷰(View)**입니다. 뷰는 데이터베이스 안에 저장한다는 점은 테이블과 같습니다. 하지만 테이블과 달리 내부에 데이터를 보유하지는 않습니다. 어디까지나 뷰는 'SELECT 구문'을 저장한 것뿐이랍니다.

– 뷰 만드는 방법

뷰를 만들려면 저장하고 싶은 SELECT 구문을 다음 문장에 이어서 작성합니다.

```
CREATE VIEW [뷰 이름] ([필드 이름1], [필드 이름2] ... ) AS
```

예를 들어 주소별 사람수를 구하는 SELECT 구문을 뷰로 저장해봅시다(코드 2-16).

코드 **2-16** 뷰 생성

```
CREATE VIEW CountAddress (v_address, cnt)
AS
SELECT address, COUNT(*)
  FROM Address
 GROUP BY address;
```

이렇게 만들어진 뷰는 일반적인 테이블처럼 SELECT 구문에서 사용할 수 있습니다(코드 2-17).

코드 **2-17** 뷰 사용

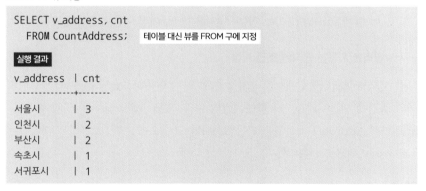

```
SELECT v_address, cnt
   FROM CountAddress;          테이블 대신 뷰를 FROM 구에 지정
```

실행 결과

```
v_address | cnt
----------+--------
서울시      | 3
인천시      | 2
부산시      | 2
속초시      | 1
서귀포시    | 1
```

이렇게 뷰라는 것은 '테이블의 모습을 한 SELECT 구문'이라고 말할 수 있답니다.

– 익명 뷰

반복해서 말하지만 뷰는 사용 방법이 테이블과 같지만 내부에는 데이터를 보유하지 않는다는 점이 테이블과 다릅니다. 따라서 [코드 2-18]처럼 뷰에서 데이터를 선택하는 SELECT 구문은, 실제로는 내부적으로 '추가적인 SELECT 구문'을 실행하는 중첩(nested) 구조가 되는 것입니다.

코드 2-18 뷰는 SELECT 구문이 중첩되어 있는 구조

```
뷰에서 데이터를 선택
SELECT v_address, cnt
  FROM CountAddress;


뷰는 실행할 때 SELECT 구문으로 전개
SELECT v_address, cnt
  FROM (SELECT address AS v_address, COUNT(*) AS cnt
          FROM Address
        GROUP BY address) AS CountAddress;
```

앞의 코드는 뷰를 사용하는 경우와 뷰의 내용을 SELECT 구문으로 전개했을 때의 코드입니다. 이렇게 뷰 대신 FROM 구에 직접 SELECT 구문을 지정할 수도 있습니다.

이렇게 FROM 구에 직접 지정하는 SELECT 구문을 **서브쿼리(subquery)**라고 부릅니다. 1장에서 설명했던 것처럼 쿼리(질의)는 SELECT 구문의 다른 이름입니다. 그리고 이 앞에 sub(하위)라는 접두사를 붙여 만들어진 이름이랍니다.

– 서브쿼리를 사용한 편리한 조건 지정

그럼 서브쿼리를 사용할 때 중요한 것을 한 가지 살펴보겠습니다. 바로 WHERE 구의 조건에 서브쿼리를 사용하는 방법입니다. 일단 Address 테이블과 같은 구조를 가진 Address2 테이블을 만들겠습니다(그림 2-7). 단, 보유하는 데이터는 Address 테이블과 다릅니다.

그림 2-7 Address2 테이블

Address2(주소2)

name(이름)	phone_nbr(전화번호)	address(주소)	sex(성별)	age(나이)
인성	080–3333–XXXX	서울시	남	30
민	080–3333–XXXX	부산시	남	32
준서		부산시	남	18
지연	080–2367–XXXX	인천시	여	19

| 서준 | | 인천시 | 여 | 20 |
| 중진 | 090-0205-XXXX | 속초시 | 남 | 25 |

이 Address2 테이블에는 Address 테이블과 공통되는 데이터도 들어있습니다. 바로 인성과 민입니다. 반대로 다른 4명은 공통되지 않는 사람들을 나타내는 데이터입니다.

이 두 테이블을 사용해 'Address 테이블에서 Address2 테이블에 있는 사람을 선택'하는 문장을 SQL로 만들어봅시다. 이런 처리를 **매칭(matching)**이라고 부릅니다. 기대되는 결과는 인성과 민이 선택되는 것이겠죠?

이런 경우 편리하게 활용할 수 있는 것이 앞에서 설명한 'IN으로 OR 조건을 간단하게 작성'에서 배웠던 IN입니다. IN은 이전에 살펴본 예제처럼 상수를 매개변수로 받는 것뿐만 아니라, 서브쿼리를 매개변수로도 받을 수 있습니다. 따라서 [코드 2-19]처럼 IN에 서브쿼리를 넣어줄 수 있습니다.

코드 2-19 IN 내부에서 서브쿼리 사용

```
SELECT name
  FROM Address
 WHERE name IN (SELECT name          IN 내부에서 서브쿼리 사용
                 FROM Address2);
```

실행 결과

```
name
------
인성
민
```

SQL은 서브쿼리부터 순서대로 실행합니다. 따라서 앞의 SELECT 구문을 받은 DBMS는 서브쿼리를 상수로 전개해서 [코드 2-20]처럼 바꿉니다.

코드 2-20 서브쿼리를 전개해서 실행

```
SELECT name
  FROM Address
 WHERE name IN ('인성', '민', '준서', '지연', '서준', '중진');
```

이전에 설명했던 것과 같으므로 쉽게 이해할 수 있을 것입니다. 이러한 IN과 서브 쿼리를 함께 사용하는 구문은 데이터가 변경되어도 따로 수정할 필요가 없다는 점에서 굉장히 편리합니다. 예를 들어 상수를 직접 입력(이를 **하드코딩**이라고 부릅니다)하면 Address2 테이블의 데이터가 바뀔 때마다 SELECT 구문을 수정해야 합니다. 하지만 서브쿼리를 사용하면 IN 내부의 서브쿼리가 SELECT 구문 전체가 실행될 때마다 다시 실행됩니다. 따라서 동적으로 상수 리스트를 생성하게 되어, Address2 테이블의 데이터가 바뀌어도 알아서 처리해줍니다.

7강

조건 분기, 집합 연산, 윈도우 함수, 갱신

7강에서는 조금 어려운 SQL 구문을 작성하는 방법으로 조건 분기, 집합 연산, 윈도우 함수를 살펴보고 SQL에서 데이터를 갱신하는 방법에 대해서 소개하겠습니다. 모두 중요한 기능으로 이 책의 후반에도 계속해서 나오는 내용입니다. 여기서 기초를 확실하게 다지고 가도록 합시다!

1. SQL과 조건 분기

일반적인 절차 지향형 프로그래밍 언어에는 조건 분기를 사용하기 위한 수단으로 if 조건문과 switch 조건문 등이 있습니다. 조건문은 굉장히 중요한 기능이므로 조건문 없이 개발하라는 것은 있을 수 없는 일입니다.

SQL에도 이처럼 조건 분기를 하는 방법이 있지만 사용 방법이 약간 다릅니다. SQL은 코드를 절차적으로 기술하는 것이 아니므로 조건 분기를 '문장' 단위로 하지 않기 때문입니다.

그렇다면 SQL의 조건 분기는 어떤 단위를 기준으로 할까요? 바로 '식'입니다. 그리고 이런 식의 분기를 실현하는 기능이 바로 CASE 식입니다. SQL 프로그래밍 중급 이상으로 올라가려면 반드시 이해해야 하는 것이 바로 이 CASE 식입니다.

– CASE 식의 구문

CASE 식의 구문에는 '단순 CASE 식'과 '검색 CASE 식'이라는 두 종류가 있습니다. 다만 검색 CASE 식은 단순 CASE 식의 기능을 모두 포함하고 있으므로 검색

CASE 식만 기억해도 충분합니다(코드 2-21)[1].

코드 2-21 검색 CASE 식의 구문

```
CASE WHEN [평가식] THEN [식]
     WHEN [평가식] THEN [식]
     WHEN [평가식] THEN [식]
       생략
     ELSE [식]
END
```

WHEN 구의 평가식이라는 것은 '필드 = 값'처럼 조건을 지정하는 식을 말합니다. WHERE 구에 조건을 작성하는 방법과 같습니다.

– CASE 식의 작동

CASE 식의 작동은 절차 지향형 프로그래밍 언어의 switch 조건문과 거의 비슷합니다. 처음에 있는 WHEN 구의 평가식부터 평가되고 조건이 맞으면 THEN 구에서 지정한 식이 리턴되며 CASE 식 전체가 종료됩니다. 만약 조건이 맞지 않으면 다음 WHEN 구로 이동해 같은 처리를 반복합니다. 마지막 WHEN 구까지 반복했는데도 조건이 맞는 경우가 없다면 'ELSE'에서 지정한 식이 리턴되며 끝납니다.

절차 지향형 언어의 조건 분기와 SQL 조건 분기 사이의 가장 큰 차이점은 바로 리턴값입니다. 절차 지향형 언어의 조건 분기는 문장을 실행하고 딱히 리턴하지는 않습니다. 반면 SQL의 조건 분기는 특정한 값(상수)를 리턴합니다.

그럼 구체적인 예제를 살펴보겠습니다. 주소의 결과 표시를 시도의 이름이 아니라 '경기', '관동', '호서', '호남', '영남'처럼 분류하는 경우를 생각해봅시다(그림 2-8).

---

1 **저자주_** 실무에서도 단순 CASE 식은 거의 사용하지 않습니다.

그림 **2-8** 구하고자 하는 실행 결과

```
name   | address | district
-------+---------+---------
인성    | 서울시   | 경기
하진    | 서울시   | 경기
준      | 서울시   | 경기
민      | 부산시   | 영남
하린    | 부산시   | 영남
빛나래   | 인천시   | 경기
인아    | 인천시   | 경기
아린    | 속초시   | 관동
기주    | 서귀포시  | 호남
```

이런 결과를 나타내는 district 필드는 [코드 2–22]와 같은 CASE 식으로 구할 수 있습니다.

코드 **2-22** 시도의 이름을 큰 지역으로 구분하는 CASE 식

```
SELECT name, address,
       CASE WHEN address = '서울시' THEN '경기'
            WHEN address = '인천시' THEN '경기'
            WHEN address = '부산시' THEN '영남'
            WHEN address = '속초시' THEN '관동'
            WHEN address = '서귀포시' THEN '호남'
            ELSE NULL END AS district
  FROM Address;
```

이 코드는 일종의 '교환'이라고 말할 수 있습니다. '서울시 → 경기', '부산시 → 영남'처럼 교환되었죠? 일반적으로 CASE 식은 이러한 경우에 많이 사용합니다[2].

CASE 식의 강력한 점은 **식**이라는 것입니다. 따라서 식을 적을 수 있는 곳이라면 어디든지 적을 수 있습니다. SELECT, WHERE, GROUP BY, HAVING, ORDER BY 구와 같은 곳 어디에나 적을 수 있으므로 다양한 기법으로 활용할 수 있습니다. CASE 식은 SQL의 성능과도 굉장히 큰 관련이 있으므로 이후에도 계속해서 등장합니다. 꼭 기억하기 바랍니다!

····················

2 저자주_ 무엇보다도 SQL구문의 내부에 변경 규칙을 하드 코딩하는 방법은 보수성이 굉장히 낮습니다. 따라서 교환 규칙이 어느 정도 잡혀 있다면, 이렇게 교환 정의를 사용하는 것이 좋습니다.

2. SQL의 집합 연산

WHERE 구를 설명할 때, 벤다이어그램을 사용한 집합 연산이라고 이야기했습니다. 이는 그냥 예로 들었던 것인데요. SQL에는 정말로 테이블을 사용해 집합 연산하는 기능이 있답니다. Address(그림 2-1)와 Address2(그림 2-7)라는 두 개의테이블을 사용해 알아봅시다.

– UNION으로 합집합 구하기

집합 연산의 기본은 합집합과 교집합입니다. WHERE 구에서는 합집합을 OR가, 교집합은 AND가 담당했었습니다. 하지만 집합 연산에서는 연산자가 다른데요. Address 테이블과 Address2 테이블의 합집합을 구할 때는 [코드 2-23]처럼 UNION(합)이라는 연산자를 사용합니다.

코드 2-23 UNION으로 합집합 구하기

```
SELECT *
  FROM Address
UNION
SELECT *
  FROM Address2;
```

실행 결과

```
name  |phone_nbr        | address | sex | age
------+-----------------+---------+-----+------
하린  |                 | 부산시  | 여  | 55
중진  | 090-0205-XXXX   | 속초시  | 남  | 25
빛나래| 080-5848-XXXX   | 인천시  | 여  | 19
아린  | 090-1922-XXXX   | 속초시  | 여  | 25
인성  | 080-3333-XXXX   | 서울시  | 남  | 30
인아  |                 | 인천시  | 여  | 20
서준  |                 | 인천시  | 여  | 20
준    | 090-2984-XXXX   | 서울시  | 남  | 45
지연  | 080-2367-XXXX   | 인천시  | 여  | 19
하진  | 090-0000-XXXX   | 서울시  | 여  | 21
준서  |                 | 부산시  | 남  | 18
민    | 080-3333-XXXX   | 부산시  | 남  | 32
기주  | 090-0001-XXXX   | 서귀포시| 남  | 32
```

문자 그대로 두 개의 테이블을 하나의 테이블로 합친 결과가 나옵니다.

결과를 보면 약간 특이한 점이 있습니다. 결과로 13개의 레코드가 나왔는데요. Address 테이블에는 9개의 레코드가 있고 Address2 테이블에는 6개의 레코드가 있습니다. 따라서 두 테이블을 합한다면 15개의 레코드가 나와야 합니다. 그런데 13개의 레코드가 나오는 이유는 양쪽 테이블에 중복해서 존재하는 인성과 민의 중복을 막았기 때문입니다(인성과 민은 모든 필드에 같은 값이 들어있으므로 완전히 중복된 레코드입니다). UNION은 합집합을 구할 때 이렇게 중복된 레코드를 제거합니다. 이는 UNION만 그런 것이 아니라 이후에 살펴보는 INTERSECT와 EXCEPT 등에서도 같습니다. 만약 중복을 제외하고 싶지 않다면 'UNION ALL'처럼 ALL 옵션을 붙이면 된답니다.

– INTERSECT로 교집합 구하기

이어서 AND에 해당하는 교집합을 구해보겠습니다. 교집합을 구할 때 사용하는 연산자는 INTERSECT로 '교차'라는 의미입니다(코드 2-24).

코드 2-24 INTERSECT로 교집합 구하기

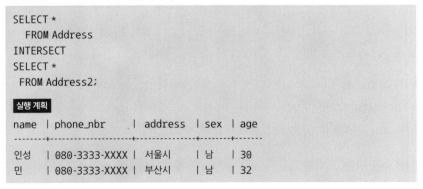

```
SELECT *
  FROM Address
INTERSECT
SELECT *
 FROM Address2;
```

실행 계획

```
name | phone_nbr     | address | sex | age
------+---------------+---------+-----+-----
인성  | 080-3333-XXXX | 서울시   | 남  | 30
민    | 080-3333-XXXX | 부산시   | 남  | 32
```

양쪽 테이블에 공통으로 존재하는 레코드를 출력하므로 인성과 민만 출력됩니다. 이전과 마찬가지로, 중복된 것이 있다면 해당 레코드는 제외된다는 것을 기억해주세요!

– EXCEPT로 차집합 구하기

마지막으로 소개할 연산자는 차집합을 수행하는 EXCEPT 연산자[3]로 '제외'라는 의미입니다(코드 2–25).

코드 **2-25** EXCEPT로 차집합 구하기

```
SELECT *
  FROM Address
EXCEPT
SELECT *
  FROM Address2;
```

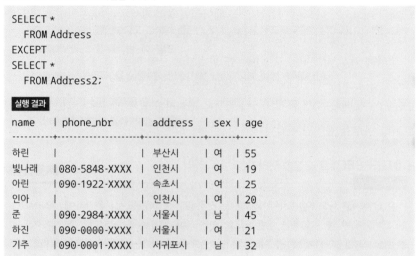

실행 결과

name	phone_nbr	address	sex	age
하린		부산시	여	55
빛나래	080-5848-XXXX	인천시	여	19
아린	090-1922-XXXX	속초시	여	25
인아		인천시	여	20
준	090-2984-XXXX	서울시	남	45
하진	090-0000-XXXX	서울시	여	21
기주	090-0001-XXXX	서귀포시	남	32

이를 수식으로 나타내면 'Address – Address2'가 됩니다. 결과적으로 Address 테이블에서 인성과 민이라는 두 개의 레코드가 제거된 결과를 얻을 수 있습니다.

이때 EXCEPT에는 UNION과 INTERSECT에는 없는 주의사항이 있습니다. UNION과 INTERSECT는 어떤 테이블을 먼저 적든 그 순서와 상관없이 결과가 같습니다. 하지만 EXCEPT의 경우는 결과가 다릅니다.

이는 숫자의 사칙 연산과 같은 성질입니다. 덧셈 연산은 '1 + 5'와 '5 + 1'의 결과가 같습니다. 이러한 것을 '교환 법칙이 성립한다'라고 부르는데요. 뺄셈 연산은 '1 – 5'와 '5 – 1'의 결과가 다릅니다. 따라서 뺄셈 연산은 '교환 법칙이 성립하지 않는다' 입니다. 이러한 것이 집합 연산의 차집합에서도 적용되는 것이랍니다.

....

3 저자주_ Oracle은 독자적으로 MINUS라는 이름의 연산자를 사용하고 있습니다. 따라서 Oracle을 사용하는 독자라면 EXCEPT를 모두 MINUS로 바꿔 생각해주세요.

3. 윈도우 함수

이어서 소개하는 윈도우 함수도 굉장히 중요한 기능입니다. 윈도우 함수는 데이터를 가공하게 해준다는 점에서도 중요하지만, 이 책의 주제인 성능과 큰 관계가 있습니다. 윈도우 함수와 관련된 자세한 내용은 이 책의 8장에서 알아보겠습니다.

윈도우 함수의 특징을 한마디로 정리하면 '집약 기능이 없는 GROUP BY 구'입니다. "그게 뭐야?"라고 생각할 수 있는데요. 이전에 살펴보았던 GROUP BY 구는 자르기와 집약이라는 두 개의 기능으로 구분됩니다. 윈도우 함수는 여기서 자르기 기능만 있는 것이랍니다.

말이 어려우므로 바로 구체적인 예제를 살펴보겠습니다. 이전의 주소별 사람수를 조사하는 SELECT 구문을 다시 한 번 살펴봅시다(코드 2-26).

코드 2-26 GROUP BY로 주소별 사람수를 계산하는 SQL 구문(다시 게재)

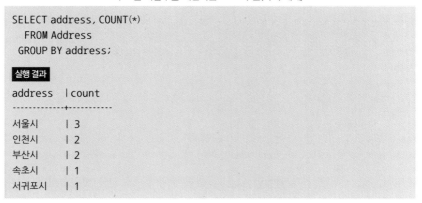

```
SELECT address, COUNT(*)
  FROM Address
 GROUP BY address;
```

실행 결과

```
address  |count
---------+----------
서울시    | 3
인천시    | 2
부산시    | 2
속초시    | 1
서귀포시  | 1
```

이 SQL은 일단 address 필드로 테이블을 (케이크처럼) 자르고, 이어서 잘라진 조각 개수만큼의 레코드 수를 더해 결과를 출력합니다. 이때 출력 결과의 레코드 수는 Address 테이블에 포함되어 있는 지역 수인 5개가 됩니다.

윈도우 함수도 테이블을 자르는 것은 GROUP BY와 같습니다. 윈도우 함수는 이를 'PARTITION BY'라는 구로 수행합니다. 차이점이 있다면 자른 후에 집약하지 않으므로 출력 결과의 레코드 수가 입력되는 테이블의 레코드 수와 같다는 것입니다.

윈도우 함수의 기본적인 구문은 집약 함수 뒤에 OVER 구를 작성하고, 내부에 자르는 키를 지정하는 PARTITION BY 또는 ORDER BY를 입력하는 것입니다[4]. 작성하는 장소는 SELECT 구라고만 생각해도 문제없습니다. 그럼 예제를 살펴봅시다(코드 2-27).

코드 2-27 윈도우 함수로 주소별 사람수를 계산하는 SQL

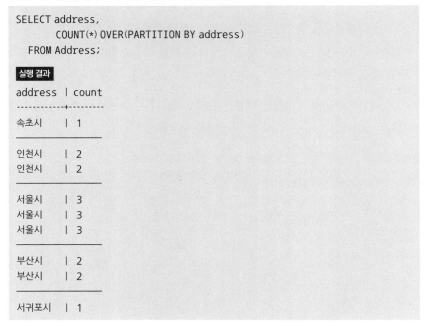

```
SELECT address,
       COUNT(*) OVER(PARTITION BY address)
  FROM Address;
```

실행 결과

```
address  | count
---------+--------
속초시    | 1
-----------------
인천시    | 2
인천시    | 2
-----------------
서울시    | 3
서울시    | 3
서울시    | 3
-----------------
부산시    | 2
부산시    | 2
-----------------
서귀포시  | 1
```

파티션 분할 결과를 쉽게 이해할 수 있게 출력 결과에 구분선을 넣었습니다. 실제 결과에는 이런 구분선이 출력되지 않는답니다.

GROUP BY의 결과와 비교해봅시다. 속초시에 1명, 인천시에 2명이라는 지역별 사람수는 양쪽 모두 같습니다. 하지만 출력되는 결과의 레코드 수가 다릅니다. 윈도우 함수에서는 테이블의 레코드 수와 같은 9개입니다. 이는 집약 작업이 수행되지 않았기 때문입니다. 이전에 말했던 '윈도우 함수는 GROUP BY에서 자르기 기능만 있는 것'이라는 게 바로 이 의미입니다.

....

4 저자주_ PARTITION BY 구와 ORDER BY 구는 둘 중에 하나만 입력해도 되고, 둘 다 입력해도 상관없습니다.

윈도우 함수로 사용할 수 있는 함수로는 COUNT 또는 SUM 같은 일반 함수 이외에도, 윈도우 함수 전용 함수로 제공되는 RANK 또는 ROW_NUMBER 등의 순서 함수가 있습니다. 예를 들어 RANK 함수는 이름 그대로 지정된 키로 레코드에 순위를 붙이는 함수입니다. 예를 들어 나이가 많은 순서로 순위를 붙인다면 [코드 2-28]처럼 구문을 작성합니다.

코드 2-28 윈도우 함수로 순위 구하기

```
SELECT name,
       age,
       RANK() OVER(ORDER BY age DESC) AS rnk
  FROM Address;
```

```
실행 결과

name  |age  |rnk
------+------+------
하린   | 55   | 1
준     | 45   | 2
기주   | 32   | 3
민     | 32   | 3
인성   | 30   | 5
아린   | 25   | 6
하진   | 21   | 7
인아   | 20   | 8
빛나래 | 19   | 9
```

RANK 함수는 숫자가 같으면 같은 순위로 표시하므로 32세인 기주와 민이 함께 3위로 순위가 매겨집니다. 그리고 4위를 건너 뛰고 인성이 5위가 되는데요. 만약 이런 건너뛰는 작업 없이 순위를 구하고 싶을 때는 DENSE_RANK 함수를 사용합니다(코드 2-29).

```
SELECT name,
       age,
       DENSE_RANK() OVER(ORDER BY age DESC) AS dense_rnk
  FROM Address;
```

실행 결과

```
name  | age  | dense_rnk
------+------+--------------
하린   | 55   | 1
준     | 45   | 2
기주   | 32   | 3
민     | 32   | 3
인성   | 30   | 4
아린   | 25   | 5
하진   | 21   | 6
인아   | 20   | 7
빛나래 | 19   | 8
```

윈도우 함수에는 이 이외에도 RANGE 또는 ROWS 등의 여러 가지 세부 옵션을 지정하는 방법이 있습니다. 하지만 일단 이 정도로만 PARTITION BY와 ORDER BY의 사용 방법만 기억해도 충분합니다.

4. 트랜잭션과 갱신

SQL은 'Structured Query Language'의 약자입니다. 'Query'는 '질의'를 나타내며 좁은 뜻으로는 SELECT 구문을 나타냅니다. 이름에서 알 수 있듯 SQL은 처음부터 데이터 검색을 중심으로 수행하기 위한 언어입니다. 한마디로 데이터를 갱신하는 것은 부가적인 기능이라는 것입니다.

역사적으로도 SQL의 검색 기능은 점점 추가되면서 복잡해졌습니다. 하지만 갱신 기능은 딱히 복잡하지 않습니다. SQL의 갱신 기능은 굉장히 쉬우므로 이해하기 어렵지 않을 것입니다[5].

---

5 저자주_ 복잡한 것은 하고 싶어도 할 수 없답니다.

기본적으로 SQL의 갱신 작업은 다음과 같이 세 종류로 분류합니다.

❶ 삽입(insert)
❷ 제거(delete)
❸ 갱신(update)

이 이외에도 ❶과 ❸을 합친 머지(MERGE)라는 갱신 기능도 있지만, 일단은 위의 3개 기능으로 구분된다고 이해해주세요.

– INSERT로 데이터 삽입

RDB는 데이터를 테이블에 보관합니다. 테이블은 당연히 만드는 시점에는 내부에 아무것도 없습니다. 테이블은 데이터를 보관하는 상자에 지나지 않으므로 내부에 데이터가 없으면 사용하는 의미가 없습니다.

RDB에서 데이터를 등록하는 단위는 레코드(행이라고도 부릅니다)입니다. 기본적인 등록 단위는 하나의 레코드씩입니다. 이때 사용하는 것이 INSERT 구문인데요. 문자 그대로 레코드를 '삽입'합니다.

기본적인 INSERT 구문은 [그림 2-9]와 같은 형태입니다.

그림 **2-9** 기본적인 INSERT 구문

```
INSERT INTO [테이블 이름] ([필드1], [필드2], [필드3] ……)
            VALUES ([값1], [값2], [값3] ……);
```

예를 들어 Address 테이블에 [그림 2-10]과 같은 레코드를 삽입하는 구문은 [코드 2-30]처럼 작성합니다. 이때 필드 리스트와 값 리스트는 같은 순서로 대응하게 입력해야 합니다. 순서가 다르면 오류가 발생하거나 원하는 값이 들어가지 않으므로 주의하기 바랍니다.

그림 **2-10** 추가할 레코드

name(이름)	phone_nbr(전화번호)	address(주소)	sex(성별)	age(나이)
인성	080-3333-XXXX	서울시	남	30

코드 2-30 인성을 Address 테이블에 추가

```
INSERT INTO Address (name, phone_nbr, address, sex, age)
        VALUES ('인성', '080-3333-XXXX', '서울시', '남', 30);
```

또한 name 필드, address 필드의 값은 '인성' 또는 '서울시'처럼 작은따옴표(싱
글쿼트)로 값을 감싸고 있는데요. 문자열 자료형의 데이터에는 반드시 입력해야
합니다. 반대로 age 필드처럼 숫자 자료형의 경우에는 감싸지 않습니다[6]. 추가로
NULL을 삽입하는 경우는 그대로 NULL을 입력합니다. 이때도 NULL을 작은따
옴표로 감싸면 안 되는데요. NULL을 작은따옴표로 감싸버리면 문자열로 인식하
기 때문입니다.

이전에 설명했던 것처럼 테이블에 데이터를 삽입하는 INSERT 구문은 기본적으
로는 레코드를 하나씩 삽입합니다. 100개의 레코드를 삽입한다고 100개의 구문
을 실행하는 것은 합리적이지 않습니다. 어쨌거나 '기본적으로'라는 말은 조금 다
른 방법도 있다는 것인데요. 최근에는 여러 개의 레코드를 한 개의 INSERT 구문
으로 삽입하는 기능(multi-row insert)을 지원하는 DBMS도 있기 때문입니다.
Address 테이블에 사용한 샘플 데이터 9개를 한꺼번에 삽입한다면 [코드 2-31]
처럼 합니다.

코드 2-31 9개의 레코드를 한 번에 추가

```
INSERT INTO Address (name, phone_nbr, address, sex, age)
        VALUES('인성', '080-3333-XXXX', '서울시', '남', 30),
        ('하진', '090-0000-XXXX', '서울시', '여', 21),
        ('준', '090-2984-XXXX', '서울시', '남', 45),
        ('민', '080-3333-XXXX', '부산시', '남', 32),
        ('하린', NULL, '부산시', '여', 55),
        ('빛나래', '080-5848-XXXX', '인천시', '여', 19),
        ('인아', NULL, '인천시', '여', 20),
        ('아린', '090-1922-XXXX', '속초시', '여', 25),
        ('기주', '090-0001-XXXX', '서귀포시', '남', 32);
```

이 방법은 간단하고 한 번만 구문을 실행하면 된다는 점에서 좋습니다. 하지만 아

---

[6] 저자주_ 작은따옴표로 감싸면 문자열로 인식해버립니다.

직 모든 DBMS에서 사용할 수 있는 것은 아닙니다[7]. 또한 오류가 발생했을 때 어떤 레코드가 문제인지 확인하기 어렵다는 단점도 가지고 있습니다. 따라서 일단은 앞에서 살펴본 여러 개의 레코드를 INSERT 하는 방법을 기억해두고, 여러 개의 레코드를 INSERT 하는 방법도 있구나 정도로 기억해도 됩니다.

– DELETE로 데이터 제거

데이터를 삽입하는 기능이 있으므로 반대로 데이터를 삭제하는 기능도 있습니다. 그런데 데이터를 삭제할 때는 하나의 레코드 단위가 아니라, 한 번에 여러 개의 레코드 단위로 처리하게 됩니다. 어쨌거나 데이터를 제거할 때 사용하는 것이 DELETE 구문입니다. DELETE 구문의 기본적인 형태는 [그림 2-11]과 같습니다.

그림 2-11 DELETE 구문의 기본 구조

```
DELETE FROM [테이블 이름];
```

예를 들어 Address 테이블의 데이터를 제거한다면 [코드 2-32]처럼 합니다. [코드 2-32]의 DELETE 구문은 Address 테이블에 들어있는 모든 레코드를 제거합니다.

코드 2-32 Address 테이블의 데이터를 제거

```
DELETE FROM Address;
```

만약 부분적으로만 레코드를 제거하고 싶을 때는 SELECT 구문에서 사용했던 WHERE 구로 제거 대상을 선별합니다. 예를 들어 주소가 인천시인 사람의 레코드만 삭제하고 싶다면 [코드 2-33]처럼 작성합니다. 이렇게 하면 주소가 인천시인 빛나래, 인아의 레코드만 삭제하게 됩니다. 따라서 다른 레코드에는 영향을 주지 않습니다.

---

7 저자주_ 2015년 9월을 기준으로 DB2, Microsoft SQL Server, PostgreSQL, MySQL에서 사용할 수 있습니다.

코드 2-33 일부 레코드만 제거

```
DELETE FROM Address
  WHERE address = '인천시';
```

가끔은 실수로 DELETE 구문에 필드 이름을 넣어 다음과 같이 작성하는 경우도 있습니다.

```
DELETE name FROM Address
```

하지만 이는 오류가 발생하여 제대로 작동하지 않습니다. DELETE 구문의 삭제 대상은 필드가 아니라 레코드이므로, DELETE 구문으로 일부 필드만 삭제하는 것은 불가능합니다. 따라서 오류가 발생하는 것이랍니다.

이처럼 DELETE 구문에서 필드 이름을 사용하는 것은 불가능합니다. 마찬가지로, 다음과 같이 * 기호를 사용한 구문에서도 오류가 발생합니다.

```
DELETE * FROM Address
```

만약 레코드의 필드 일부만 지우고 싶다면 다음 강에서 설명하는 UPDATE 구문을 사용해주세요.

DELETE 구문으로 모든 데이터를 삭제했다고 테이블 자체가 사라지는 것은 아닙니다. 테이블이라는 상자는 남아있으므로, 계속해서 INSERT 구문으로 새로운 데이터를 넣을 수도 있습니다[8].

– UPDATE로 데이터 갱신

INSERT 구문으로 데이터를 등록할 수 있었습니다. 이렇게 등록된 데이터를 이후에 변경할 수 있는데요. 예를 들어 데이터의 내용이 틀렸거나 변경되었다면 데이터를 변경해야 할 것입니다. 이러한 때는 UPDATE 구문을 사용해 테이블의 데이터를 갱신합니다.

UPDATE 구문도 어렵지 않습니다. [그림 2-12]처럼 갱신 대상 테이블과 필드, 변

---

8 저자주_ 테이블 자체를 삭제하고 싶을 때는 DROP TABLE이라는 다른 명령어를 사용합니다.

경하고 싶은 값(식)을 지정하면 됩니다.

그림 2-12 UPDATE 구문의 기본 구조

```
UPDATE [테이블 이름]
    SET [필드 이름] = [식];
```

UPDATE 구문도 일부 레코드만 갱신하고 싶을 때는 DELETE 구문처럼 WHERE 구로 필터링합니다. 예를 들어 빛나래의 전화번호가 다르게 등록되어 수정하고 싶다면 WHERE 구로 빛나래만 선택해주면 됩니다(코드 2-34, 코드 2-35, 코드 2-36).

코드 2-34 갱신 전의 데이터

```
SELECT *
  FROM Address;
```

실행 결과

name	phone_nbr	address	sex	age
인성	080-3333-XXXX	서울시	남	30
하진	090-0000-XXXX	서울시	여	21
준	090-2984-XXXX	서울시	남	45
민	080-3333-XXXX	부산시	남	32
하린		부산시	여	55
빛나래	080-5848-XXXX	인천시	여	19
인아		인천시	여	20
아린	090-1922-XXXX	속초시	여	25
기주	090-0001-XXXX	서귀포시	남	32

코드 2-35 빛나래의 전화번호를 갱신

```
UPDATE Address
    SET phone_nbr = '080-5849-XXXX'
  WHERE name = '빛나래';
```

코드 **2-36** 갱신 후의 데이터

```
SELECT *
  FROM Address;
```

실행 결과

```
name   | phone_nbr       | address | sex | age
-------+-----------------+---------+-----+------
인성   | 080-3333-XXXX   | 서울시  | 남  | 30
하진   | 090-0000-XXXX   | 서울시  | 여  | 21
준     | 090-2984-XXXX   | 서울시  | 남  | 45
민     | 080-3333-XXXX   | 부산시  | 남  | 32
하린   |                 | 부산시  | 여  | 55
인아   |                 | 인천시  | 여  | 20
아린   | 090-1922-XXXX   | 속초시  | 여  | 25
기주   | 090-0001-XXXX   | 서귀포시| 남  | 32
빛나래 | 080-5849-XXXX   | 인천시  | 여  | 19
```

UPDATE 구문의 SET 구에 여러 개의 필드를 입력하면, 한 번에 여러 개의 값을 변경할 수 있습니다. 따라서 여러 개의 필드를 갱신하고 싶을 때 UPDATE 구문을 여러 번 사용할 필요가 없습니다.

예를 들어 빛나래의 전화번호만 수정하려 했는데 사실 나이도 잘못 입력해서 20살로 변경하고 싶다고 합시다. 그냥 간단하게 생각하면 [코드 2-37]처럼 UPDATE 구문을 두 번 사용하면 됩니다.

코드 **2-37** UPDATE 구문을 두 번 사용해서 갱신

```
UPDATE Address
  SET phone_nbr = '080-5848-XXXX'
  WHERE name = '빛나래';

UPDATE Address
  SET age = 20
  WHERE name = '빛나래';
```

나름의 방법이기는 하지만 한 번에 실행할 수 있는 방법이 있는데도 이렇게 나눠서 하는 것은 의미 없는 일입니다. 이런 코드는 다음과 같이 한 개의 UPDATE 구문으로 수행할 수 있습니다(두 가지 방법이 있습니다).

코드 2-38 UPDATE 구문을 한 번 사용해서 갱신

```
❶ 필드를 쉼표로 구분해서 나열
UPDATE Address
  SET phone_nbr = '080-5848-XXXX',
      age = 20
  WHERE name = '빛나래';

❷ 필드를 괄호로 감싸서 나열
UPDATE Address
  SET (phone_nbr, age) = ('080-5848-XXXX', 20)
  WHERE name = '빛나래';
```

당연히 두 개 이상의 필드도 같은 방법으로 변경할 수 있습니다.

추가로 ❷의 코드는 DBMS에 따라서 지원하지 않을 수 있습니다. 따라서 자신이 사용하는 DBMS에서 사용 가능한지 확인하기 바랍니다. ❶의 방법은 모든 DBMS 에서 사용 가능합니다.

마치며

- 간단하고 직관적으로 작성할 수 있다는 것이 비절차형 언어 SQL의 장점

- CASE 식은 조건 분기를 표현하는 중요한 도구. 포인트는 구문이 아니라 식을 바탕으로 한다는 것

- 쿼리는 입력과 출력을 모두 테이블에 있는 것을 바탕으로 할 수 있으므로 유연함

- SQL은 GROUP BY, UNION, INTERSECT 등의 집합 이론을 바탕으로 만들어진 연산이 많음

- 윈도우 함수는 GROUP BY 구에서 집약 기능을 제외하고 자르는 기능만 남긴 것

연습문제

해답은 390p

Address 테이블에서 성별 별로 나이 순위(건너뛰기 있게)를 매기는 SELECT 구문을 생각해보세요.

3장

SQL의 조건 분기

구문에서 식으로

2장에서 보았던 것처럼 SQL은 조건 분기를 할 때 CASE 식을 사용합니다. 하지만 사실 CASE 식 이외에도 조건 분기에 사용할 수 있는 구문이 있습니다. 바로 집합 연산을 할 때 사용하는 UNION입니다. CASE 식은 절차형 프로그래밍 언어에서 사용하고 있는 IF-THEN-ELSE 구문 또는 SWITCH 구문의 기능을 SQL로 이식한 것으로도 볼 수 있습니다. 하지만 이해하기 힘들다 보니, 처음 SQL을 배울 때 어렵게 느끼고 조금씩 멀어지는 경우가 많습니다(어떤 부분이 어려운지는 이번 장에서 자세하게 살펴봅시다). 그에 따라 CASE 식이 아니라 UNION이 조건 분기를 할 때 더 많이 사용되기 시작했습니다.

하지만 이는 SQL에 있어서 굉장히 좋지 않은 일입니다. UNION은 조건 분기를 위해 만들어진 것이 아닙니다. 따라서 조건 분기에 적합하지 않습니다. 많은 사람들이 어떻게 작동할지 쉽게 예측할 수 있다는 이유에서 UNION을 많이 사용하고 있는데요. 이번 장에서는 UNION을 조건 분기의 도구로 사용하지 않고, CASE 방식이라는 SQL의 원래 조건 분기 기능을 몸에 밸 수 있게 합니다. 그렇게 해야만 간결하고 성능적으로도 뛰어난 SQL 구문을 만들 수 있습니다.

UNION을 사용한 쓸데없이 긴 표현

UNION을 사용한 조건 분기는 SQL 초보자가 좋아하는 기술 중 하나입니다. 일반적으로 이러한 조건 분기는, WHERE 구만 조금씩 다른 여러 개의 SELECT 구문을 합쳐서, 복수의 조건에 일치하는 하나의 결과 집합을 얻고 싶을 때 사용합니다. 이러한 방법은 큰 문제를 작은 문제로 나눌 수 있다는 점에서 생각하기 쉽다는 장점이 있습니다. 따라서 조건 분기와 관련된 문제를 접할 때 가장 처음 생각할 수 있는 기본적인 방법입니다.

하지만 이런 방법은 성능적인 측면에서 굉장히 큰 단점을 가지고 있습니다. 외부적으로는 하나의 SQL 구문을 실행하는 것처럼 보이지만, 내부적으로는 여러 개의 SELECT 구문을 실행하는 실행 계획으로 해석되기 때문입니다. 따라서 테이블에 접근하는 횟수가 많아져서 I/O 비용이 크게 늘어납니다[1].

따라서 SQL에서 조건 분기를 할 때 UNION을 사용해도 좋을지 여부는 신중히 검토해야 합니다. 아무 생각 없이 무조건 UNION을 사용해서는 안 됩니다. 이번 8강에서는 UNION과 CASE를 사용한 조건 분기를 비교하면서, 어떤 경우에 어떤 것을 사용하는 것이 좋을지 알아보겠습니다.

---

[1] 저자주_ 물론 예외도 있습니다. 어떤 경우가 예외인지는 10강에서 설명할 'UNION을 사용하는 것이 성능적으로 더 좋은 경우'에서 설명하겠습니다.

1. UNION을 사용한 조건 분기와 관련된 간단한 예제

조금 어색해 보이겠지만, 어떤 사람이 보아도 쉽게 이해할 수 있는 문제를 예제로 살펴보겠습니다. 일단 상품을 관리하는 테이블 Items가 있습니다(그림 3-1). 이 테이블은 각각의 상품에 대해서 세금이 포함된 가격과 세금이 포함되지 않은 가격을 모두 저장합니다. 그런데 2002년부터 법이 개정되면서 세금이 포함된 가격을 표시하는 게 의무가 되었습니다. 따라서 2001년까지는 세금이 포함되지 않은 가격을, 2002년부터는 세금이 포함된 가격을 'price(가격)' 필드로 표시하게 되었습니다. 즉, [그림 3-1]의 색칠된 부분을 모아 [그림 3-2]처럼 출력해야 합니다[2].

그림 3-1 상품 테이블

Items(상품)

item_id (상품 ID)	year (연도)	item_name (상품 이름)	price_tax_ex (세전 가격)	price_tax_in (세후 가격)
100	2000	머그컵	500	525
100	2001	머그컵	520	546
100	2002	머그컵	600	630
100	2003	머그컵	600	630
101	2000	티스푼	500	525
101	2001	티스푼	500	525
101	2002	티스푼	500	525
101	2003	티스푼	500	525

·····················

2 역자주_ **예제 추가 설명** 내용 자체는 퍼즐 문제이므로, 그냥 풀면서 관련된 기술을 익히면 됩니다. "한국과 딱히 관련 없 잖아?"라는 생각은 하지 않아도 됩니다(사실 일본 쪽에서 봐도 연습용 문제라는 생각이 들 수 있는 테이블 형태입니다). 그래도 간단하게 무슨 이야기인지 추가 설명하겠습니다.

한국에서 IT 제품에 관심이 있다면 "일본에서 맥북을 사오면 싸다"라는 말을 들은 적이 있을 것입니다. 실제로 2015년 7월을 기준으로 애플 공식 홈페이지에 쓰여 있는 한국의 맥북 사격은 1,590,000원, 일본의 맥북 가격은 148,800엔 (2015년 8월 22일의 환율을 기준으로 1,445,621원)입니다.

사실 이 자체만 보면 "정말 싸잖아"라고 할 수 있는데요. 일본의 맥북 가격은 세금이 포함되지 않은 가격이랍니다. 세 금이 추가되면 160,704엔(1,561,271원)이 되어버립니다(2015년 7월 기준 11,904엔의 소비세가 추가됩니다).

따라서 "일본에서 맥북을 사오면 싸다"는 말은 사실 일반적인 말은 아닙니다(과거에는 소비세가 조금 낮아서 어느 정도 맞는 말이었지만요). 물론 해외 여행자라는 자격으로 면세 구매할 수 있습니다. 하지만 한국으로 귀국할 때 어차피 관세 를 내야 한답니다(물론 안 내면 싸겠지요).

다만 맥미니와 같은 경우에는 면세 범위 이내로 구매할 수 있으며, 요도바시 카메라 같은 대형 매장에서 특정 카드로 구 매하면, 추가 할인이 가능하므로 10~20만 원정도 저렴한 가격으로 구매할 수 있답니다.

102	2000	나이프	600	630
102	2001	나이프	550	577
102	2002	나이프	550	577
102	2003	나이프	400	420

그림 3-2 구하고자 하는 결과

```
item_name | year | price
--------------+--------+---------
머그컵      | 2000 |   500
머그컵      | 2001 |   520
머그컵      | 2002 |   630
머그컵      | 2003 |   630
티스푼      | 2000 |   500
티스푼      | 2001 |   500
티스푼      | 2002 |   525
티스푼      | 2003 |   525
나이프      | 2000 |   600
나이프      | 2001 |   550
나이프      | 2002 |   577
나이프      | 2003 |   420
```

조건 분기에 'year' 필드를 사용해야 하겠다는 건 쉽게 알 수 있을 것입니다. 이를 중심으로 2001년 이전과 2002년 이후를 구분해서 가격을 선택하면 됩니다. UNION을 사용하면 [코드 3-1]처럼 이러한 조건 분기를 만들 수 있습니다.

코드 3-1 UNION을 사용한 조건 분기

```
SELECT item_name, year, price_tax_ex AS price
  FROM Items
 WHERE year <= 2001
UNION ALL
SELECT item_name, year, price_tax_in AS price
  FROM Items
 WHERE year >= 2002;
```

조건이 배타적이므로 중복된 레코드가 발생하지 않습니다. 쓸데없이 정렬 등의 처리를 하지 않아도 되므로 UNION ALL을 사용했습니다. 하지만 포인트는 다른 곳에 있습니다. 이 코드는 굉장히 큰 문제점을 안고 있는데요. 첫 번째 문제는 쓸데없이 길다는 것입니다. 거의 같은 두 개의 쿼리를 두 번이나 실행하고 있습니다. 이는 SQL을 쓸데없이 길고, 읽기 힘들게 만들 뿐입니다. 또한 두 번째 문제는 성능입니다.

– UNION을 사용했을 때의 실행 계획 문제

UNION을 사용한 쿼리의 성능 문제를 명확히 하기 위해 실행 계획을 살펴보겠습니다. PostgreSQL과 Oracle의 실행 계획을 각각 [그림 3-3]과 [그림 3-4]에 표시했습니다.

그림 3-3 UNION을 사용한 경우의 실행 계획(PostgreSQL)

```
Append (cost=0.00..2.42 rows=12 width=47)
  ->      Seq Scan on items (cost=0.00..1.15 rows=6 width=47)
          Filter: (year <= 2001)
  ->      Seq Scan on items (cost=0.00..1.15 rows=6 width=47)
          Filter: (year >= 2002)
```

그림 3-4 UNION을 사용한 경우의 실행 계획(Oracle)

Id	Operation	Name	Rows	Bytes	Cost (%CPU)	Time
0	SELECT STATEMENT		13	611	6 (50)	00:00:01
1	UNION-ALL					
* 2	TABLE ACCESS FULL	ITEMS	7	329	3 (0)	00:00:01
* 3	TABLE ACCESS FULL	ITEMS	6	282	3 (0)	00:00:01

어떤 것을 사용하더라도 UNION 쿼리는 Items 테이블에 2회 접근한다는 것을 알 수 있습니다. 그리고 그때마다 TABLE ACCESS FULL이 발생하므로, 읽어들이는 비용도 테이블의 크기에 따라 선형으로 증가하게 됩니다. 물론 데이터 캐시에 테이블의 데이터가 있으면 어느 정도 그런 증상이 완화되겠지만, 테이블의 크기가 커지면 캐시 히트율이 낮아지므로 그러한 것도 기대하기 힘들어집니다[3].

----

3 저자주_ 데이터 캐시에 대해서는 1장을 참고해주세요.

– 정확한 판단 없는 UNION 사용 회피

간단하게 레코드 집합을 합칠 수 있다는 점에서 UNION은 굉장히 편리한 도구입니다. 따라서 UNION을 조건 분기를 위해 사용하고 싶은 유혹에 사로잡히는 것도 무리는 아닙니다. 하지만 이는 굉장히 위험한 생각입니다. 정확한 판단 없이 SELECT 구문 전체를 여러 번 사용해서 코드를 길게 만드는 것은 쓸데없는 테이블 접근을 발생시키며 SQL의 성능을 나쁘게 만듭니다. 또한 물리 자원(저장소의 I/O 비용)도 쓸데없이 소비하게 됩니다.

2. WHERE 구에서 조건 분기를 하는 사람은 초보자

시스템 개발의 세계에는 앞선 사람들의 지혜와 노하우가 간단한 격언처럼 남아있습니다. 예를 들어서 "GOTO는 사용하지 않는 것이 좋다", "데이터 구조가 코드를 결정하지만, 코드가 데이터 구조를 결정하지는 못한다", "버그가 아니라 원래 그렇게 만든 것이다" 등처럼 말이지요.

SQL에도 이러한 격언들이 있습니다. 그중에서 "조건 분기를 WHERE 구로 하는 사람들은 초보자다. 잘 하는 사람은 SELECT 구문만으로 조건 분기를 한다"라는 말이 있습니다. 지금 살펴보고 있는 문제도 SELECT 구문만으로 조건 분기를 하면 다음과 같이 최적화할 수 있습니다(코드 3-2).

코드 3-2 SELECT 구문에서 CASE 식을 사용한 조건 분기

```
SELECT item_name, year,
       CASE WHEN year <= 2001 THEN price_tax_ex
            WHEN year >= 2002 THEN price_tax_in END AS price
  FROM Items;
```

이 쿼리도 [코드 3-1]의 UNION을 사용한 쿼리와 같은 결과를 출력합니다. 하지만 성능적으로 이번 쿼리가 훨씬 좋습니다(테이블의 크기가 커질수록 더 명확하게 드러난답니다).

3. SELECT 구를 사용한 조건 분기의 실행 계획

CASE 식을 사용한 쿼리의 실행 계획은 [그림 3-5]와 [그림 3-6]입니다.

그림 3-5 CASE 식을 사용한 조건 분기(PostgreSQL)

```
------------------------------------------------------------
Seq Scan on items (cost=0.00..1.18 rows=12 width=51)
```

그림 3-6 CASE 식을 사용한 조건 분기(Oracle)

```
---------------------------------------------------------------------------
| Id | Operation          | Name  | Rows | Bytes | Cost (%CPU) | Time     |
---------------------------------------------------------------------------
|  0 | SELECT STATEMENT   |       |  12  |  564  |     3 (0) | 00:00:01 |
|  1 |   TABLE ACCESS FULL | ITEMS |  12  |  564  |     3 (0) | 00:00:01 |
---------------------------------------------------------------------------
```

Items 테이블에 대한 접근이 1회로 줄어든 것을 확인할 수 있습니다. 이전의 UNION을 사용한 구문보다 성능이 2배 좋아졌다고 할 수 있겠죠[4]? 또한 SQL 구문 자체의 가독성도 굉장히 좋아졌습니다.

이처럼, SQL 구문의 성능이 좋은지 나쁜지는 반드시 실행 계획 레벨에서 판단해야 합니다. 이유는 1장에서도 설명했던 것처럼, SQL 구문에는 어떻게 데이터를 검색할지를 나타내는 접근 경로가 쓰여 있지 않기 때문입니다. 이를 알려면 실행 계획을 보는 수밖에 없습니다.

사실 이는 좋은 것이 아닙니다. "사용자가 데이터에 접근 경로라는 물리 레벨의 문제를 의식하지 않도록 하고 싶다"라는 것이 RDB와 SQL이 가진 컨셉이기 때문입니다. 하지만 아직 이런 뜻을 이루기에는 현재의 RDB와 SQL(그리고 하드웨어)는 역부족입니다. 따라서 은폐하고 있는 접근 경로를 엔지니어가 체크해줘야 합니다[5].

어쨌거나 UNION과 CASE의 쿼리를 구문적인 관점에서 비교하면 재미난 것이 있

---

4 저자주_ 이전에 설명했던 것처럼 버퍼 캐시의 영향도 생각해야 하고, 사실 I/O 비용과 실행 시간은 선형 관계에 있지 않으므로, 단순하게 결론 내는 것은 불가능합니다. 어디까지나 간단한 설명이라고 생각해주세요!

5 저자주_ 미래에 하드웨어와 DBMS가 충분히 발달하는 날이 온다면, 프로그래머가 이런 일을 하지 않아도 될 것입니다.

습니다. UNION을 사용한 분기는 SELECT '구문'을 기본 단위로 분기하고 있습니다. 구문을 기본 단위로 사용하고 있다는 점에서, 아직 절차 지향형의 발상을 벗어나지 못한 방법이라고 말할 수 있습니다. 반면 CASE 식을 사용한 분기는 문자 그대로 '식'을 바탕으로 하는 사고입니다. 이렇게 '구문'에서 '식'으로 사고를 변경하는 것이 SQL을 마스터하는 열쇠 중 하나입니다.

처음부터 그런 변경을 쉽게 실현하기는 힘듭니다. 요령을 하나 말하자면, 어떤 문제가 있을 때 스스로 "문제를 절차 지향형 언어로 해결한다면 어떤 IF 조건문을 사용해야 할까?"라고 사고할 때마다 "이것을 SQL의 CASE로는 어떻게 해결할 수 있지?"라는 것을 꾸준히 의식하는 것입니다. 이것만으로도 큰 도움이 될 것입니다.

집계와 조건 분기

집계를 수행하는 쿼리를 작성할 때, 쓸데없이 길어지는 경우를 자주 볼 수 있습니다. 예를 들어 지역별로 남녀 인구를 기록하는 Population 테이블을 생각해봅시다(그림 3-7). 이 테이블을 [그림 3-8]과 같은 레이아웃으로 변경하는 방법을 생각해봅시다. 성별 1은 남성, 2는 여성을 의미한다고 가정합니다.

그림 3-7 인구 테이블

Population(인구)

prefecture(지역 이름)	sex(성별)	pop(인구)
성남	1	60
성남	2	40
수원	1	90
수원	2	100
광명	1	100
광명	2	50
일산	1	100
일산	2	100
용인	1	20
용인	2	200

그림 **3-8** 원하는 결과

```
prefecture | pop_men | pop_wom
-------------+----------+----------
수원        |      90 |     100
일산        |     100 |     100
성남        |      60 |      40
광명        |     100 |      50
용인        |      20 |     200
```

※ pop_men : 남성의 인구, pop_wom : 여성의 인구

1. 집계 대상으로 조건 분기

– UNION을 사용한 방법

이 문제를 풀 때 절차 지향적인 사고방식을 가진다면, 일단 남성의 인구를 지역별로 구하고, 여성의 인구를 지역별로 구한 뒤 머지(merge)하는 방법을 생각할 것입니다.

코드 **3-3** UNION을 사용한 방법

```
SELECT prefecture, SUM(pop_men) AS pop_men, SUM(pop_wom) AS pop_wom
  FROM ( SELECT prefecture, pop AS pop_men, null AS pop_wom
           FROM Population
          WHERE sex = '1'    --남성
          UNION
         SELECT prefecture, NULL AS pop_men, pop AS pop_wom
           FROM Population
          WHERE sex = '2') TMP    --여성
 GROUP BY prefecture;
```

서브쿼리 TMP는 [그림 3-9]처럼 남성과 여성의 인구가 별도의 레코드에 나옵니다. 따라서 외측에 있는 GROUP BY 구를 사용해 하나의 레코드로 집약하는 것입니다. 물론 아무 오류 없이 원하는 결과가 나옵니다. 하지만 이러한 쿼리의 가장 큰 문제는 WHERE 구에서 sex 필드로 분기를 하고, 결과를 UNION으로 머지한다는 절차 지향적인 구성에 있습니다.

그림 **3-9** 남성과 여성의 인구를 분리

```
prefecture | pop_men | pop_wom
-----------+---------+---------
성남       |      60 |
성남       |         |      40
수원       |      90 |
수원       |         |     100
광명       |     100 |
광명       |         |      50
일산       |     100 |
일산       |         |     100
용인       |      20 |
용인       |         |     200
```

– UNION의 실행 계획

[코드 3–3]의 실행 계획은 [그림 3–10]과 같습니다. PostgreSQL과 Oracle 모두 같은 실행 계획이 나오므로 대표로 PostgreSQL만 표시했습니다.

그림 **3-10** UNION의 실행 계획(PostgreSQL)

```
HashAggregate (cost=2.70..2.80 rows=10 width=90)
  -> HashAggregate (cost=2.43..2.53 rows=10 width=11)
       -> Append (cost=0.00..2.35 rows=10 width=11)
            -> Seq Scan on population (cost=0.00..1.13 rows=5 width=11)
                 Filter: (sex = '1'::bpchar)
            -> Seq Scan on population (cost=0.00..1.13 rows=5 width=11)
                 Filter: (sex = '2'::bpchar)
```

실행 계획을 보면 Population 테이블에 풀 스캔이 2회 수행되는 것을 확인할 수 있습니다[1].

----

1 저자주_ 사실 이러한 경우 몇 가지 조건이 충족된다면, UNION을 사용하는 것이 CASE를 사용하는 것보다 성능적으로 좋을 수 있습니다. sex 필드에 인덱스가 존재한다는 조건인데요. 이러한 경우에는 CASE 식으로 수행되는 테이블 풀 스캔 1회보다, UNION 식으로 수행되는 인덱스 스캔 2회가 더 빠르게 작동할 가능성이 있습니다. 이와 관련된 자세한 내용은 10강에서 설명할 'UNION을 사용하는 것이 성능적으로 더 좋은 경우'에서 살펴보겠습니다.

– 집계의 조건 분기도 CASE 식을 사용

이 문제는 CASE 식의 응용 방법으로 굉장히 유명한 표측/표두 레이아웃 이동 문제입니다[2]. 원래 SQL은 이러한 결과 포맷팅을 목적으로 만들어진 언어가 아닙니다. 하지만 실무에서 자주 사용되는 기술이다 보니 유명합니다(이미 알고 있는 독자도 있을 것이라 생각합니다). CASE 식을 집약 함수 내부에 포함시켜서 '남성 인구'와 '여성 인구' 필터를 만듭니다(코드 3-4).

코드 3-4 CASE 식을 사용한 방법

```sql
SELECT prefecture,
       SUM(CASE WHEN sex = '1' THEN pop ELSE 0 END) AS pop_men,
       SUM(CASE WHEN sex = '2' THEN pop ELSE 0 END) AS pop_wom
  FROM Population
 GROUP BY prefecture;
```

덧붙이자면 SELECT 구문을 사용한 조건 분기의 경우 쿼리가 굉장히 간단합니다.

– CASE 식의 실행 계획

중요한 것은 외관이 간단해질 뿐만 아니라 성능도 향상된다는 것입니다. 이 쿼리는 외관뿐만 아니라 실행 계획도 굉장히 간단하기 때문입니다. 실행 계획은 [그림 3-11]과 같이 단순한 모습입니다.

그림 3-11 CASE 식의 실행 계획(PostgreSQL)

```
HashAggregate (cost=1.23..1.28 rows=5 width=13)
  -> Seq Scan on population (cost=0.00..1.10 rows=10 width=13)
```

Population 테이블로의 풀 스캔이 1회로 감소한 것을 확인할 수 있습니다. 따라서 UNION을 사용한 경우의 2회에 비해 (캐시 등을 고려하지 않는다면) I/O 비용이 절반으로 감소한다는 의미입니다.

이렇게 CASE 식으로 조건 분기를 잘 사용하면 UNION을 사용하지 않을 수 있습

---

2 저자주_ 표두(head, column)는 이차원 표의 상부 제목을 의미하고 표측(stub, row)는 좌측의 제목을 나타냅니다. 일반적인 곳에서는 자주 사용되는 용어가 아니지만, 데이터 집계 분야에서는 자주 사용되는 용어입니다.

니다. 그렇게 되면 테이블에 대한 접근을 줄일 수 있습니다. CASE 식은 SQL에서 굉장히 중요한 도구입니다. 다양한 표현을 할 수 있는 것은 물론 성능적으로도 큰 힘을 발휘하기 때문입니다.

2. 집약 결과로 조건 분기

집약에 조건 분기를 적용하는 또 하나의 패턴으로, 집약 결과에 조건 분기를 수행하는 경우가 있습니다. 예를 들어 직원과 직원이 소속된 팀을 관리하는 테이블 Employees(그림 3-12)는 다음과 같습니다.

그림 3-12 직원 테이블

Employees(직원)

emp_id(직원ID)	team_id(팀 ID)	emp_name(직원 이름)	team(팀)
201	1	Joe	상품기획
201	2	Joe	개발
201	3	Joe	영업
202	2	Jim	개발
203	3	Carl	영업
204	1	Bree	상품기획
204	2	Bree	개발
204	3	Bree	영업
204	4	Bree	관리
205	1	Kim	상품기획
205	2	Kim	개발

여기서 다음과 같은 조건에 맞춰 결과를 만드는 것을 생각해봅시다.

❶ 소속된 팀이 1개라면 해당 직원은 팀의 이름을 그대로 출력한다.
❷ 소속된 팀이 2개라면 해당 직원은 '2개를 겸무'라는 문자열을 출력한다.
❸ 소속된 팀이 3개 이상이라면 해당 직원은 '3개 이상을 겸무'라는 문자열을 출력한다.

결과는 [그림 3-13]과 같습니다.

그림 **3-13** 조건을 만족하는 결과

```
 emp_name  |   team
-----------+----------------
 Jim       | 개발
 Bree      | 3개 이상을 겸무
 Joe       | 3개 이상을 겸무
 Carl      | 영업
 Kim       | 2개를 겸무
```

− UNION을 사용한 조건 분기

직원을 조건 ❶~❸에 따라 분류한다면 다음과 같습니다.

❶ Jim, Carl

❷ Kim

❸ Bree, Joe

이러한 분류를 정확하게 코드로 재현한다면 [코드 3–5]처럼 됩니다.

그림 **3-5** UNION으로 조건 분기한 코드

```
SELECT emp_name,
       MAX(team) AS team
  FROM Employees   ❶
 GROUP BY emp_name
HAVING COUNT(*) = 1
UNION
SELECT emp_name,
       '2개를 겸무' AS team
  FROM Employees   ❷
 GROUP BY emp_name
HAVING COUNT(*) = 2
UNION
SELECT emp_name,
       '3개 이상을 겸무' AS team
  FROM Employees   ❸
 GROUP BY emp_name
HAVING COUNT(*) >= 3;
```

이 문제에서 재미있는 것은 조건 분기가 레코드값이 아닌, 집합의 레코드 수에 적용된다는 것입니다. 따라서 조건 분기가 WHERE 구가 아니라 HAVING 구에 지정되었습니다. 하지만 UNION으로 머지하고 있는 이상, 구문 레벨의 분기일 뿐입니다. 따라서 WHERE 구를 사용할 때와 크게 다르지 않습니다.

– UNION의 실행 계획

실행 결과를 직접 눈으로 확인해봅시다. 이번에는 Oracle에서의 실행 계획입니다(그림 3-14).

그림 **3-14** UNION의 실행 계획(Oracle)

```
| Id | Operation              | Name      |Rows |Bytes |Cost (%CPU)|Time     |

|  0 | SELECT STATEMENT       |           | 33 | 792 |    15 (80)| 00:00:01 |
|  1 |  SORT UNIQUE           |           | 33 | 792 |    15 (80)| 00:00:01 |
|  2 |   UNION-ALL            |           |    |     |           |          |
|* 3 |    FILTER              |           |    |     |           |          |
|  4 |     HASH GROUP BY      |           | 11 | 396 |     5 (40)| 00:00:01 |
|  5 |      TABLE ACCESS FULL |EMPLOYEES  | 11 | 396 |     3  (0)| 00:00:01 |
|* 6 |    FILTER              |           |    |     |           |          |
|  7 |     HASH GROUP BY      |           | 11 | 198 |     5 (40)| 00:00:01 |
|  8 |      TABLE ACCESS FULL |EMPLOYEES  | 11 | 198 |     3  (0)| 00:00:01 |
|* 9 |    FILTER              |           |    |     |           |          |
| 10 |     HASH GROUP BY      |           | 11 | 198 |     5 (40)| 00:00:01 |
| 11 |      TABLE ACCESS FULL |EMPLOYEES  | 11 | 198 |     3  (0)| 00:00:01 |
```

3개의 쿼리를 머지하는 쿼리이므로 예상대로 Employees 테이블에 대한 접근도 3번 발생하는 것을 확인할 수 있습니다.

– CASE 식을 사용한 조건 분기

이 문제를 푸는 최적의 방법은 역시 SELECT 구문과 CASE 식을 사용하는 것입니다(코드 3-6).

코드 **3-6** SELECT 구와 CASE 식을 사용

```
SELECT emp_name,
        CASE WHEN COUNT(*) = 1  THEN MAX(team)
             WHEN COUNT(*) = 2  THEN '2개를 겸무'
             WHEN COUNT(*) >= 3 THEN '3개 이상을 겸무'
        END AS team
  FROM Employees
 GROUP BY emp_name;
```

– CASE 식을 사용한 조건 분기의 실행 계획

이렇게 CASE 식을 사용하면 테이블에 접근 비용을 3분의 1로 줄일 수 있습니다. 추가적으로 GROUP BY의 HASH 연산도 3회에서 1회로 줄어들었습니다. 이를 가능하게 하는 것은 집약 결과(COUNT 함수의 리턴값)를 CASE 식의 입력으로 사용했기 때문입니다. COUNT 또는 SUM와 같은 집약 함수의 결과는 1개의 레코드로 압축됩니다. 다르게 말하면 집약 함수의 결과가 스칼라(더 이상 분할 불가능한 값)가 되는 것입니다. 따라서 CASE 식의 매개변수에 집약 함수를 넣을 수 있습니다. 현재 쿼리의 실행 계획은 [그림 3-15]와 같습니다.

그림 **3-15** CASE 식의 실행 계획(Oracle)

```
----------------------------------------------------------------
| Id | Operation          | Name      | Rows | Bytes |Cost (%CPU)| Time     |

|  0 | SELECT STATEMENT   |           |  11 |  396 |   4 (25)| 00:00:01 |
|  1 |  HASH GROUP BY     |           |  11 |  396 |   4 (25)| 00:00:01 |
|  2 |   TABLE ACCESS FULL| EMPLOYEES |  11 |  396 |   3  (0)| 00:00:01 |
----------------------------------------------------------------
```

앞에서 'WHERE 구에서 조건 분기를 하는 사람은 초보자'라고 말했는데요. 마찬가지로 'HAVING 구에서 조건 분기를 하는 사람도 초보자'라는 것을 명심해주세요.

그래도 UNION이 필요한 경우

지금까지 UNION을 사용하는 것이 나쁘다는 식으로 소개했습니다. 하지만
UNION을 사용하지 않으면 안 되는 경우도 있습니다. 또한 UNION을 사용하는
것이 오히려 성능적으로 좋은 경우도 있습니다. 10강에서는 이러한 예외 상황을
소개하겠습니다.

1. UNION을 사용할 수밖에 없는 경우

UNION을 사용할 수밖에 없는 경우부터 살펴보겠습니다. 머지 대상이 되는
SELECT 구문들에서 사용하는 테이블이 다른 경우가 대표적입니다. 쉽게 말하면
여러 개의 테이블에서 검색한 결과를 머지하는 경우입니다(코드 3-7).

코드 3-7 다른 테이블의 결과를 머지

```
SELECT col_1
  FROM Table_A
 WHERE col_2 = 'A'
UNION ALL
SELECT col_3
  FROM Table_B
 WHERE col_4 = 'B';
```

물론 그렇다고 CASE 식을 사용할 수 없다는 것은 아닙니다. FROM 구에서 테이
블을 결합하면 CASE 식을 사용해 원하는 결과를 구할 수도 있습니다. 하지만 그
렇게 하면 필요 없는 결합이 발생해서 성능적으로 악영향이 발생합니다(UNION

1회의 테이블 풀 스캔 중에서 어떤 것이 더 빠른지에 대한 문제가 됩니다. 이는 테이블 크기와 검색 조건에 따른 선택 비율(레코드 히트율)에 따라 답이 달라집니다. 하지만 테이블이 크고, WHERE 조건으로 선택되는 레코드의 수가 충분히 작다면 UNION이 더 빠릅니다[2]. 따라서 UNION을 사용하는 경우가 더 빠를 수도 있는 것입니다.

– IN을 사용한 방법

OR 쿼리를 IN 쿼리로 변환해서 [코드 3-10]과 같은 코드를 만들 수도 있습니다.

코드 3-10 IN을 사용한 방법

```
SELECT key, name,
       date_1, flg_1,
       date_2, flg_2,
       date_3, flg_3
  FROM ThreeElements
 WHERE ('2013-11-01', 'T')
          IN ((date_1, flg_1),
              (date_2, flg_2),
              (date_3, flg_3));
```

이는 다중 필드(multiple fields, 또는 행식(row expression))라는 기능을 사용한 방법입니다. IN의 매개변수로는 단순한 스칼라뿐만 아니라, 이렇게 (a,b,c)와 같은 값의 리스트(배열)을 입력할 수도 있습니다. [코드 3-10]에서는 이러한 것을 응용하고 있는데요. OR을 사용했을 때보다 간단하고 이해하기 쉬울 수 있지만 실행 계획은 OR을 사용할 때와 같습니다. 따라서 성능적인 문제도 같답니다[3].

한편 이 문제에서 [코드 3-11]처럼 CASE 식을 사용한 쿼리를 생각한 독자도 있을 것입니다.

----

2 저자주_ DBMS에서 이러한 것을 예측하고, OR을 사용한 쿼리에서 UNION을 사용할 때와 같은 실행 계획을 만들기도 합니다(또한 Oracle 등에서는 실행 계획을 명시적으로 지정해줄 수 있는 USE_CONCAT과 같은 기능도 있습니다). 이렇게 옵티마이저가 정말로 모든 것을 적절하게 판단해준다면 UNION을 사용할 필요가 없습니다. 하지만 대부분 그렇게 하지 못하니까 문제이지요.

3 저자주_다중 필드와 관련된 응용 방법은 9장에서 다룹니다. 성능 향상에 도움이 되는 기능이므로 지금 어느 정도 기억해두기 바랍니다.

```
SELECT key, name,
       date_1, flg_1,
       date_2, flg_2,
       date_3, flg_3
  FROM ThreeElements
 WHERE CASE WHEN date_1 = '2013-11-01' THEN flg_1
            WHEN date_2 = '2013-11-01' THEN flg_2
            WHEN date_3 = '2013-11-01' THEN flg_3
            ELSE NULL END = 'T';
```

이 쿼리도 원하는 결과를 만들어냅니다. 하지만 실행 계획은 OR, IN을 사용할 때와 같습니다. 따라서 성능적으로 같은 문제를 안게 됩니다. 그런데 이러한 쿼리를 사용할 때는 주의점이 있습니다. 비즈니스 룰을 조금 변경하면 UNION, OR, IN을 사용할 때와 다른 결과가 나옵니다. 무엇을 변경할 때 어떤 결과가 나오는지에 대해서는 연습 문제에서 다룰 것이므로 미리 생각해보도록 하세요.

절차 지향형과 선언형

이번 장에서는 UNION을 사용한 조건 분기와 그 이외의 방법을 비교해서 살펴보 았습니다. 그리고 내린 결론은, 예외적인 몇 가지 상황을 제외하면 UNION을 사용 하지 않는 것이 성능적으로도 좋고 가독성도 좋다는 것이었습니다. 원래 UNION 이 조건 분기를 위해 만들어진 것이 아니므로 당연한 결과입니다. 반대로 CASE 식은 조건 분기를 위해 만들어졌으므로, CASE 식을 사용하는 것이 훨씬 자연스 러운 것입니다.

1. 구문 기반과 식 기반

하지만 CASE 식이 초보자들이 사용하기에 어려운 것도 사실입니다. 이유를 단적 으로 표현한다면 SQL 초보자와 중급자 이상이 살고 있는 세계가 다르기 때문입 니다.

SQL 초보자는 절차 지향적인 세계에서 살고 있습니다. 이는 대부분 처음 배우는 프로그래밍 언어가 절차 지향형 프로그래밍 언어이기 때문입니다. 그 세계에서 생 각의 기본 단위는 '구문(statement)'입니다. 하지만 SQL 중급자 이상은 선언적인 세계에서 살고 있습니다. 여기서의 기본 단위는 '식(expression)'입니다. 이들 두 세계에서는 기본적인 생각의 체계(Scheme)가 다릅니다.

SQL 초보자가 UNION을 사용해 조건 분기를 하는 이유는 간단합니다. UNION 이라는 것 자체가 구문을 바탕으로 하는 절차 지향적인 체계를 사용하기 때문입니 다. 실제로 UNION으로 연결하는 대상은 SELECT **구문**입니다. 따라서 절차 지향형 프로그래밍 언어에 익숙한 사람들에게 굉장히 익숙한 방식인 것입니다.

하지만 SQL의 기본적인 체계는 선언형입니다. 이 세계의 주역은 '구문'이 아니라 '식'입니다. 절차 지향형 언어가 CASE **구문**으로 분기하는 것을, SQL은 CASE **식**으로 분기합니다. SQL 구문의 각 부분(SELECT, FROM, WHERE, GROUP BY, HAVING, ORDER BY)에 작성하는 것은 모두 식입니다. 열 이름 또는 상수만 기술하는 경우에도 마찬가지입니다[1]. SQL 구문 내부에는 식을 작성하지, 구문을 작성하지는 않습니다.

2. 선언형의 세계로 도약

절차 지향형 세계에서 선언형 세계로 도약하는 것이 곧 SQL 능력 향상의 핵심입니다. 4장 이후의 내용을 진행하면서 여러분들도 그러한 도약을 경험할 수 있게 될 것입니다.

---

1 저자주_ 필드 이름만 있다면 '연산자가 없는 식'이고, 상수만 있다면 '변수와 연산자가 없는 식'입니다.

마치며

- SQL의 성능은 저장소의 I/O를 얼마나 감소시킬지 있을지가 열쇠

- UNION에서 조건 분기를 표현한다면 "내가 지금 쓸데없이 길게 쓰고 있는 것은 아닐까?"라는 것을 항상 의식할 것

- IN 또는 CASE 식으로 조건 분기를 표현할 수 있다면, 테이블에의 스캔을 크게 감소시킬 가능성이 있음

- 이를 위해서라도, 구문에서 식으로의 패러다임 전환을 연습

연습문제

해답은 391p

앞에서 설명한 'UNION을 사용하는 것이 성능적으로 더 좋은 경우'에서 사용한 ThreeElements 테이블은, (date_n, flg_n)의 짝이 한 개만 값을 가지고 나머지는 모두 (NULL, NULL)이라는 규칙을 전제로 합니다. 이번에는 이러한 규칙이 없다고 하고, 여러 개의 짝에 값이 들어있을 수 있다고 합시다. 예를 들어서 이 테이블에 다음과 같은 데이터를 추가할 수 있다는 것입니다.

```
INSERT INTO ThreeElements
        VALUES ('7', 'g', '2013-11-01', 'F', NULL, NULL, '2013-11-01', 'T');
```

원래 UNION, OR, CASE, IN을 사용한 쿼리들의 결과가 모두 같았는데요. 이렇게 규칙을 바꾸면 같은 결과를 가지지 않는 쿼리가 발생합니다. 어떤 쿼리가 결과가 다르게 나오는지 생각해보고, 왜 그런지도 생각해보세요.

4장

집약과 자르기

집합의 세계

SQL의 특징적인 사고방식 중에, 레코드 단위가 아닌 레코드의 '집합' 단위로 처리를 기술하는 것이 있습니다. 이런 사용 방식을 **집합 지향(set-oriented)**이라고 부릅니다. 이러한 특징이 가장 잘 드러나는 때가 GROUP BY 구, HAVING 구와, 그것과 함께 사용하는 SUM 또는 COUNT 등의 집약 함수를 사용하는 때입니다. SQL은 이러한 집합 조작이 굉장히 잘 구현되어 있어서, 절차 지향 언어에서 반복문 또는 분기를 여러 번 사용해야 하는 복잡한 처리를 굉장히 간단한 코드로 작성할 수 있습니다.

하지만 반대로 프로그래밍의 기본적인 데이터 사고방식 단위를 '레코드'에서 '레코드의 집합'으로 변경하려면 어느 정도 발상의 전환이 필요합니다. 이러한 전환이 잘 되지 않아서 SQL이 진가를 발휘할 수 있는 부분인데도 불구하고 기능을 제대로 사용하지 못하는 사람들이 많습니다. 이번 장에서는 SQL의 가장 'SQL스러운' 기능을 활용하는 방법을 사례 연구(case study)를 통해 알아보겠습니다. 또한 이번 장에서도 당연히 집약을 할 때 어떤 실행 계획이 선택되고, 데이터베이스 내부에서 어떤 알고리즘으로 집약이 구현되는지도 살펴보겠습니다.

집약

SQL에는 **집약 함수(aggregate function)** 라고 하는, 다른 함수와 구별해서 부르는 함수가 있습니다. 다음 5개의 함수가 바로 집약 함수입니다.

- COUNT
- SUM
- AVG
- MAX
- MIN

아마 대부분 익숙한 함수일 텐데요. 이 이외에도 확장적인 집약 함수들도 있지만[1] 표준 SQL에 있는 집약 함수는 5개뿐입니다. 이 함수들의 이름 앞에 '집약'이라는 접두사가 붙은 이유는 문자 그대로 여러 개의 레코드를 한 개의 레코드로 집약하는 기능을 가지고 있기 때문입니다.

1. 여러 개의 레코드를 한 개의 레코드로 집약

집약의 결과를 확인하기 위해 간단한 예제를 살펴보겠습니다. [그림 4-1]과 같은 테이블이 있다고 합시다.

---

1 저자주_ 최근에는 분산, 상관과 같은 통계적 자료를 구하기 위한 함수들이 많이 구현되고 있습니다. 통계라는 학문 자체가 하나의 요소에 집중하는 것이 아니라, 요소의 집합에 집중하는 것이라는걸 생각하면 당연한 이야기입니다. RDB와 통계는 과거부터 굉장히 밀접한 관계가 있는데요. 최근에는 하드웨어 성능이 향상되어 대규모의 데이터를 다루는 '빅데이터'라는 말이 널리 사용되고 있습니다.

```
CREATE TABLE NonAggTbl
(id VARCHAR(32) NOT NULL,
  data_type CHAR(1) NOT NULL,
  data_1 INTEGER,
  data_2 INTEGER,
  data_3 INTEGER,
  data_4 INTEGER,
  data_5 INTEGER,
  data_6 INTEGER);
```

INSERT 구문은 생략

그림 4-1 비집약 테이블

NonAggTbl

id	data_type	data_1	data_2	data_3	data_4	data_5	data_6
Jim	A	100	10	34	346	54	
Jim	B	45	2	167	77	90	157
Jim	C		3	687	1355	324	457
Ken	A	78	5	724	457		1
Ken	B	123	12	178	346	85	235
Ken	C	45		23	46	687	33
Beth	A	75	0	190	25	356	
Beth	B	435	0	183		4	325
Beth	C	96	128		0	0	12

CSV 파일과 같은 형식의 플랫 파일을 그대로 테이블에 붙인 형태의 유사 배열 테이블입니다. 사람을 관리하는 id 필드와 데이터를 종류별로 관리하는 data_type 필드를 기본 키로 합니다[2]. data_1~data_6 필드는 사람에 대해서 무언가를 나타내는 정보라고 생각해주세요. 사실 현재 테이블은 관계 모델의 관점에서 굉장히 좋지 않은 테이블입니다. 하지만 이렇게 플랫 파일을 유사 배열 테이블로 표현하는 상황도 꽤 있습니다.

----

2 저자주_ 이름을 키로 하는 엔티티 설정은 좋지 않지만, 지금은 예제이므로 이해하기 쉽게 이런 예제를 선택해보았습니다.

그럼 테이블에 색이 칠해진 부분을 주목해서 살펴봅시다. data_type 필드가 A라면 data_1~data_2, B라면 data_3~data_5, C라면 data_6에 배경색이 칠해져 있습니다. 이렇게 data_type은 해당 레코드에서 사용하고자 하는 데이터의 분류를 나타냅니다. 예를 들어 업무A에서는 data_1, data_2를, 업무B에서는 data_3, data_4, data_5를 사용하는 것입니다.

이런 비집약 테이블처럼 한 사람과 관련된 정보가 여러 개의 레코드에 분산되어 있는 테이블은, 한 사람의 정보에 접근할 때 'WHERE id='Jim''과 같은 SELECT 구문을 사용할 때 당연히 3개의 레코드가 선택됩니다. 하지만 이런 데이터를 처리하는 애플리케이션이라면 한 사람에 대한 데이터는 한 개의 레코드로 얻는 것이 편할 것입니다.

또한 특정 처리에서 필요한 정보를 얻고 싶은 경우에도 이런 테이블은 문제가 많습니다. 예를 들어 어떤 작업 A~C에서 사용하는 data_type의 데이터가 필요하다면 [코드 4-1], [코드 4-2], [코드 4-3]과 같은 3개의 쿼리를 사용해야 합니다.

코드 4-1 데이터 타입 'A'의 레코드에 대한 쿼리

```
SELECT id, data_1, data_2
  FROM NonAggTbl
 WHERE id = 'Jim'
   AND data_type = 'A';
```

실행 결과
```
id  | data_1 | data_2
-----+----------+----------
Jim |   100  |   10
```

코드 4-2 데이터 타입 'B'의 레코드에 대한 쿼리

```
SELECT id, data_3, data_4, data_5
  FROM NonAggTbl
 WHERE id = 'Jim'
   AND data_type = 'B';
```

실행 결과

```
id  | data_3 | data_4 | data_5
------+----------+----------+----------
Jim |   167 |    77 |    90
```

코드 4-3 데이터 타입 'C'의 레코드에 대한 쿼리

```
SELECT id, data_6
  FROM NonAggTbl
 WHERE id = 'Jim'
   AND data_type = 'C';
```

실행 결과

```
id  | data_6
-----+----------
Jim |   457
```

이러한 쿼리 결과는 모두 필드 수가 달라서 UNION으로 하나의 쿼리로 집약하는 것은 불가능합니다. 게다가 UNION으로 여러 개의 쿼리를 머지하는 것은 성능적으로 안티 패턴이라는 것을 3장에서 살펴보았습니다.

이런 데이터는 [그림 4-2]와 같은 레이아웃의 테이블(AggTbl)로 만드는 것이 바람직합니다.

그림 4-2 한 사람을 한 개의 레코드로 집약한 테이블

AggTbl

id	data_1	data_2	data_3	data_4	data_5	data_6
Jim	100	10	167	77	90	457
Ken	78	5	178	346	85	33
Beth	75	0	183		4	12

이전의 NonAggTbl과 비교하면 차이가 굉장히 명확합니다. 비집약 테이블에서

는 한 사람과 관련된 정보가 여러 레코드에 분산되어 있어서 한 사람의 정보를 참조하려면 여러 레코드에 접근해야 했습니다. 하지만 집약되어 있는 테이블을 보면 한 사람의 정보가 모두 같은 레코드에 들어있습니다. 따라서 한 사람의 정보를 얻을 때 쿼리 하나면 충분합니다. 모델링이라는 관점에서 보아도, 사람이라는 엔티티를 나타내는 테이블은 이렇게 되어있어야 합니다.

– CASE 식과 GROUP BY 응용

본격적인 내용은 지금부터입니다. NonAggTbl에서 AggTbl로 변환하려면 어떤 SQL을 사용해야 하는지 생각해봅시다. 일단 사람 단위로 집약하므로 GROUP BY의 집약 키는 사람의 식별자인 id 필드를 넣어야 하겠죠? 이어서 선택할 필드를 data_type 필드로 분기합니다.

여기서 3장에서 살펴본 CASE 식을 사용합니다. 이런 내용을 사용하면 일단 [코드 4-4]와 같은 형태의 쿼리를 생각할 수 있습니다.

코드 **4-4** 안타깝게도 오류가 발생하는 쿼리

```
SELECT id,
       CASE WHEN data_type = 'A' THEN data_1 ELSE NULL END AS data_1,
       CASE WHEN data_type = 'A' THEN data_2 ELSE NULL END AS data_2,
       CASE WHEN data_type = 'B' THEN data_3 ELSE NULL END AS data_3,
       CASE WHEN data_type = 'B' THEN data_4 ELSE NULL END AS data_4,
       CASE WHEN data_type = 'B' THEN data_5 ELSE NULL END AS data_5,
       CASE WHEN data_type = 'C' THEN data_6 ELSE NULL END AS data_6
  FROM NonAggTbl
 GROUP BY id;
```

이 쿼리는 아쉽게 문법 오류가 발생합니다[3]. GROUP BY 구로 집약했을 때 SELECT 구에 입력할 수 있는 것은 다음과 같은 세 가지뿐입니다. 현재 CASE 식의 내부에서 사용하고 있는 data_1~data_6는 이중 어떠한 것에도 해당되지 않습니다.

- 상수
- GROUP BY 구에서 사용한 집약 키

....

3 저자주_ MySQL은 이런 코드를 입력할 수 있게 기능을 확장했습니다. 하지만 표준에는 없는 내용입니다. 호환되지 않는 내용에 의존하는 것은 추천하지 않습니다.

• 집약 함수

현재 테이블을 id 필드로 그룹화하고 CASE 식에 data_type을 지정하면, 하나의
레코드만 선택됩니다. 따라서 집약 함수를 사용하지 않고 data_1~data_6를 그
냥 입력해도 데이터베이스 엔진이 눈치가 있다면 새로운 레코드를 만들어낼 수 있
을 것입니다.

하지만 이러한 발상은 집합과 요소를 혼동한 것으로, SQL의 원리(=집합론의 원
리)를 위배하는 것이랍니다. 따라서 귀찮더라도 집약 함수를 사용해서 [코드 4-5]
처럼 작성해야 합니다.

코드 4-5 모든 구현에서 작동하는 정답

```
SELECT id,
       MAX(CASE WHEN data_type = 'A' THEN data_1 ELSE NULL END) AS data_1,
       MAX(CASE WHEN data_type = 'A' THEN data_2 ELSE NULL END) AS data_2,
       MAX(CASE WHEN data_type = 'B' THEN data_3 ELSE NULL END) AS data_3,
       MAX(CASE WHEN data_type = 'B' THEN data_4 ELSE NULL END) AS data_4,
       MAX(CASE WHEN data_type = 'B' THEN data_5 ELSE NULL END) AS data_5,
       MAX(CASE WHEN data_type = 'C' THEN data_6 ELSE NULL END) AS data_6
  FROM NonAggTbl
 GROUP BY id;
```

실행 결과

```
 id  | data_1 | data_2 | data_3 | data_4 | data_5 | data_6
------+--------+--------+--------+--------+--------+--------
 Jim  |   100  |    10  |   167  |    77  |    90  |   457
 Beth |    75  |     0  |   183  |        |     4  |    12
 Ken  |    78  |     5  |   178  |   346  |    85  |    33
```

GROUP BY로 데이터를 자르는 시점에는 각 집합에 3개의 요소가 있습니다. 그
런데 여기에 집약 함수가 적용되면 NULL을 제외하고 하나의 요소만 있는 집합이
만들어집니다. 여기에 MAX 함수를 사용하면 내부에 있는 하나의 요소를 선택할
수 있습니다[4]. 이렇게 만들어진 결과를 따로 준비한 AggTbl에 INSERT하면 구하

----

4 저자주_ 따라서 MIN, AVG, SUM 등의 함수를 사용해도 현재 예제에서는 상관없습니다. 현재 예제는 data_1~data_6
가 숫자이므로 AVG 또는 SUM도 사용할 수 있는 것인데요. 문자 또는 날짜 등도 마찬가지의 방법으로 통일해서 사용
하려면 MAX 또는 MIN을 사용하는 습관을 들이는 것이 좋습니다.

고자 하는 레이아웃을 가진 테이블이 만들어집니다. 또한 테이블을 만들지 않아도 NonAggTbl 테이블이 작고 성능적으로 불안하지 않다면, 쿼리로 뷰를 만들어 저장해도 좋을 것입니다. 이는 '여러 개의 레코드를 한 개의 레코드로 집약'한다는 GROUP BY 구의 특징이 잘 나타난 예제입니다[5].

– 집약, 해시, 정렬

그럼 이런 집약 쿼리의 실행 계획은 어떻게 될까요? PostgreSQL과 Oracle로 살펴봅시다.

그림 4-3 실행 계획(PostgreSQL)

```
HashAggregate (cost=1.38..1.41 rows=3 width=30)
  -> Seq Scan on nonaggtbl (cost=0.00..1.09 rows=9 width=30)
```

그림 4-4 실행 계획(Oracle)

```
| Id | Operation            | Name      | Rows | Bytes | Cost (%CPU)| Time     |

|  0 | SELECT STATEMENT     |           |   9  |  891  |   4 (25)| 00:00:01 |
|  1 |  HASH GROUP BY       |           |   9  |  891  |   4 (25)| 00:00:01 |
|  2 |   TABLE ACCESS FULL  | NONAGGTBL |   9  |  891  |   3  (0)| 00:00:01 |
```

둘 다 굉장히 간단합니다. NonAggTbl을 모두 스캔하고 GROUP BY로 집약을 수행하는 단순한 실행 계획입니다. 주목해야 하는 부분은 GROUP BY의 집약 조작에 모두 '해시'라는 알고리즘을 사용하고 있다는 것입니다. "집약할 때는 정렬 사용하는 것 아니었어?" 하는 사람이 있을 수도 있는데요. 틀린 이야기는 아닙니다. 경우에 따라서는 정렬을 사용하기도 합니다. 이때는 SORT GROUP BY(오라클의 경우)와 같은 실행 계획이 나타납니다.

최근에는 GROUP BY를 사용하는 집약에서 정렬보다 해시를 사용하는 경우가 많습니다. 이는 GROUP BY 구에 지정되어 있는 필드를 해시 함수를 사용해 해시키로 변환하고, 같은 해시 키를 가진 그룹을 모아 집약하는 방법입니다. 고전적인

---

5 저자주_ 물론 이전 장에서 배운 CASE 식도 활용해볼 수 있는 예제였습니다!

정렬을 사용한 방법보다 빠르므로 많이 사용되고 있습니다. 특히 해시의 성질상 GROUP BY의 유일성이 높으면 더 효율적으로 작동합니다.

GROUP BY와 관련된 성능 주의점을 짚어봅시다. 정렬과 해시 모두 메모리를 많이 사용하므로, 충분한 해시용(또는 정렬용) 워킹 메모리가 확보되지 않으면 스왑이 발생합니다. 따라서 저장소 위의 파일이 사용되면서 굉장히 느려집니다. 이때 DBMS에서 사용되는 메모리가 1장에서 설명했던 워킹 메모리입니다.

이 책에서는 특별한 구현에 한정된 이야기를 따로 하지 않지만 이해를 위해 예를 들면, Oracle에서는 정렬 또는 해시를 위해 PGA라는 메모리 영역을 사용합니다[6]. 이때 PGA 크기가 집약 대상 데이터양에 비해 부족하면, 일시 영역(저장소)를 사용해 부족한 만큼 채웁니다.

이것이 **TEMP 탈락**이라고 부르는 현상입니다[7]. TEMP 탈락이 발생하면 메모리만으로 처리가 끝나는 경우와 비교해서 극단적으로 성능이 떨어지게 됩니다. 1장에서 설명했던 것처럼 메모리와 저장소(일반적으로 디스크)의 접근 속도 차이가 굉장히 많이 나기 때문입니다. 기억장치의 '속도 vs 메모리'라는 트레이드오프를 함부로 해버리는 경우 중 하나입니다. 따라서 연산 대상 레코드 수가 많은 GROUP BY 구(또는 집약 함수)를 사용하는 SQL에서는 충분한 성능 검증(특히 실제 환경에서 어떻게 되는지 부하 검증)을 실행해줘야 합니다. TEMP 탈락으로 인해 성능 악화만 발생한다면 나름 괜찮은 일입니다. 하지만 최악의 경우 TEMP 영역을 모두 써버려 SQL 구문이 비정상적으로 종료되는 경우가 발생할 수도 있습니다[8].

----

6 저자주_ PostgreSQL에서는 work_mem, Microsoft SQL Server에서는 Workspace Memory라는 메모리 영역이 정렬 또는 해시에 사용됩니다. 모두 메모리 영역이 부족해지면 부족한 만큼 보충하고자 일시 영역(물리적으로는 저장소의 파일)을 사용합니다.

7 역자주_ 굉장히 공식적인 용어처럼 소개하지만, 이 책에서만 사용되는 용어입니다. 일단 이러한 용어를 이 책에서는 이렇게 부른다고 생각하고 내용을 진행합시다.

8 저자주_ TEMP 영역을 자동으로 확장하게 만들 수 있는 DBMS도 있습니다. 하지만 그러한 경우에도 물리적 용량이 확장 한계입니다.

2. 합쳐서 하나

집약의 이해를 위해 간단한 문제를 풀어봅시다. 문제는 『SQL Puzzles 2판』 (Morgan Kaufmann, 2006)[9]의 '퍼즐 65 제품 대상 연령 범위(Age ranges for products)'입니다. [그림 4-5]처럼 제품의 대상 연령별 가격을 관리하는 테이블이 있습니다. 같은 제품이라도 가격이 다른 것은 나이에 따라 설정이 다르거나 난이도가 다르기 때문이라고 생각해주세요. 또한 한 개의 제품에서 연령 범위가 중복되는 경우는 없다고 가정합니다.

```
CREATE TABLE PriceByAge
(product_id VARCHAR(32) NOT NULL,
 low_age    INTEGER NOT NULL,
 high_age   INTEGER NOT NULL,
 price      INTEGER NOT NULL,
 PRIMARY KEY (product_id, low_age),
   CHECK (low_age < high_age));
```
INSERT 구문은 생략

그림 **4-5** 연령별 가격 테이블

PriceByAge(연령별 가격)

reserve_id(예약 ID)	low_age(대상 연령의 하한)	high_age(대상 연령의 상한)	price(가격)
제품1	0	50	2000
제품1	51	100	3000
제품2	0	100	4200
제품3	0	20	500
제품3	31	70	800
제품3	71	100	1000
제품4	0	99	8900

따라서 테이블은 (product_id, low_age)라는 키로 레코드가 유일하게 정해집니다(low_age 대신 high_age를 사용해도 상관없습니다). 문제는 이런 제품 중에

---

9 저자주_ Joe Celko가 지은 책입니다. 아직 한국에는 번역되지 않았습니다.

0~100세까지 모든 연령이 가지고 놀 수 있는 제품을 구하라는 것입니다. 당연히 버전 차이는 무시하고 제품 ID 단위로만 생각하면 됩니다

다음 [그림 4-6]을 살펴보면 어떤 문제인지 조금 더 쉽게 이해할 수 있을 것입니다.

그림 4-6 제품의 대상 연령 범위

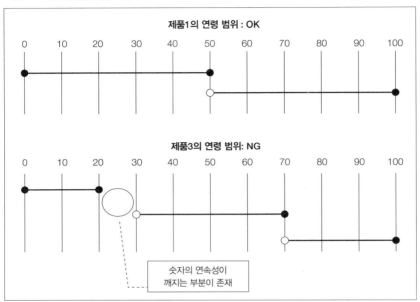

제품1의 경우 2개의 레코드를 사용해 0~100까지의 정수 범위 전체를 커버할 수 있습니다. 따라서 제품1은 조건을 만족합니다. 반면 제품3의 직선을 보면 3개의 레코드를 사용하고 있음에도 21~30이 끊겨있습니다. 따라서 제품3은 조건을 만족하지 못합니다. 이렇게 1개의 레코드로 전체를 커버하지 못해도 여러 개의 레코드를 조합해 커버할 수 있다면 '합쳐서 하나'라고 하는 것이 문제의 주제입니다.

문제를 이해했다면 사실 이전 문제와 큰 차이가 없다는 것을 알 수 있을 것입니다. 일단 집약 단위가 제품이므로 집약 키는 제품 ID로 합니다. 이어서 각 범위에 있는 상수 개수를 모두 더한 합계가 101인 제품을 선택하면 됩니다[10].

....

10 저자주_ 0부터 100까지이므로 사이에 있는 상수의 개수는 101개라는 것을 주의해주세요!

답은 [코드 4-6]과 같습니다.

코드 4-6 여러 개의 레코드로 한 개의 범위를 커버

```
SELECT product_id
  FROM PriceByAge
 GROUP BY product_id
HAVING SUM(high_age - low_age + 1) = 101;
```

실행 결과

```
product_id
--------------
      제품1
      제품2
```

HAVING 구의 'high_age − low_age + 1'로 각 레코드의 연령 범위에 있는 정수 개수를 구합니다. 그리고 같은 제품을 모아 이 개수를 합하는 코드입니다.

지금 예제에서는 '연령'이라는 숫자 자료형의 데이터를 사용했습니다. 하지만 확장하면 날짜 또는 시각에도 적용할 수 있습니다. 그럼 응용 문제를 하나 살펴보겠습니다. 호텔 방마다 도착일과 출발일을 기록하는 테이블이 있습니다(그림 4-7)[11].

```
CREATE TABLE HotelRooms
(room_nbr    INTEGER,
 start_date  DATE,
 end_date    DATE,
    PRIMARY KEY(room_nbr, start_date));
```

INSERT 구문은 생략

그림 4-7 호텔 테이블

HotelRooms

room_nbr(방 번호)	start_date(도착일)	end_date(출발일)
101	2008-02-01	2008-02-06
101	2008-02-06	2008-02-08
101	2008-02-10	2008-02-13

----

11 저자주_ 「SQL Puzzles 2판」의 '퍼즐 6 호텔 예약(Hotel reservations)'에 등장한 테이블을 조금 수정한 것입니다.

202	2008-02-05	2008-02-08
202	2008-02-08	2008-02-11
202	2008-02-11	2008-02-12
303	2008-02-03	2008-02-17

이 테이블에서 사람들이 숙박한 날이 10일 이상인 방을 선택합니다. 숙박한 날의 수는 도착일이 2월 1일, 출발일이 2월 6일이라면 5박이므로 5일입니다(코드 4-7).

코드 **4-7** 여러 개의 레코드에서 운영된 날을 연산

```
SELECT room_nbr,
       SUM(end_date - start_date) AS working_days
  FROM HotelRooms
 GROUP BY room_nbr
HAVING SUM(end_date - start_date) >= 10;
```

실행 결과
```
room_nbr | working_days
---------+-------------
   101 |        10
   303 |        14
```

자르기

지금까지는 GROUP BY 구에 대해 레코드의 '집약'이라는 측면을 강조해서 설명했습니다. 하지만 앞에서 잠깐 설명했던 것처럼 GROUP BY 구는 집약 이외에도 한 가지 중요한 기능이 더 있습니다. 바로 '자르기'라는 기능입니다. 이는 원래 모집합인 테이블을 작은 부분 집합들로 분리하는 것입니다. 따라서 GROUP BY 구라는 것은 다음과 같은 기능을 한꺼번에 수행하는 연산입니다.

- 자르기
- 집약

이런 이야기는 2장에서도 간단하게 했었는데요. 한 개의 구에 두 개의 연산이 들어있다는 것은 GROUP BY 구에 대한 이해를 막는 원인이 됩니다. 이와 관련된 이야기는 뒤에서 하겠습니다. 어쨌거나 일단 지금은 '자르기'에 초점을 맞춰 살펴봅시다.

1. 자르기와 파티션

예제로 [그림 4-8]과 같은 개인 신체정보를 저장하고 있는 테이블이 있다고 생각합시다.

```
CREATE TABLE Persons
(name    VARCHAR(8) NOT NULL,
 age     INTEGER NOT NULL,
 height  FLOAT NOT NULL,
 weight  FLOAT NOT NULL,
    PRIMARY KEY (name));

INSERT 구문은 생략
```

그림 4-8 인물 테이블

Persons(인물)

name(이름)	age(나이)	height(키(cm))	weight(몸무게(kg))
Anderson	30	188	90
Adela	21	167	55
Bates	87	158	48
Becky	54	187	70
Bill	39	177	120
Chris	90	175	48
Darwin	12	160	55
Dawson	25	182	90
Donald	30	176	53

회사로부터 이 테이블을 사용해 간단한 집계 작업을 해달라고 부탁을 받았습니다. 일단 사람들의 이름 앞 글자를 사용해 명단을 정리해봅시다. 이름 첫 글자를 사용해 특정한 알파벳으로 시작하는 이름을 가진 사람이 몇 명인지 집계해봅시다. 조금 말이 어려운데요. [그림 4-9]처럼 모집합 Person을 S1~S4의 부분 집합으로 나누고 각각의 부분 집합에 몇 명의 사람이 있는지 알아본다는 이야기입니다.

그림 4-9 4개의 부분 집합으로 잘라 각각의 요소 수를 계산

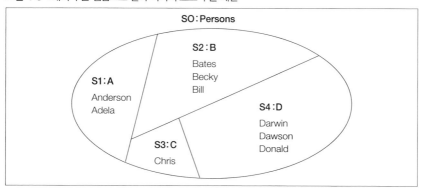

집합의 요소 수를 구할 때는 당연히 COUNT를 사용합니다. name 필드는 기본 키이므로 NULL인 경우를 따로 생각할 필요가 없습니다(기본 키를 구성하는 필드

는 NULL일 수 없습니다). 이어서 앞 글자를 GROUP BY 구의 키로 지정하면 자르기 완료입니다. SQL 구문은 [코드 4–8]과 같습니다.

코드 4-8 첫 문자 알파벳마다 몇 명의 사람이 존재하는지 계산

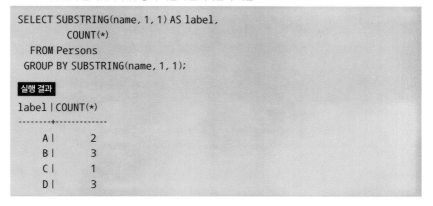

```
SELECT SUBSTRING(name, 1, 1) AS label,
       COUNT(*)
  FROM Persons
 GROUP BY SUBSTRING(name, 1, 1);
```

실행 결과
```
label | COUNT(*)
------+------------
    A |     2
    B |     3
    C |     1
    D |     3
```

– 파티션

이렇게 GROUP BY 구로 잘라 만든 하나하나의 부분 집합을 수학적으로는 '파티션(partition)'이라고 부릅니다. 파티션은 서로 중복되는 요소를 가지지 않는 부분 집합입니다. 같은 모집합이라도 파티션을 만드는 방법은 굉장히 많습니다. 예를 들어 나이를 기준으로 어린이(20세 미만), 성인(20~69세), 노인(70세 이상)으로 나눈다면 [그림 4–10]처럼 됩니다.

그림 4-10 나이로 자르기

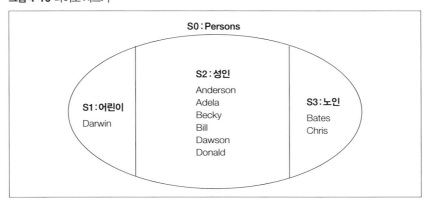

이런 구분을 하려면 GROUP BY의 키를 세 가지로 구분해줘야겠죠? CASE 식을 사용해서 [코드 4-9]처럼 표현하면 됩니다.

코드 4-9 나이로 자르기

```
SELECT CASE WHEN age < 20 THEN '어린이'
            WHEN age BETWEEN 20 AND 69 THEN '성인'
            WHEN age >= 70 THEN '노인'
            ELSE NULL END AS age_class,
       COUNT(*)
  FROM Persons
 GROUP BY CASE WHEN age < 20 THEN '어린이'
              WHEN age BETWEEN 20 AND 69 THEN '성인'
              WHEN age >= 70 THEN '노인'
              ELSE NULL END;
```

실행 결과

```
age_class | COUNT(*)
-------------+-----------
어린이      |    1
성인        |    6
노인        |    2
```

자르기의 기준이 되는 키를 GROUP BY 구와 SELECT 구 모두에 입력하는 것이 포인트입니다. PostgreSQL과 MySQL에서는 SELECT 구에 붙인 'age_class'라는 별칭을 사용해 'GROUP BY age_class'처럼 단순하게 작성할 수도 있는데요. 이런 방법은 표준에 없는 내용이므로 주의하기 바랍니다[1].

그럼 GROUP BY 구에서 CASE 식을 사용하면 실행 계획은 어떻게 될까요? PostgreSQL로 살펴봅시다(그림 4-11)[2].

그림 4-11 실행 계획(PostgreSQL)

```
------------------------------------------------
HashAggregate (cost=1.23..1.39 rows=8 width=4)
   -> Seq Scan on persons (cost=0.00..1.18 rows=9 width=4)
```

----

1 저자주_ 그래도 편리한 기능이기는 합니다. 개인적으로는 표준 SQL에 추가되면 좋다고 생각하는 기능입니다.

2 저자주_ Oracle에서도 내용적으로는 같습니다.

앞서 [그림 4-3]에서 보았던 계획과 비교해서 딱히 차이도 없이 간단합니다.

GROUP BY 구에서 CASE 식 또는 함수를 사용해도 실행 계획에는 영향이 없다는 것을 알 수 있습니다. 물론 단순한 필드가 아니라 필드에 연산을 추가한 식을 GROUP BY 구의 키로 한다면 어느 정도 CPU 연산에 오버 헤드가 걸릴 것입니다. 하지만 이는 데이터를 뽑아온 뒤의 이야기이므로 데이터 접근 경로에는 영향을 주지 않습니다.

사실 집약 함수와 GROUP BY의 실행 계획은 성능적인 측면에서, 해시(또는 정렬)에 사용되는 워킹 메모리의 용량에 주의하라는 것 이외에 따로 할 말은 없습니다.

– BMI로 자르기

건강 진단 등을 하면서 BMI라는 몸무게 지표를 들어본 적이 있을 것입니다. BMI는 키를 t(m 단위), 몸무게를 w(kg 단위)라고 했을 때 다음과 같은 방법으로 구합니다

$$BMI = w \ / \ t^2$$

키가 cm 단위가 아니라 m 단위라는 것을 주의하기 바랍니다. 어쨌거나 이런 수치를 바탕으로 18.5 미만을 저체중, 18.5 이상 25 미만을 정상, 25 이상을 과체중으로 합니다[3]. 이러한 기준을 바탕으로 Persons 테이블(그림 4-8)의 사람들의 체중을 분류하고 몇 명이 해당되는지 알아봅시다. 참고로 앞의 공식을 사용해서 분류하면 현재 테이블에 있는 사람들은 [표 4-1]처럼 구해집니다.

표 4-1 BMI

이름	BMI	분류
Anderson	25.5	과체중
Adela	19.7	정상
Bates	19.2	정상
Becky	20	정상

....

3 역자주_ 본문의 기분은 WHO에서 정한 기준입니다. 대한비만협회에서는 조금 더 엄격한 기준을 적용합니다.

Bill	38.3	과체중
Chris	15.7	저체중
Darwin	21.5	정상
Dawson	27.2	과체중
Donald	17.1	저체중

잘랐을 때의 모양은 [그림 4-12]처럼 됩니다.

그림 4-12 BMI로 자르기

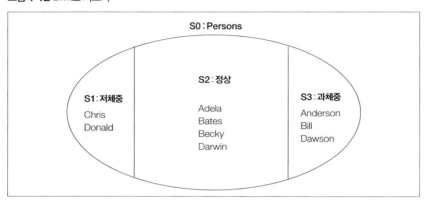

BMI 연산은 'weight / POWER(height / 100, 2)'라는 식으로 간단하게 구할 수 있습니다. 이렇게 구한 BMI를 CASE 식으로 구분해 분류합니다. 이를 GROUP BY 구와 SELECT 구에 모두 적어주면 됩니다(코드 4-10).

코드 4-10 BMI로 자르기

```
SELECT CASE WHEN weight / POWER(height /100, 2) < 18.5        THEN '저체중'
            WHEN 18.5 <= weight / POWER(height /100, 2)
                 AND weight / POWER(height /100, 2) < 25      THEN '정상'
            WHEN 25 <= weight / POWER(height /100, 2)         THEN '과체중'
            ELSE NULL END AS bmi,
       COUNT(*)
  FROM Persons
 GROUP BY CASE WHEN weight / POWER(height /100, 2) < 18.5     THEN '저체중'
              WHEN 18.5 <= weight / POWER(height /100, 2)
```

```
                        AND weight / POWER(height /100, 2) < 25 THEN '정상'
           WHEN 25 <= weight / POWER(height /100, 2)        THEN '과체중'
           ELSE NULL END;
```

실행 결과

```
BMI      | COUNT(*)
---------+------------
저체중    |    2
정상      |    4
과체중    |    3
```

GROUP BY 구가 'SQL의 진가'라는 말이 있는데요. 어느 정도 이해할 수 있겠죠? GROUP BY 구에는 필드 이름만 적을 수 있다고 생각하는 사람들이 많은데요. 이 렇게 복잡한 수식을 기준으로도 자를 수 있다는 것을 꼭 기억해주세요!

덧붙이자면 이 경우에도 실행 계획은 [그림 4-11]과 같답니다.

2. PARTITION BY 구를 사용한 자르기

그럼 마지막으로 조금 더 응용적인 예제를 소개하고 이번 장을 마무리하겠습니다. 2장에서 'GROUP BY 구에서 집약 기능을 제외하고 자르는 기능만 남긴 것이 윈도 우 함수의 PARTITION BY 구'라고 했습니다. 실제로 집약이라는 기능을 제외하 면 GROUP BY 구와 PARTITION BY 구의 실질적인 기능에는 차이가 없습니다.

한마디로 PARTITION BY 구를 사용해도 단순한 필드 이름뿐만 아니라 CASE 식, 계산 식을 사용한 복잡한 기준을 사용할 수 있다는 말입니다. 예를 들어 이전에 살펴보았던 연령 범위 테이블에 파티션 자르기를 사용해봅시다. PARTITION BY 구로 같은 연령 등급(어린이, 성인, 노인)에서 어린 순서로 순위를 매기는 코드는 [코드 4-11]처럼 작성할 수 있습니다.

코드 4-11 PARTITION BY에 식을 지정

```
SELECT name,
       age,
       CASE WHEN age < 20 THEN '어린이'
            WHEN age BETWEEN 20 AND 69 THEN '성인'
            WHEN age >= 70 THEN '노인'
            ELSE NULL END AS age_class,
       RANK() OVER(PARTITION BY  CASE WHEN age < 20 THEN '어린이'
                                      WHEN age BETWEEN 20 AND 69 THEN '성인'
                                      WHEN age >= 70 THEN '노인'
                                      ELSE NULL END
                   ORDER BY age) AS age_rank_in_class
  FROM Persons
 ORDER BY age_class, age_rank_in_class;
```

PARTITION BY 구에 식을 지정

실행 결과

```
name        | age | age_class | age_rank_in_class
------------+-----+-----------+----------------------
Darwin      | 12  |   어린이   |          1

Adela       | 21  |   성인    |          1
Dawson      | 25  |   성인    |          2
Anderson    | 30  |   성인    |          3
Donald      | 30  |   성인    |          3
Bill        | 39  |   성인    |          5
Becky       | 54  |   성인    |          6

Bates       | 87  |   노인    |          1
Chris       | 90  |   노인    |          2
```

결과에 있는 구분선은, 파티션(종류) 구분을 알아보기 쉽게 넣은 것입니다. 마지막에 있는 age_rank_in_class가 각 파티션 내부에서의 나이 순위를 나타내는 필드입니다. PARTITION BY 구는 GROUP BY 구와 달리 집약 기능이 없으므로, 원래 Persons 테이블의 레코드가 모두 원래 형태로 나오는 것을 주목해주세요. 다르게 말하면, GROUP BY 구는 입력 집합을 집약하므로 전혀 다른 레벨의 출력으로 변환하지만, PARTITION BY 구는 입력에 정보를 추가할 뿐이므로 원본 테이블 정보를 완전히 그대로 유지합니다.

GROUP BY 구가 식을 매개변수로 받는 이상, PARTITION BY 구 또한 마찬가지라는 것은 논리적으로 아무 문제없는 결론입니다. 하지만 실제로 쿼리를 눈으로 보면 "이런 것이 실제로 되는구나"하는 감회에 사로잡히지 않을까요?

마치며

- GROUP BY 구 또는 윈도우 함수의 PARTITION BY 구는 집합을 자를 때 사용

- GROUP BY 구 또는 윈도우 함수는 내부적으로 해시 또는 정렬 처리를 실행

- 해시 또는 정렬은 메모리를 많이 사용해 만약 메모리가 부족하면 일시 영역으로 저장소를 사용해 성능 문제를 일으킴

- GROUP BY 구 또는 윈도우 함수와 CASE 식을 함께 사용하면 굉장히 다양한 것을 표현할 수 있음

연습문제

해답은 392p

[코드 4-8]의 SQL에 대해, 여러분 자신이 사용하는 DBMS에서 실행 계획을 확인하고, GROUP BY/집약 함수의 연산에 정렬과 해시 중에 어떤 것이 쓰이는지 확인해보기 바랍니다. 각 DBMS에 대해서 실행 계획을 검색하는 방법은 4강의 '실행 계획이 SQL 구문의 성능을 결정'을 참고해주세요. 추가적으로 DB2와 Oracle은 SUBSTRING 함수를 지원하지 않으므로, 구현 의존적이지만 SUBSTR(name, 1, 1)로 변경해주세요.

5 ^장

<del></del>

반복문
절차 지향형의 속박

4장에서는 SQL을 다룰 때 절차 지향적인 사고방식이 아니라 **집합 지향적인** 사고로 문제를 해결해야 한다고 설명했습니다. 하지만 말은 쉬워도 실제로 적용하기란 굉장히 어렵습니다. 실제 사례만 보아도 SQL을 절차 지향적인 사고방식으로 접근하다 문제가 발생하는 경우가 굉장히 많은데요. 이번 5장에서는 이러한 패러다임이 어긋나는 경우 발생하는 최악의 상황 중 하나를 소개하겠습니다. 그리고 이러한 상황의 원인과 대처 방안에 대해 살펴보겠습니다.

14강

반복문 의존증

모든 엔지니어 또는 프로그래머는 공통적인 병을 가지고 있습니다. 조금은 과장된 표현이지만 모두 최소한 한 번은 지금부터 설명하려는 병을 경험한 적이 있을 것입니다. 물론 "나는 몸이 아팠던 적이 없었는데?"하고 생각할 수도 있는데요. 세상에는 스스로가 인식하지 못하는 병도 꽤 많습니다.

바로 반복문 의존증이라는 병인데요. 문제를 작게 나누어 레코드라는 단위에 이를 때까지 자르고 그러한 레코드에 반복문을 적용해서 문제를 해결하려는 태도입니다.

Q. 선생님…! 어째서 SQL에는 반복문이 없는 건가요?

이 병에 걸리면 "문제가 생기면 일단 분할하고 보자", "상향식으로 접근하자", "모듈을 작게 나누자"와 같은 표어를 입에 달고 살게 됩니다. 조금만 습관을 살펴보면 이 병에 걸렸는지 여부를 알 수 있을 것입니다. 그런데 이 병에 걸린 사람이 SQL과 RDB를 보면 일단 반복문이 없다는 것에 놀랍니다. 그리고 "그럼 대체 문제를 어떻게 해결하지?"하고 생각하다가 말합니다.

"완전 쓰레기잖아! 이런 언어로 뭘 할 수 있겠어?"

A. 반복문이 없는 것이 좋다고 생각했기 때문입니다.

분명 SQL에는 반복문이 없습니다. 하지만 깜박하고 구현하지 않은 것은 아니랍니다. SQL이 태어난 지 벌써 40년이 되어가는데요. 필요한 기능을 구현하지 않았다는 것은 잊을 수 없는 일입니다. 따라서 SQL은 일부러 반복문을 언어 설계에서 제외한 것이랍니다. 바로 "반복문은 필요 없잖아?"라는 생각 때문입니다. RDB를 처음 생각해냈던 Edgar F. Codd는 저서 『Relational database : a practical foundation for productivity』(1989)에서 다음과 같이 말했습니다.

관계 조작은 관계 전체를 모두 조작의 대상으로 삼는다. 이러한 것의 목적은 반복을 제외하는 것이다. 최종 사용자의 생산성을 생각하면 이러한 조건을 만족해야 한다. 그래야만 응용 프로그래머의 생산성에도 기여할 수 있을 것이다.

조금 번역이 딱딱한데요. 일단 '관계 조작'이라는 것은 SQL이라고 생각하면 됩니다. 따라서 SQL은 처음부터 '반복문을 제외'하고 만들어진 언어라는 것입니다. 그리고 Codd는 이러한 이유를 '그게 편하니까'라고 설명합니다. 지나치게 낙관적인 생각이었던 것은 사실입니다. 실제로 현재의 많은 '최종 사용자'와 '응용 프로그래머[1]'는 SQL에 반복문이 없다는 것을 알고 당황합니다.

1. 내부적으로는 반복문 사용

그렇게 당황하는 사용자들은 어떻게 문제를 해결할까요? 일단 하나의 레코드마다 작은 SQL을 사용해 접근합니다. 그리고 비즈니스 로직은 호스트 언어(절차형 언어)에서 반복 처리를 구현하는 것이 일반적입니다. 이렇게 하면 SQL에 반복 기능이 없다고 해도 상관없습니다. 그냥 자바 또는 C#에서 구현하면 되니까요. 즉 "테이블은 그냥 거대한 파일이잖아?" 또는 "어차피 그냥 파일이니까 레코드 하나씩 읽고 쓰는 형태로 사용하기만 하면 되잖아"라고 생각하는 것입니다.

이런 생각을 가지면 결국 반복문 의존증에 걸린 코드가 만들어집니다(이후로 반복계 코드라고 하겠습니다). 정말 굉장히 많은 곳에서 발견할 수 있는 코딩 스타일인데요. 아마 업계에 종사하고 있다면 다음과 같은 코드를 가진 시스템을 보았을 것입니다.

----

1 저자주_ 애플리케이션 프로그래머를 의미합니다.

- 온라인 처리에서 화면에 명세를 출력하고자 레코드 하나씩 접근하는 **SELECT** 구문을 반복 사용
- 배치 처리에서 대량의 데이터를 처리할 때 레코드를 하나씩 호스트 언어에서 처리하고 테이블에 갱신

어떤가요? 이런 처리를 만든 경험이 있지 않나요? 사실 저도 해봤습니다.

"그런데 그게 나쁜 일인가요? 모든 처리를 무조건 SQL에서 해야 하는 것은 아니잖아요? 반복문을 사용하는 장점이 크다면 반복문을 쓰는 게 좋지 않을까요?"라고 물을 수도 있겠네요.

당연히 맞는 말입니다. 적재적소라는 말처럼 SQL을 적용하기 힘든 작업에 무리하게 SQL을 사용할 필요는 없습니다. 또한 미들웨어 또는 O/R 맵퍼 등의 프레임워크가 내부적으로 반복계 코드를 사용해서, 사용자에게 따로 선택의 여지가 없는 경우도 있습니다[2].

그런데 사실 반복이 없으면 프로그램의 생산성 향상 외에도 Codd가 언급하지 않은 큰 장점이 생깁니다. 반대로 말하면 반복계 코드에서 발생하는 큰 단점이랍니다.

---

2 저자주_ 미들웨어가 내부적으로 반복을 사용하는 예로 DBMS의 외부 키 제약에서 CASCADE DELETE 또는 CASCADE UPDATE가 있습니다. 예를 들어 Oracle에서는 부모 테이블이 변경될 때 CASCADE 옵션이 적용된 자식 테이블을 갱신할 때 내부적으로 반복계 코드를 사용합니다. 따라서 대량의 데이터를 갱신할 때 성능적 문제가 발생하는데요. DBMS 내부에서 일어나는 움직임이므로 사용자가 따로 제어 또는 튜닝할 수 없습니다.

반복계의 공포

일단 구체적인 예제를 살펴보며 알아봅시다. [그림 5-1]과 같은 2개의 테이블이 있습니다.

그림 **5-1** 매출 계산을 하는 테이블

Sales

company(회사)	year(연도)	sale(매상 : 억)
A	2002	50
A	2003	52
A	2004	55
A	2007	55
B	2001	27
B	2005	28
B	2006	28
B	2009	30
C	2001	40
C	2005	39
C	2006	38
C	2010	35

Sales2

company(회사)	year(연도)	sale(매상: 억)	var(변화)

Sales 테이블은 각 기업의 회계연도별 매출을 기록합니다. 다만 연도가 연속되지는 않습니다. 어쨌거나 이러한 데이터를 사용해 특정 기업의 매출 변화를 조사할 것입니다. 그리고 결과는 var 필드를 추가한 Sales2 테이블에 등록합니다. 이때

var 필드는 다음과 같은 규칙에 따라 결정됩니다.

- 이전 데이터가 없을 경우 : NULL
- 이전 데이터보다 매출이 올랐을 경우 : +
- 이전 데이터보다 매출이 내렸을 경우 : −
- 이전 데이터와 매출이 동일한 경우 : =

따라서 최종적으로 Sales2 테이블에는 [그림 5−2]와 같은 데이터가 들어갑니다.

그림 5-2 최종적으로 구할 Sales2 테이블

Sales2

company(회사)	year(연도)	sale(매상 : 억)	var(변화)
A	2002	50	
A	2003	52	+
A	2004	55	+
A	2007	55	=
B	2001	27	
B	2005	28	+
B	2006	28	=
B	2009	30	+
C	2001	40	
C	2005	39	−
C	2006	38	−
C	2010	35	−

[코드 5−1]은 이러한 문제를 해결하는 전형적인 방법 중 하나입니다[1].

---

1 저자주_ Oracle의 PL/SQL 코드인데요. 절차적인 해결 방법의 간단한 코드 설명입니다. 자신에게 맞는 DBMS의 프로시저 또는 호스트 언어(자바 또는 C# 등)로 적절하게 바꿔 생각해보기 바랍니다.

코드 5-1 반복계 코드

```
CREATE OR REPLACE PROCEDURE PROC_INSERT_VAR
IS

    /* 커서 선언 */
    CURSOR c_sales IS
        SELECT company, year, sale
          FROM Sales
         ORDER BY company, year;

    /* 레코드 타입 선언 */
    rec_sales c_sales%ROWTYPE;

    /* 카운터 */
    i_pre_sale INTEGER := 0;
    c_company CHAR(1) := '*';
    c_var CHAR(1) := '*';

BEGIN

OPEN c_sales;
    LOOP
    /* 레코드를 패치해서 변수에 대입 */
    fetch c_sales into rec_sales;
    /* 레코드가 없다면 반복을 종료 */
    exit when c_sales%notfound;

    IF (c_company = rec_sales.company) THEN
        /* 직전 레코드가 같은 회사의 레코드 일 때 */
        /* 직전 레코드와 매상을 비교 */
        IF  (i_pre_sale < rec_sales.sale) THEN
            c_var := '+';
        ELSIF (i_pre_sale > rec_sales.sale) THEN
            c_var := '-';
        ELSE
            c_var := '=';
        END IF;

    ELSE
            c_var := NULL;
    END IF;
```

```
    /* 등록 대상이 테이블에 테이블을 등록 */
    INSERT INTO Sales2 (company, year, sale, var)
      VALUES (rec_sales.company, rec_sales.year, rec_sales.sale, c_var);

    c_company := rec_sales.company;
    i_pre_sale := rec_sales.sale;

  END LOOP;

  CLOSE c_sales;
  commit;
END;
```

특정 연도의 레코드와 직전 연도의 레코드를 비교하는 로직을 반복하는 것은 전형적인 'record at a time(한 번에 한 레코드)'적 사고방식입니다. 절차 지향형 언어를 공부한 학생 또는 신입 프로그래머라면 이 문제를 십중팔구 이렇게 해결할 것입니다.

이러한 해법에서 주목할 부분은 SQL 문장의 단순함입니다. 이 답에서 사용하는 SQL 문장은 딱 두 개인데요. 그조차 엄청나게 단순해서 SQL을 잘 모르더라도 사용할 수 있는 수준입니다. 그렇습니다. 반복계 해답의 가장 '좋은 점'은 'SQL을 잘 모르더라도 사용할 수 있다'는 것입니다. 반복계가 가지는 몇몇 장점 중 하나가 바로 SQL 처리를 단순화할 수 있다는 것입니다. 반대로, 여러 행을 한꺼번에 처리하는 SQL을 포장계라고 부르는데요. 포장계 SQL은 비즈니스 로직을 SQL에 넣으려다 보니 구문이 복잡해져서 유지 보수성이 떨어지는 SQL 구문이 만들어지기도 합니다.

반복계의 장점은 뒤에 등장하는 '반복계의 장점'에서 설명합니다. 그 전에, 반복계가 가지는 수많은 문제점부터 살펴봅시다.

1. 반복계의 단점

반복계의 단점은 무엇일까요? 한 마디로 설명한다면 '성능'입니다. 같은 기능을 구현한다고 가정하면, 반복계로 구현한 코드는 포장계로 구현한 코드에 성능적으로 이길 수가 없습니다. 그것도 근소한 차이로 지는 것이 아니라 완벽하게 집니다. 처리하는 레코드 수가 적을 때는 반복계와 포장계에 큰 차이가 없습니다. 게다가 오히려 반복계가 빠른 경우도 있습니다. 하지만 처리하는 레코드 수가 많아지면 많아질수록 차이는 점점 더 벌어집니다. 처리 특성에 따라 변할 수는 있지만 간단하게 일반화 한다면 [그림 5-3]처럼 나타낼 수 있습니다.

그림 5-3 반복계와 포장계의 처리 시간

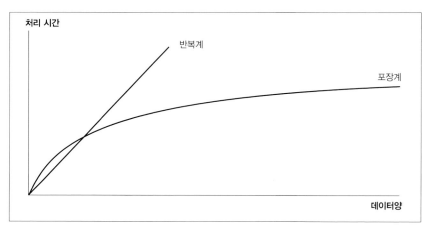

반복계의 처리 시간이 처리 대상 레코드 수에 대해 선형으로 증가하는 이유는 간단합니다. 반복계의 처리 시간은 '〈처리 횟수〉 * 〈한 회에 걸리는 처리 시간〉'이므로 〈한 회에 걸리는 시간〉이 일정하다고 가정하면[2] 처리 횟수(= 처리 대상 레코드 수)에 비례할 것입니다.

반대로 포장계의 경우, SQL 패턴이 다양하므로 완전히 이러한 대수 함수의 곡선이 된다고 단언할 수는 없습니다. 다만 인덱스를 사용한 접근이고, 실행 계획 변동이 없다고 한다면 대부분 이렇게 완만한 커브를 그리게 됩니다[3].

반복계가 포장계에 성능적으로 질 수밖에 없는 주요 이유를 몇 가지 더 살펴봅시다.

– SQL 실행의 오버 헤드

SQL을 실행할 때는 데이터를 검색하거나 연산하는 실제의 SQL 처리 이외에도 다

---

2 저자주_ 리소스넥(Resource Neck) 또는 락(Lock) 충돌 등의 예외적인 상황이 발생하지 않는다는 가정입니다.
3 저자주_ 물론 리소스 부족 등의 상황이 일어나지 않을 경우의 가정입니다.

양한 처리가 이루어집니다. 대충 나열해본다면 다음과 같습니다.

- **전처리**
  - ❶ SQL 구문을 네트워크로 전송
  - ❷ 데이터베이스 연결
  - ❸ SQL 구문 파스
  - ❹ SQL 구문의 실행 계획 생성 또는 평가
- **후처리**
  - ❺ 결과 집합을 네트워크로 전송

❶과 ❺는 SQL을 실행하는 애플리케이션과 데이터베이스가 물리적으로 같은 본체에 있다면 발생하지 않을 것입니다. 하지만 일정 규모 이상의 시스템에서는 보통 애플리케이션 서버와 데이터베이스 서버를 물리적으로 분리해서 사용하므로 SQL 구문 또는 결과 집합을 네트워크로 전송해야 합니다. 그렇다고 해도 일반적으로 두 가지는 같은 데이터센터 내부의 동일 LAN 위에 있으므로 전송 속도 자체는 고속(거의 밀리 초)인 만큼 오버헤드가 딱히 일어나지 않습니다.

❷는 데이터베이스에 SQL 구문을 실행하기 위한 작업입니다. 일단 데이터베이스에 연결해서 세션을 설정해야 하므로 발생하는 처리입니다. 하지만 최근에는 애플리케이션에서 미리 연결을 일정 수 확보해서 이런 오버헤드를 감소시키는 커넥션 풀(Connection Pool)이라는 기술을 사용합니다. 따라서 ❷도 거의 문제되지 않습니다[4].

오버헤드 중에서 가장 영향이 큰 것은 ❸ 또는 ❹입니다. 특히 조금 더 성가신 것을 고르라면 1장에서도 설명했던 SQL 파스(구문 분석)입니다. 파스는 DBMS마다 하는 방법도 미묘하게 다르고 종류도 굉장히 많습니다[5]. 특히 종류에 따라 느린 부분은 0.1초~1초 정도 걸립니다. 이는 다른 오버헤드가 밀리 초로 영향을 미치는 것에 비해 굉장히 큰 것입니다. 그리고 파스는 데이터베이스가 SQL을 받을 때

----

4 저자주_ 반대로 커넥션 풀을 사용하지 않는 시스템이라면 연결을 확보하고 해제하는 과정이 빈번하게 반복되겠죠? 이러한 처리만으로도 데이터베이스 서버에 CPU 넥을 일으킬 정도의 큰 문제가 되기도 합니다.

5 저자주_ 예를 들어 Oracle에는 하드 파스와 소프트 파스라는 두 가지 종류가 있습니다. 하드 파스는 다양한 테이블에 SELECT 구문을 실행할 때 사용됩니다. 따라서 소프트 파스보다 시간이 많이 걸립니다.

마다 실행되므로 작은 SQL을 여러 번 반복하는 반복계에서는 오버헤드가 높아질 수밖에 없습니다(그림 5-4).

그림 5-4 SQL은 실행 시간과 관계없이 일정한 오버 헤드가 필요

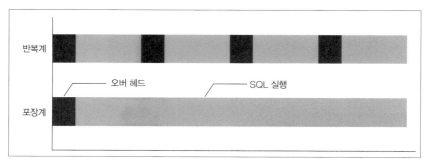

여러분도 일을 할 때 고객 또는 업자와 계약을 맺을 텐데요. 오버헤드는 이러한 계약을 하는 과정이라고 할 수 있습니다. 물론 구두(말)로 간단하게 계약하는 곳도 있겠지만, 일반적으로는 일의 규모에 상관없이 무조건 직접 만나 계약서를 쓰는 등의 과정을 거쳐 계약합니다. 이때 일의 규모와 계약 과정에 소모되는 비용은 비례하지 않습니다[6]. 따라서 비용이 얼마나 들어갈지 잘 모르므로, 최종적으로 같은 규모의 일을 한다면 작은 일거리 100개를 하는 것보다 큰 일거리 한 개를 하는 것을 선호하지요.

– 병렬 분산이 힘들다

반복계는 반복 1회마다의 처리를 굉장히 단순화합니다. 따라서 리소스를 분산해서 병렬 처리하는 최적화가 안 됩니다. CPU의 멀티 코어로 분산 처리를 할 수 없는 것은 물론 저장소의 분산 효율이 낮습니다. 데이터베이스 서버 저장소는 대부분 RAID 디스크로 구성되어 I/O 부하를 분산할 수 있게 되어 있습니다. 하지만 반복계에서 실행하는 SQL 구문은 대부분 단순해서 1회의 SQL 구문이 접근하는 데이터양이 적습니다. 따라서 I/O를 병렬화하기 힘들다는 단점이 있습니다(그림 5-5).

....

6 저자주_ 아주 큰 계약이라면 법적 심사 등이 들어가면서 계약 비용이 많이 커질 수는 있습니다. 그래도 규모와 계약 비용이 선형 증가한다고는 볼 수 없습니다.

그림 5-5 반복계는 리소스 사용 효율이 나쁨

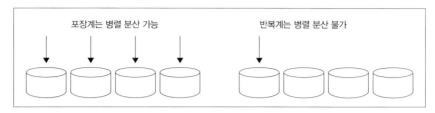

포장계는 병렬 분산 가능   반복계는 병렬 분산 불가

그렇지만 이에 관해 "애플리케이션 측에서 루프를 다중화하면 되지 않을까?"라고 말할 수도 있습니다. 이런 방식은 뒤에서 설명할 '반복계를 빠르게 만드는 방법은 없을까?'에서 검토하겠습니다.

– 데이터베이스의 진화로 인한 혜택을 받을 수 없다

데이터베이스가 처리해야 하는 데이터양은 최근 급격히 증가하고 있으며, 그에 따라 DBMS 벤더(vendor)는 어떻게 해야 SQL을 빠르게 할 수 있을지 계속 연구하고 있습니다. 따라서 DBMS의 버전이 오를수록 옵티마이저는 보다 효율적으로 실행 계획을 세우며, 데이터에 고속으로 접근할 수 있는 아키텍처를 구현합니다. 이런 문제 의식은 소프트웨어 벤더뿐만 아니라 하드웨어 벤더도 공유하고 있습니다. 최근 특히 주목을 모으고 있는 것이 기존의 디스크를 초월하는 I/O 성능을 가진 SSD 등의 매체입니다. SSD가 실용화되면 저장소 넥(storage neck)에 시달리던 데이터베이스 세계에 혁명을 일으킬 가능성이 있습니다.

하지만 이러한 모든 노력의 중심은 기본적으로 '대규모 데이터를 다루는 복잡한 SQL 구문'을 빠르게 하려는 데 있습니다. 단순한 SQL 구문과 같은 '가벼운' 처리를 빠르게 만드는 것은 사실 안중에도 없습니다. 따라서 반복계는 미들웨어 또는 하드웨어의 진화에 따른 혜택을 거의 받을 수 없습니다. 실제로 반복계의 처리가 느려서 문제가 되는 경우 그냥 대충 스케일업을 하는 경우도 있습니다. 하지만 물리 리소스가 바틀넥(bottle neck)이 걸리는 경우가 아니라면 스케일업을 해도 속도가 빨라지지 않는 경우도 많습니다.

앞에서 설명한 이유로 반복계는 포장계에 비해 성능적 관점에서 비교가 불가능합니다. 어떤 사람들은 "반복계는 DBMS가 포장계의 SQL에 대해 내부적으로 실행하고 있는 것을 프로그램에 맡기는 것뿐이므로 성능상 차이가 발생하지 않을 것이다"라고 말하기도 하는데요. 이는 앞에서 설명한 것들을 고려하지 않은 지나치게 간단한 발상입니다.

물론 이러한 비교가 성립하려면 포장계의 SQL이 충분이 튜닝되어 있다는 것이 전제되어야 합니다. 일반적으로 포장계의 SQL은 반복계에 비해 굉장히 복잡합니다. 따라서 튜닝되지 않은 상태에서는 반복계에 질 수도 있습니다. 하지만 포장계의 SQL 구문은 튜닝 가능성이 굉장히 높으므로 제대로 튜닝한다면 처음과 비교해서 현격한 성능 차이가 있을 것입니다.

이러한 포장계의 장점은 반대로 반복계의 단점이라고 할 수 있습니다. 따라서 반복계는 단지 느리기만 한 것이 아니라 느린 구문을 **튜닝할 수 있는 가능성도 거의 없다**고 할 수 있습니다. 반복계가 정말 무서운 것은 바로 이 단점입니다.

2. 반복계를 빠르게 만드는 방법은 없을까?

그럼 여러분이 관리하는 시스템에서 반복계로 성능이 제대로 나오지 않는다면 어떻게 튜닝하는 것이 좋을까요? 선택지는 크게 다음과 같은 세 가지입니다.

– 반복계를 포장계로 다시 작성

이는 애플리케이션 수정을 의미합니다. "말도 안돼, 이제 와서 수정하라니?!"라는 소리가 들려오는군요. 컷오버(cutover)[7] 직전의 성능 검증에서 문제가 발견되어 야근과 철야에 시달리고 있는 현장의 우리들 앞에 이러한 막되먹은 '제안'으로 빈축을 사는 것이 일반적인 '컨설턴트'입니다. 하지만 실제 상황에서는 이러한 선택지를 사용할 수 없는 경우가 많습니다.

– 각각의 SQL을 빠르게 수정

'티끌 모아 태산'이라는 말을 실천하는 선택지로 꽤나 그럴듯해 보입니다. 하지만

---

7 역자주_ 실무에 있는 분이라면 컷오버라는 말을 자주 사용할 것입니다. 만약 컷오버라는 말을 처음 듣는다면 간단하게 컷오버(cutover)는 새로운 시스템을 가동하는 것으로 생각하면 됩니다.

반복계에서 사용하는 SQL 구문은 너무 단순합니다. 실행 계획을 보아도 유니크 스캔(unique scan) 또는 인덱스 레인지 스캔(index range scan) 정도 뿐입니다. 이런 간단한 구문의 어디를 어떻게 튜닝해야 할까요?

게다가 이번 5장의 서두에서 살펴본 것처럼 INSERT 구문을 반복하는 경우도 있습니다. INSERT 구문은 SELECT 구문보다 고속화가 더 어렵습니다[8]. 따라서 튜닝 가능성이 더욱 제한됩니다.

– 다중화 처리

지금까지 살펴본 선택지 중에서 가장 희망적인 선택지입니다. CPU 또는 디스크와 같은 리소스에 여유가 있고, 처리를 나눌 수 있는 키가 명확하게 정해져 있다면, 처리를 다중화해서 성능을 선형에 가깝게 스케일할 수 있습니다. 물론 애플리케이션 수정이 필요하지만, 처음부터 다중도를 설정할 수 있게 애플리케이션을 구성했다면 코드를 변경하지 않고도 확장 가능합니다. 하지만 반대로 데이터를 분할할 수 있는 명확한 키가 없거나, 순서가 중요한 처리, 병렬화했을 때 물리 리소스가 부족하다면 이러한 방법은 사용할 수 없습니다.

이렇게 반복계라는 것은 튜닝의 선택지가 굉장히 한정적입니다. 따라서 반복계로 만든 애플리케이션이 느리다면 대대적인 애플리케이션 수정을 각오하기 바랍니다. 물론 온라인의 명세 출력처럼 수백 개 정도만 반복한다면, 반복계라도 성능이 충분히 괜찮게 나옵니다. 따라서 무조건 반복계를 적대시할 필요는 없습니다. 하지만 수백 또는 수천만 번의 반복을 기본이라 생각하는 일괄 처리에서는 반드시 주의가 필요합니다. 또한 프레임워크 또는 업무 패키지 내부에서 반복계를 사용하는 경우도 꽤 있는데요. 이런 경우에는 애플리케이션 수정이 더욱 힘들어지겠지요.

---

8 저자주_ INSERT 구문은 실행 계획이 너무 단순해서 실행 계획을 조작하는 튜닝을 할 수 없습니다. 조금 더 빠르게 만든다고 해도 겨우 커밋을 확장하는 정도 뿐입니다. 예를 들어 한 번에 1개의 레코드를 추가하던 것을 한 번에 1000개 단위로 확장하는 것입니다. 하지만 트랜잭션 사용 방식에 따라서 이러한 방법을 사용하지 못할 수도 있고, 벌크 INSERT를 지원하지 않는 DBMS에서는 사용 불가능합니다. 그리고 결국 이러한 방법도 애플리케이션 수정을 해야 한다는 점이 문제입니다.

3. 반복계의 장점

지금까지 계속해서 반복계를 부정적으로 이야기했습니다. 정말 좋은 점은 없는 걸까요? 사실 몇 가지 장점이 있습니다. 이는 모두 반복계의 SQL 구문이 지나치게 단순해서 생기는 장점이랍니다. 예를 들어 전형적인 기본 키의 유니크 스캔을 생각해봅시다(코드 5-2).

코드 5-2 엄청나게 단순한 SQL 구문

```
SELECT col_a FROM Foo WHERE p_key = 1;
```

이런 단순한 쿼리는 실행 계획도 엄청나게 단순합니다(그림 5-6).

그림 5-6 반복계의 실행 계획(PostgreSQL)

```
Index Scan using foo_pkey on foo (cost=0.16..8.17 rows=1 width=4)
    Index Cond: (p_key = 1)
```

실행 계획이 단순하면 무엇이 좋을까요? 차근차근 살펴봅시다.

– 실행 계획의 안정성

실행 계획이 단순하다는 것은 해당 실행 계획에 **변동 위험이 거의 없다**라는 것을 나타냅니다. 변동이 일어난다고 해 봤자 겨우 옵티마이저에서 사용하는 인덱스를 바꾸는 정도입니다. 따라서 실제 운용 중에 갑자기 실행 계획이 바뀌어 느려지는 현상은 일어나지 않습니다. 이런 현상은 비용 기반(cost base)의 옵티마이저에서는 숙명적인 것인데요. 그로부터 조금은 자유로워질 수 있는 것입니다. 특히 SQL 구문 내부에서 결합을 사용하지 않아도 된다는 것이 굉장히 크게 작용합니다. 실행 계획 변동에서 가장 골칫거리가 되는 것이 바로 결합 알고리즘의 변경이기 때문입니다[9].

이는 어떤 의미에서 규칙 기반(rule base)에서 비용 바탕으로 변화하는 DBMS의 진화를 거스르는 것인데요. 옵티마이저가 완벽하지 않은 현재 시점에서 안정적인

---

9 저자주_ 결합 알고리즘에 대해서는 6장을 참고해주세요.

성능을 확보할 수 있다는 것은 정말 어마어마한 장점입니다.

반대로 말하면, 이는 포장계의 단점이라고 할 수 있습니다. 포장계는 SQL 구문이 복잡한 만큼 실행 계획의 변동 가능성이 굉장히 큽니다. 물론 옵티마이저가 잘 할 것으로 생각하면 장점이고, 위험하다 생각하면 단점이 되는 미묘한 부분입니다. 하지만 필자는 현 시점에서, 실행 계획 변동이 쉬운 SQL 구문에 대해서는 부분적으로 힌트 구문을 사용해 실행 계획을 사용하거나, 조금 단순한 구문을 사용하는 것이 좋다고 생각합니다[10].

– 예상 처리 시간의 정밀도

실행 계획이 단순하고 성능이 안정적이라는 것은 추가적인 장점을 가져옵니다. 바로 예상 처리 시간의 정밀도가 높다는 것인데요. 반복계의 처리 시간은 다음과 같은 간단한 식으로 표현할 수 있습니다.

$$\langle \text{처리 시간} \rangle = \langle \text{한 번의 실행 시간} \rangle \times \langle \text{실행 횟수} \rangle$$

실행 횟수는 기능 요건으로 알 수 있습니다. 한편 한 번의 실행 시간은 대충 0.1밀리 초~0.5초 정도 사이입니다. "0.1밀리 초와 0.5초가 5000배의 차이가 있잖아?!"라고 생각할 수도 있는데요. 물론 절대치로 보면 그렇지만, SQL 구문은 미세한 조건의 차이로 수 배~수백 배의 차이가 나오는 것이므로, 이 정도만 해도 예상을 위한 정밀도가 높다고 말할 수 있습니다. 어디까지나 포장계에 비해 상대적인 이야기라고 생각해주세요. 포장계는 실행 계획에 따라 성능이 전혀 달라지므로 프로그램의 사양을 사전에 예상하기조차 힘든데요. 그에 비하면 굉장히 괜찮다고 할 수 있지요.

정말 정밀한 예상을 하려면, 어느 정도 규모가 있는 데이터를 넣어 모델 검증을 한 뒤에, 몇 개에서 어느 정도의 실행 시간이 나오는지 측정하고(10만 건, 100만 건, 1000만 건 등), 실행 시간이 선형으로 증가하는지 여부와 기울기를 확인해서 계산해야 합니다.

----

10 저자주_ DB2처럼 힌트 구문이 없는 DBMS는 SQL 구문과 ER 모델 변경까지 수행해야 하므로 굉장히 고생할 수 있는 부분입니다.

– 트랜잭션 제어가 편리

반복계의 또 하나의 장점은 바로 기능적 측면입니다. 즉, 트랜잭션의 정밀도를 미세하게 제어할 수 있다는 것입니다. 예를 들어서 갱신 처리를 반복계에서, 특정 반복 횟수마다 커밋한다고 합시다. 만약 중간에 오류가 발생했다고 해도, 중간에 커밋을 했으므로 해당 지점 근처에서 다시 처리를 실행하면 됩니다. 또한 특정 이유로 배치를 잠시 중단해야 할 때도 해당 지점 근처에서 다시 처리를 실행할 수 있습니다. 이러한 미세한 제어는 포장계의 SQL 구문에서는 할 수 없는 것입니다. 포장계에서는 갱신 처리 중간에 오류가 발생하면, 처리를 처음부터 다시 실행해야 합니다.

이처럼 성능 이외에 기능적인 관점까지 아울러 살펴보면 반복계도 다양한 장점이 있습니다. 따라서 어떠한 처리 방식을 선택할지 판단할 때는 장점과 단점의 트레이드오프에 대한 신중한 고려가 필요합니다.

16강

SQL에서는 반복을 어떻게 표현할까?

지금까지 반복계와 포장계를 비교해서 설명했는데요. 지금부터는 포장계로 처리를 기술하려면 어떻게 해야 할지 살펴보겠습니다.

1. 포인트는 CASE 식과 윈도우 함수

SQL에서 반복을 대신하는 수단은 바로 CASE 식과 윈도우 함수입니다. 정확하게 말하면 CASE 식은 절차 지향형 언어에서 말하는 IF-THEN-ELSE 구문에 대응하는 기능입니다. 절차 지향형 언어에서 반복의 내부에 대부분 IF 조건문을 세트로 사용하는 것처럼, SQL에서도 CASE 식과 윈도우 함수를 함께 사용하는 세트라고 기억해주세요. 반복계의 [코드 5-1]을 포장계의 SQL로 작성한 것이 [코드 5-3]입니다.

코드 **5-3** 윈도우 함수를 사용한 방법

```
INSERT INTO Sales2
SELECT company,
       year,
       sale,
       CASE SIGN(sale - MAX(sale)
                        OVER ( PARTITION BY company
                               ORDER BY year
                               ROWS BETWEEN 1 PRECEDING
                                        AND 1 PRECEDING) )

       WHEN 0  THEN '='
       WHEN 1  THEN '+'
```

```
        WHEN -1 THEN '-'
        ELSE NULL END AS var
    FROM Sales;
```

이러한 코드에서 포인트는 바로 SIGN 함수입니다. SIGN 함수는 숫자 자료형을 매개변수로 받아 음수라면 −1, 양수라면 1, 0이라면 0을 리턴하는 함수입니다. 여기서는 직전 연도와의 판매 변화를 알고자 사용했습니다. CASE 식의 조건 부분에 윈도우 함수를 몇 번씩 사용하지 않도록 해주는 기술이기도 합니다[1].

그럼 SELECT 구문의 실행 계획을 살펴봅시다(그림 5-7, 그림 5-8).

그림 5-7 윈도우 함수를 사용한 실행 계획(PostgreSQL)

```
WindowAgg  (cost=1.34..1.82 rows=12 width=10)
  -> Sort  (cost=1.34..1.37 rows=12 width=10)
       Sort Key: company, year
       -> Seq Scan on sales   (cost=0.00..1.12 rows=12 width=10)
```

그림 5-8 윈도우 함수를 사용한 실행 계획(Oracle)

Id	Operation	Name	Rows	Bytes	Cost (%CPU)	Time
0	SELECT STATEMENT		12	348	3 (34)	00:00:01
1	WINDOW SORT		12	348	3 (34)	00:00:01
2	TABLE ACCESS FULL	SALES	12	348	2 (0)	00:00:01

PostgreSQL과 Oracle 모두 같은 실행 계획이 나옵니다. 일단 Sales 테이블을 풀 스캔하고(WHERE 구를 사용한 조건 지정이 없으므로 당연한 것입니다), 윈도우 함수를 정렬로 실행합니다. 현재 SELECT 구문은 결합을 사용하지 않습니다. 따라서 테이블의 레코드 수가 증가해도 실행 계획에 별다른 영향을 주지 않으므로 안정적이라고 말할 수 있습니다.

이 코드에서 중요한 기술은 윈도우 함수에 ROWS BETWEEN 옵션을 사용한 것

----

1 저자주_ SQL에는 변수가 없으므로 그런 것을 보완하는 것입니다.

인데요. 이는 대상 범위의 레코드를 직전의 1개로 제한하는 것입니다. ROWS BETWEEN 1 PRECEDING AND 1 PRECEDING은 '현재 레코드에서 1개 이전부터 1개 이전까지의 레코드 범위'를 나타냅니다. 따라서 직전의 1개로 레코드를 제한하게 됩니다(그림 5-9).

그림 5-9 ROWS BETWEEN의 작동

Sales

company(회사)	year(연도)	sale(매상 : 억)
A	2002	50
A	2003	52
A	2004	55
A	2007	55
B	2001	27
B	2001	27
B	2005	28
B	2006	28	← 현재 레코드
B	2009	30
C	2001	40
C	2005	39
C	2006	38
C	2010	35

→ ROWS BETWEEN 1 PRECEDING AND 1 PRECEDING으로 선택한 '직전' 레코드

따라서 현재 윈도우 함수는 '같은 회사의 직전 매상'을 리턴하고, [코드 5-4]처럼 결과를 출력합니다. 이때 만약 비교 대상 레코드를 '1개 전 레코드'가 아니라 '2개 전 레코드'로 하고 싶다면 ROWS BETWEEN 2 PRECEDING AND 2 PRECEDING으로 범위를 변경합니다. 이러한 유연함은 윈도우 함수가 보급되기 이전에 사용하던 상관 서브쿼리로는 하기 힘든 것이랍니다.

코드 5-4 윈도우 함수로 '직전 회사명'과 '직전 매상' 검색

```
SELECT company,
       year,
       sale,
       MAX(company)
           OVER (PARTITION BY company
                     ORDER BY year
                 ROWS BETWEEN 1 PRECEDING
                          AND 1 PRECEDING) AS pre_company,
       MAX(sale)
           OVER (PARTITION BY company
                     ORDER BY year
                 ROWS BETWEEN 1 PRECEDING
                          AND 1 PRECEDING) AS pre_sale
  FROM Sales;
```

실행 결과

```
company |year |sale |pre_company |pre_sale
--------+-----+-----+------------+---------
A       |2002 |  50 |            |
A       |2003 |  52 | A          |      50
A       |2004 |  55 | A          |      52
A       |2007 |  55 | A          |      55
B       |2001 |  27 |            |
B       |2005 |  28 | B          |      27
B       |2006 |  28 | B          |      28
B       |2009 |  30 | B          |      28
C       |2001 |  40 |            |
C       |2005 |  39 | C          |      40
C       |2006 |  38 | C          |      39
C       |2010 |  35 | C          |      38
```

컬럼 상관 서브쿼리를 사용한 대상 레코드 제한

상관 서브쿼리는 서브쿼리 내부에서 외부 쿼리와의 결합 조건을 사용하고, 해당 결합 키로 잘라진 부분 집합을 조작하는 기술입니다. 이러한 점에서 윈도우 함수의 PARTITION BY 구와 ORDER BY 구와 같은 기능을 갖습니다. 예를 들어, [코드

코드 5-7 가까운 우편번호를 구하는 쿼리

```
SELECT pcode,
       district_name
  FROM PostalCode
 WHERE CASE WHEN pcode = '4130033' THEN 0
            WHEN pcode LIKE '413003%' THEN 1
            WHEN pcode LIKE '41300%'  THEN 2
            WHEN pcode LIKE '4130%'   THEN 3
            WHEN pcode LIKE '413%'    THEN 4
            WHEN pcode LIKE '41%'     THEN 5
            WHEN pcode LIKE '4%'      THEN 6
            ELSE NULL END =
              (SELECT MIN(CASE WHEN pcode = '4130033' THEN 0
                               WHEN pcode LIKE '413003%' THEN 1
                               WHEN pcode LIKE '41300%'  THEN 2
                               WHEN pcode LIKE '4130%'   THEN 3
                               WHEN pcode LIKE '413%'    THEN 4
                               WHEN pcode LIKE '41%'     THEN 5
                               WHEN pcode LIKE '4%'      THEN 6
                               ELSE NULL END)
                 FROM PostalCode);
```

실행 결과

```
 pcode   | district_name
---------+-------------------------
 4130001 | 시즈오카 아타미 이즈미
 4130002 | 시즈오카 아타미 이즈산
 4130041 | 시즈오카 아타미 아오바초
```

이러한 방법의 포인트는 7회 반복을 7회 CASE 식 분기로 변환했다는 것입니다. 실제 애플리케이션에서는 우편번호를 매개변수로 사용해 SQL 구문을 동적으로 생성하겠죠?

어쨌거나 현재 쿼리는 성능적인 관점에서 가장 좋은 답이라 하기에는 아직 이릅니다. 실행 계획을 살펴보면 PostgreSQL과 Oracle에서 테이블에 접근이 2회 발생하는 것을 알 수 있습니다(그림 5-13, 그림 5-14).

그림 **5-13** PostgreSQL의 실행 계획

```
Seq Scan on postalcode (cost=1.19..2.37 rows=1 width=8)
  Filter: (CASE WHEN (pcode = '4130033'::bpchar) THEN 0
               WHEN (pcode ~~ '413003%'::text)  THEN 1
               WHEN (pcode ~~ '41300%'::text)   THEN 2
               WHEN (pcode ~~ '4130%'::text)    THEN 3
               WHEN (pcode ~~ '413%'::text)     THEN 4
               WHEN (pcode ~~ '41%'::text)      THEN 5
               WHEN (pcode ~~ '4%'::text)       THEN 6
               ELSE NULL::integer END = $0)
  InitPlan 1 (returns $0)
    -> Aggregate (cost=1.18..1.19 rows=1 width=8)
         -> Seq Scan on postalcode (cost=0.00..1.06 rows=6 width=8)
```

그림 **5-14** Oracle의 실행 계획

Id	Operation	Name	Rows	Bytes	Cost (%CPU)	Time
0	SELECT STATEMENT		1	34	6 (0)	00:00:01
*1	TABLE ACCESS FULL	POSTALCODE	1	34	3 (0)	00:00:01
2	SORT AGGREGATE		1	8		
3	TABLE ACCESS FULL	POSTALCODE	6	48	3 (0)	00:00:01

현재 예제는 레코드 수가 몇 개 안 됩니다. 따라서 테이블 풀 스캔을 해도 1초도 걸리지 않습니다. 하지만 테이블의 수가 수백 만에서 수천 만으로 늘어나면 시간이 꽤 걸립니다. 따라서 이러한 스캔 횟수를 줄일 수 있는 방법을 생각해야 합니다.

– 윈도우 함수를 사용한 스캔 횟수 감소

그런데 왜 테이블 스캔이 2회 발생하는 것일까요? 바로 순위의 최솟값을 서브쿼리에서 찾기 때문입니다. 고전적인 방법이지만 다음과 같이 윈도우 함수를 사용하면 스캔 횟수를 줄일 수 있습니다(코드 5-8).

코드 5-8 윈도우 함수를 사용한 방법

```
SELECT pcode,
       district_name
  FROM (SELECT pcode,
               district_name,
               CASE WHEN pcode = '4130033' THEN 0
                    WHEN pcode LIKE '413003%' THEN 1
                    WHEN pcode LIKE '41300%'  THEN 2
                    WHEN pcode LIKE '4130%'   THEN 3
                    WHEN pcode LIKE '413%'    THEN 4
                    WHEN pcode LIKE '41%'     THEN 5
                    WHEN pcode LIKE '4%'      THEN 6
                    ELSE NULL END AS hit_code,
               MIN(CASE WHEN pcode = '4130033' THEN 0
                        WHEN pcode LIKE '413003%' THEN 1
                        WHEN pcode LIKE '41300%'  THEN 2
                        WHEN pcode LIKE '4130%'   THEN 3
                        WHEN pcode LIKE '413%'    THEN 4
                        WHEN pcode LIKE '41%'     THEN 5
                        WHEN pcode LIKE '4%'      THEN 6
                        ELSE NULL END)
               OVER(ORDER BY CASE WHEN pcode = '4130033' THEN 0
                                  WHEN pcode LIKE '413003%' THEN 1
                                  WHEN pcode LIKE '41300%'  THEN 2
                                  WHEN pcode LIKE '4130%'   THEN 3
                                  WHEN pcode LIKE '413%'    THEN 4
                                  WHEN pcode LIKE '41%'     THEN 5
                                  WHEN pcode LIKE '4%'      THEN 6
                                  ELSE NULL END) AS min_code
          FROM PostalCode) Foo
 WHERE hit_code = min_code;
```

컬럼 　인덱스 온리 스캔

인덱스 온리 스캔을 지원하는 DBMS에서는, [코드 5-7]처럼 SELECT 구문에서 사용하는 필드에 모두 인덱스가 포함되어 있을 때, 테이블 스캔을 하지 않고 인덱스를 사용한 접근만 실행할 수 있습니다. 예를 들어 [코드 5-7]에서는 서브쿼리 내부의 SELECT

구문에서 pcode 필드만 사용합니다. 기본 키에 대한 접근만으로 필요한 데이터를 검색할 수 있는 것입니다. 이럴 때 Oracle이라면 다음과 같은 실행 계획이 나옵니다. 기본 키에 'INDEX FAST FULL SCAN'이 일어나는 것을 확인할 수 있습니다.

```
----------------------------------------------------------------------
| Id | Operation              |Name       | Rows | Bytes |Cost (%CPU)| Time     |
----------------------------------------------------------------------
|  0 | SELECT STATEMENT       |           |   1 |   34 |   5  (0)| 00:00:01 |
| *1 | TABLE ACCESS FULL      | POSTALCODE|   1 |   34 |   3  (0)| 00:00:01 |
|  2 |    SORT AGGREGATE       |           |   1 |    8 |         |          |
|  3 |      INDEX FAST FULL SCAN| PK_PCODE |   6 |   48 |   2  (0)| 00:00:01 |
----------------------------------------------------------------------
```

접근 대상 객체를 나타내는 Name 필드를 주목해주세요. 테이블(POSTAL CODE)이 아니라 인덱스(PK_PCODE)에만 접근이 발생하는 것을 확인할 수 있습니다.

하지만 인덱스 온리 스캔은 SQL 구문에서 사용하는 필드가 적을 때만 사용할 수 있습니다. 따라서 사용할 수 있는 튜닝 상황이 많지 않습니다. 설령 사용할 수 있는 상황이라고 해도 사용하는 필드 수가 많다면 효과는 그다지 좋지 않습니다.

인덱스 온리 스캔과 관련된 내용은 10장에서 자세하게 설명합니다.

실행 계획을 살펴보면 테이블 접근이 1회로 감소한 것을 확인할 수 있습니다(그림 5-15, 그림 5-16).

그림 5-15 PostgreSQL의 실행 계획

```
Subquery Scan on foo (cost=16.39..25.49 rows=1 width=40)
  Filter: (foo.hit_code = foo.min_code)
  -> WindowAgg (cost=16.39..23.74 rows=140 width=32)
     -> Sort (cost=16.39..16.74 rows=140 width=32)
        Sort Key: (CASE WHEN (postalcode.pcode = '4130033'::bpchar) THEN 0
                        WHEN (postalcode.pcode ~~ '413003%'::text)  THEN 1
                        WHEN (postalcode.pcode ~~ '41300%'::text)   THEN 2
                        WHEN (postalcode.pcode ~~ '4130%'::text)    THEN 3
                        WHEN (postalcode.pcode ~~ '413%'::text)     THEN 4
```

```
                            WHEN (postalcode.pcode ~ '41%'::text)      THEN 5
                            WHEN (postalcode.pcode ~ '4%'::text)       THEN 6
                            ELSE NULL::integer END)
              -> Seq Scan on postalcode (cost=0.00..11.40 rows=140 width=32)
```

그림 5-16 Oracle의 실행 계획

```
---------------------------------------------------------------------------
| Id | Operation              | Name       | Rows | Bytes | Cost (%CPU)| Time     |
---------------------------------------------------------------------------
|  0 | SELECT STATEMENT       |            |   6  |  870  |   4  (25)| 00:00:01 |
| *1 |  VIEW                  |            |   6  |  870  |   4  (25)| 00:00:01 |
|  2 |   WINDOW SORT          |            |   6  |  204  |   4  (25)|          |
|  3 |    TABLE ACCESS FULL   | POSTALCODE |   6  |  204  |   3   (0)| 00:00:01 |
---------------------------------------------------------------------------
```

그런데 윈도우 함수를 사용하므로 정렬이 추가로 사용되었습니다. 따라서 여기에 비용이 추가되는데요. 테이블 크기가 크다면 테이블 풀 스캔을 줄이는 것의 효과 가 더 큽니다[4].

3. 반복 횟수가 정해지지 않은 경우

방금 살펴본 예제에서는 최대 반복(또는 분기) 횟수가 7회로 처음부터 정해졌습니 다. 따라서 이런 경우에는 SQL 구문에 코드를 하나하나 입력해서 반복을 분기로 변경할 수 있었습니다. 그런데 반복 횟수가 정해지지 않은 경우에는 어떻게 해야 할까요? 이번 예제에서는 그런 사례를 살펴보겠습니다.

– 인접 리스트 모델과 재귀 쿼리

우편번호와 관련된 내용을 다시 살펴보겠습니다. 이번에는 현재 주소(우편번호)뿐 만 아니라 과거에 살던 주소(우편번호)까지 관리하는 테이블을 생각해봅시다. [코 드 5-9]와 같은 SQL 구문을 실행해서 [그림 5-17]과 같은 테이블을 생성합니다.

---

4 저자주_ 사실 [코드 5-7]의 MIN 함수도 정렬이 필요합니다. 따라서 윈도우 함수를 사용할 때와 비교해 이러한 부분에 서의 비용은 크게 다르지 않을 것입니다.

코드 5-9 우편번호 이력 테이블 정의

```
CREATE TABLE PostalHistory
 (name  CHAR(1),
  pcode CHAR(7),
  new_pcode CHAR(7),
      CONSTRAINT pk_name_pcode PRIMARY KEY(name, pcode));

CREATE INDEX idx_new_pcode ON PostalHistory(new_pcode);

INSERT INTO PostalHistory VALUES ('A', '4130001', '4130002');
INSERT INTO PostalHistory VALUES ('A', '4130002', '4130103');
INSERT INTO PostalHistory VALUES ('A', '4130103', NULL     );
INSERT INTO PostalHistory VALUES ('B', '4130041', NULL     );
INSERT INTO PostalHistory VALUES ('C', '4103213', '4380824');
INSERT INTO PostalHistory VALUES ('C', '4380824', NULL     );
```

그림 5-17 우편번호 이력 테이블

PostalHistory

name(사람 이름)	pcode(우편번호)	new_pcode(이사하는 곳의 우편번호)
A	4130001	4130002
A	4130002	4130103
A	4130103	
B	4130041	
C	4103213	4380824
C	4380824	

이 테이블에 현재 주소를 등록할 때는 다음과 같이 현재 주소의 우편번호만 등록하고, '이사하는 곳의 우편번호'는 NULL로 합니다.

```
('A', '4130001', NULL)
```

이후에 A씨가 이사를 하는 시점에는 다음과 같이 '이사하는 곳의 우편번호'를 변경합니다.

```
('A', '4130001', NULL)→('A', '4130001', '4130002')
```

이번에는 다시, 이사한 곳의 주소를 다음과 같이 새로운 레코드로 등록합니다.

```
('A', '4130002', NULL)
```

이후에 A씨가 이사를 반복할 때마다 이러한 처리를 반복합니다. 이렇게 이력을 저장하면, A씨가 다음과 같이 이사를 두 번 했다는 것을 알 수 있습니다.

```
4130001 → 4130002 → 4130103(현재 주소)
```

마찬가지 방법으로 B씨는 한 번도 이사하지 않았고, C씨는 한 번 이사했다는 것을 알 수 있습니다. 실제 우체국에서도 오래된 주소로 보내진 우편물을 새로운 주소로 전달하기 위해 이런 방식으로 이력을 관리합니다. 이처럼 우편번호를 키로 삼아 데이터를 줄줄이 연결한 것을 포인터 체인이라고 부르는데요. 계층 구조를 표현하는 고전적인 방법입니다. 포인터 체인을 사용하는 PostalHistory 같은 테이블 형식을 '인접 리스트 모델'이라고 부릅니다(그림 5-18).

그림 5-18 포인터 체인을 사용한 인접 리스트 모델

만약 A씨가 가장 오래전에 살았던 주소를 검색한다면, 답은 '4130001'이겠지요. 이것을 찾으려면 현재 주소에서 출발해서 차근차근 이전 주소를 찾아야 할 것입니다. 문제는 몇 번을 따라 올라가야만 가장 오래된 주소를 찾을 수 있을 것인지 사전에는 알 수 없다는 점입니다. 이사를 한 번 정도밖에 하지 않은 사람도 있겠지만, 이사를 100번 넘게 하는 이사 매니아가 있을 수도 있습니다. 이사 횟수의 상한이 정해져 있다면 그만큼 자기 결합을 반복할 수 있겠지만, 상한이 정해지지 않았다면 그런 방법을 사용할 수 없습니다.

이때 절차 지향형 언어에서 반복문을 사용한다면 문제를 쉽게 풀 수 있습니다. 파일을 name으로 정렬하고, 현재 주소의 레코드부터 출발해서 이전 주소가 없을 때까지 처리를 반복하면 가장 오래된 주소를 찾을 수 있습니다.

SQL에서 계층 구조를 찾는 방법 중 하나는 재귀 공통 테이블 식(recursion com mon table expression)을 사용하는 방법입니다(코드 5-10)[5].

코드 5-10 가장 오래된 주소 검색(PostgreSQL)

```
WITH RECURSIVE Explosion (name, pcode, new_pcode, depth)
AS
(SELECT name, pcode, new_pcode, 1
   FROM PostalHistory
 WHERE name = 'A'
    AND new_pcode IS NULL    -- 검색시작
UNION
SELECT Child.name, Child.pcode, Child.new_pcode, depth + 1
   FROM Explosion AS Parent, PostalHistory AS Child
 WHERE Parent.pcode = Child.new_pcode
    AND Parent.name = Child.name)
 -- 메인 SELECT 구문
SELECT name, pcode, new_pcode
  FROM Explosion
 WHERE depth = (SELECT MAX(depth)
                  FROM Explosion);
```

실행 결과

```
name |  pcode   |  new_pcode
--------+-----------+----------------
 A    | 4130001 | 4130002
```

재귀 공통 테이블 식 Explosion은, A씨에 대해서 현재 주소(new_pcode 필드가 NULL)부터 출발해서 포인터 체인을 타고 올라가 과거의 주소를 모두 찾습니다. 이때 가장 오래된 주소는 재귀 수준이 가장 깊은 레코드이므로, 이를 depth 필드로 찾습니다. depth 필드는 한 번 반복할 때마다 1씩 증가하므로, depth 필드가 가장 큰 것이 가장 재귀 수준이 깊다는 것이지요.

그럼 실행 계획을 확인해봅시다(그림 5-19).

----

5 저자주_ 재귀 공통 테이블 식을 지원하는 DBMS는 2014년 12월을 기준으로 Oracle, DB2, SQL Server, PostgreSQL입니다.

그림 5-19 재귀 공통 테이블 식의 실행 계획(PostgreSQL)

```
CTE Scan on explosion (cost=839.38..839.63 rows=1 width=72)
  Filter: (depth = $3)
  CTE explosion
    ->  Recursive Union (cost=0.00..839.12 rows=11 width=22)
          ->  Index Scan using idx_new_pcode on postalhistory (cost=0.00..8.27 rows=1 width=18)
                Index Cond: (new_pcode IS NULL)
                Filter: (name = 'A'::bpchar)
          ->  Nested Loop (cost=0.00..83.06 rows=1 width=22)
                Join Filter: (parent.name = child.name)
                ->  WorkTable Scan on explosion parent (cost=0.00..0.20 rows=10 width=44)
                ->  Index Scan using idx_new_pcode on postalhistory child (cost=0.00..8.27 rows=1 width=18)
                      Index Cond: (new_pcode = parent.pcode)
  InitPlan 2 (returns $3)
    ->  Aggregate (cost=0.25..0.26 rows=1 width=4)
          ->  CTE Scan on explosion (cost=0.00..0.22 rows=11 width=4)
```

'Recursive Union'이 재귀 연산을 의미합니다. 이 쿼리는 몇 번을 이사해도 대응할 수 있다는 점에서 굉장히 유연합니다[6]. 중간에 'WorkTable'이라는 말이 나오는데요. 이는 Explosion 뷰에 여러 번 접근하므로 일시 테이블로 만들었다는 것을 나타냅니다. 이렇게 만들어진 일시 테이블과 원래 PostalHistory 테이블은, 인덱스 'idx_new_pcode'를 사용해 Nested Loops를 수행하므로 꽤 효율적인 계획입니다. 이 실행 계획은 Oracle에서도 거의 같습니다(코드 5-11, 그림 5-20).

---

6 저자주_ 구현에서 결정하는 재귀 연산 최대 수만큼 대응할 수 있습니다.

코드 5-11 가장 오래된 주소를 검색(Oracle)

```
WITH Explosion (name, pcode, new_pcode, depth)
AS
(SELECT name, pcode, new_pcode, 1
   FROM PostalHistory
  WHERE name = 'A'
    AND new_pcode IS NULL    -- 검색시작
UNION ALL
 SELECT Child.name, Child.pcode, Child.new_pcode, depth + 1
   FROM Explosion Parent, PostalHistory Child
  WHERE Parent.pcode = Child.new_pcode
    AND Parent.name = Child.name)
   -- 메인 SELECT 구문
SELECT name, pcode, new_pcode
  FROM Explosion
 WHERE depth = (SELECT MAX(depth)
                 FROM Explosion);
```

그림 5-20 재귀 공통 테이블 식의 실행 계획(Oracle)

Id	Operation	Name	Rows	Bytes	Cost (%CPU)	Time
0	SELECT STATEMENT		3	102	9 (23)	00:00:01
1	TEMP TABLE TRANSFORMATION					
2	LOAD AS SELECT	SYS_TEMP_0FD9D6609_6829E				
3	UNION ALL (RECURSIVE WITH) BREADTH FIRST					
*4	TABLE ACCESS FULL	POSTALHISTORY	1	15	2 (0)	00:00:01
5	NESTED LOOPS					
6	NESTED LOOPS		2	80	3 (0)	00:00:01
7	RECURSIVE WITH PUMP					
*8	INDEX RANGE SCAN	IDX_NEW_PCODE	3		0 (0)	00:00:01
*9	TABLE ACCESS BY INDEX ROWID	POSTALHISTORY	2	30	1 (0)	00:00:01
*10	VIEW		3	102	2 (0)	00:00:01
11	TABLE ACCESS FULL	SYS_TEMP_0FD9D6609_6829E	3	102	2 (0)	00:00:01
12	SORT AGGREGATE		1	13		
13	VIEW		3	39	2 (0)	00:00:01
14	TABLE ACCESS FULL	SYS_TEMP_0FD9D6609_6829E	3	102	2 (0)	00:00:01

'SYS_TEMP_0FD9D6609_6829E'라는 이름의 객체가 Explosion 뷰를 의미합니다[7]. 이후 인덱스를 사용해 Nested Loops를 사용한다는 점도 같습니다.

이 방법은 표준 SQL에 포함되어 있는 내용이므로 구현에 의존적이지 않습니다. 다만 재귀 공통 테이블은 비교적 최근에 만들어진 기능이므로 아직 구현되지 않았거나, 실행 계획이 최적화되지 않은 DBMS가 있습니다. 이러한 경우 사용할 수 있는 대체 수단을 바로 살펴봅시다.

– 중첩 집합 모델

SQL에서 계층 구조를 나타내는 방법은 크게 3가지가 있습니다.

> ❶ 인접 리스트 모델[8]
> ❷ 중첩 집합 모델
> ❸ 경로 열거 모델

❶은 앞에서 살펴본 방법으로, RDB가 탄생하기 이전부터 계층 구조를 표현하는 전통적인 방법으로 사용되었습니다. ❸은 갱신이 거의 발생하지 않은 경우에 힘을 발휘하는 방법이므로, 이번 예제에서는 알맞지 않아 설명을 생략했습니다. 중요한 것은 ❷의 중첩 집합 모델입니다. 이 방법의 포인트는 각 레코드의 데이터를 집합(원)으로 보고, 계층 구조를 집합의 중첩 관계로 나타낸다는 것입니다. 말로 설명하는 것보다 실제로 살펴보는 것이 이해가 빠를 것입니다. [코드 5-12]의 SQL을 실행해서 [그림 5-21]과 같은 테이블을 만들어주세요.

코드 5-12 우편번호의 이력 테이블(PostralHistory2) 정의

```
CREATE TABLE PostalHistory2
 (name CHAR(1),
 pcode CHAR(7),
  lft  REAL NOT NULL,
  rgt  REAL NOT NULL
```

----

7 저자주_ 이 이름은 Oracle이 임의로 할당하는 것이므로 실행할 때마다 바뀔 수 있습니다.
8 저자주_ 인접 목록 모델이라고도 부릅니다.

```
      CONSTRAINT pk_name_pcode2 PRIMARY KEY(name, pcode),
      CONSTRAINT uq_name_lft UNIQUE (name, lft),
      CONSTRAINT uq_name_rgt UNIQUE (name, rgt),
      CHECK(lft < rgt));

INSERT INTO PostalHistory2 VALUES ('A',     '4130001',   0,    27);
INSERT INTO PostalHistory2 VALUES ('A',     '4130002',   9,    18);
INSERT INTO PostalHistory2 VALUES ('A',     '4130103',  12,    15);
INSERT INTO PostalHistory2 VALUES ('B',     '4130041',   0,    27);
INSERT INTO PostalHistory2 VALUES ('C',     '4103213',   0,    27);
INSERT INTO PostalHistory2 VALUES ('C',     '4380824',   9,    18);
```

그림 5-21 우편번호의 이력 테이블(PostralHistory2)

PostalHistory2(우편번호 이력)

name(사람 이름)	pcode(현재 우편번호)	lft	rgt
A	4130001	0	27
A	4130002	9	18
A	4130103	12	15
B	4130041	0	27
C	4103213	0	27
C	4380824	9	18

이 모델에서는 우편번호의 데이터를 수치선 상에 존재하는 원으로 생각합니다. lft
와 rgt는 원의 왼쪽 끝과 오른쪽 끝에 위치하는 좌표를 나타냅니다. 좌표값은 대
소 관계만 적절하다면 임의의 값을 사용할 수 있습니다(정수일 필요도 없습니다).
그리고 이사할 때마다 새로운 우편번호가 이전의 우편번호 '안에' 포함되는 형태
로 추가합니다. 이렇게 하면 A씨의 우편번호 3개의 포함 관계가 [그림 5-22]처
럼 나타납니다.

그림 **5-22** 중첩 집합을 사용한 계층 구조 표현

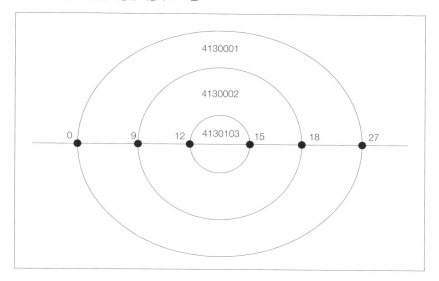

이때 새로 삽입하는 우편번호의 좌표는 외측 원의 왼쪽 끝과 오른쪽 끝의 좌표를 사용해 결정됩니다. 예를 들어 외측의 우편번호의 왼쪽 끝 좌표를 plft, 오른쪽 끝 좌표를 prgt라고 한다면, 다음과 같은 수식에 따라 자동적으로 노드의 좌표를 연산합니다.

- 추가되는 노드의 왼쪽 끝 좌표 = (plft * 2 + prgt) / 3   ······ (a)
- 추가되는 노드의 오른쪽 끝 좌표 = (plft + prgt * 2) / 3   ······ (b)

따라서 plft와 prgt로 3개의 구간을 분할할 수 있는 2개의 좌표를 찾는 것입니다. lft와 rgt의 자료형은 실수형(REAL)인데요. DBMS의 정밀 범위 내에서는 낮은 비용으로도 중첩을 얼마든지 할 수 있습니다.

이러한 중첩 모델의 테이블에서는, A씨의 가장 오래된 주소를 굉장히 간단한 SQL 구문으로 찾을 수 있습니다. 가장 바깥쪽에 있는 원을 찾기만 하면 되니까요. 이때 가장 바깥쪽에 있는 원이란, 다른 어떠한 원에도 포함되지 않는 원을 나타냅니다. 따라서 NOT EXISTS를 사용하면 쉽게 구할 수 있습니다(코드 5-13). '왼쪽 끝의 좌표가 다른 모든 원의 왼쪽 끝 위치보다 작은'이라는 조건을 사용했습니다.

코드 5-13 가장 외부에 있는 원 찾기

```
SELECT name, pcode
  FROM PostalHistory2 PH1
 WHERE name = 'A'
   AND NOT EXISTS
       (SELECT *
          FROM PostalHistory2 PH2
         WHERE PH2.name = 'A'
           AND PH1.lft > PH2.lft);
```

실행 계획도 함께 살펴봅시다(그림 5-23, 그림 5-24).

그림 5-23 중첩 집합 모델의 실행 계획(PostgreSQL)

```
Nested Loop Anti Join (cost=0.00..2.27 rows=2 width=10)
   Join Filter: (ph1.lft > ph2.lft)
   -> Seq Scan on postalhistory2 ph1 (cost=0.00..1.08 rows=3 width=14)
         Filter: (name = 'A'::bpchar)
   -> Materialize (cost=0.00..1.09 rows=3 width=4)
       -> Seq Scan on postalhistory2 ph2 (cost=0.00..1.08 rows=3 width=4)
           Filter: (name = 'A'::bpchar)
```

그림 5-24 중첩 집합 모델의 실행 계획(Oracle)

Id	Operation	Name	Rows	Bytes	Cost (%CPU)	Time
0	SELECT STATEMENT		2	42	5 (0)	00:00:01
1	NESTED LOOPS ANTI		2	42	5 (0)	00:00:01
2	TABLE ACCESS BY INDEX ROWID	POSTALHISTORY2	2	26	2 (0)	00:00:01
*3	INDEX RANGE SCAN	PK_NAME_PCODE2	2		1 (0)	00:00:01
*4	TABLE ACCESS BY INDEX ROWID	POSTALHISTORY2	1	8	2 (0)	00:00:01
*5	INDEX RANGE SCAN	UQ_NAME_LFT	1		1 (0)	00:00:01

Oracle과 PostgreSQL 모두 외측 테이블(PH1)과 내측 테이블(PH2)을 한 번만 Nested Loops로 결합하는 실행 계획입니다[9]. 재귀 연산을 사용하지 않았다는 것에 주목해주세요. PostgreSQL에서는 테이블의 풀 스캔이 수행되지만, 이는 테이블의 레코드 수가 적기 때문입니다. 레코드 수가 많다면 Oracle과 마찬가지로 인덱스를 사용한 계획을 세웁니다. 따라서 테이블의 레코드 수가 늘어나도 처리 시간이 완만하게 늘어날 것입니다. 이러한 중첩 집합의 코드가 재귀보다 빠를지 단순하게 판단할 수는 없습니다만, 일반적인 코딩에서는 없는 모델(엔티티 구조)의 관점으로 문제를 해결할 수도 있다는 것에 일단 주목해주세요. 이러한 관점과 관련된 효율화는 9장에서 다루도록 하겠습니다.

....

9 저자주_ PostgreSQL과 Oracle 모두 'NESTED LOOPS' 뒤에 'ANTI'라는 글자가 붙은 것을 확인할 수 있습니다. 일반적인 결합이 조건에 일치하는 것을 찾는 것에 반해, 이번에는 NOT EXISTS를 사용했으므로 조건이 일치하지 않는 레코드를 찾기 때문입니다. 일치하지 않는 레코드를 찾은 시점에 PH2 테이블의 검색을 중단하고 건너뛰기 때문에 EXISTS보다 고속으로 처리하게 되는데, 이러한 중첩 구조에서 굉장히 좋은 조건입니다. 참고로 실행 계획은 환경에 따라 다를 수 있으므로, 독자 여러분의 환경에서는 다른 실행 계획이 나타날 수도 있습니다.

17강

바이어스의 공죄

이번 5장을 마치면서, 시스템 세계에 반복 의존적인 '반복계' 프로그램이 넘치는 이유에 관해 생각해보겠습니다.

5장의 서두 부분에서 '반복문 의존적인 병'이라고 말했습니다. 하지만 사실 병이라고는 해도, 100% 나쁜 병은 아닙니다. 이번 장에서 살펴보았던 것처럼 반복계에도 장점은 있습니다. 절차 지향에서 집합 지향적인 패러다임으로의 변화를 강요하고자 굳이 '병'이라는 선동적인 단어를 사용한 것뿐입니다. 어떻게 보면 바이어스(색안경)을 끼고 살펴보았다고 할 수 있지요. 그리고 사실 인간이라는 존재는 원래 바이어스 없이는 사물을 관찰하고 분석할 수 없습니다. 즉, 바이어스를 갖는 것 자체가 나쁜 것은 아닙니다. 단지 하나의 바이어스에 너무 열중해버리면, 다른 관점에서 사물을 생각할 수 없습니다. 바이어스는 이러한 점에서 마치 저주와 같은 것입니다. 우리의 사고방식을 규정하고 묶기 때문입니다.

누구나 적어도 한 번 이상은 반복에 의존하는 병에 걸립니다. 이는 절차 지향형 언어와 파일 시스템의 심리 모델이기 때문입니다. 프로그래밍을 공부할 때, 다들 절차 지향형 언어로 공부를 시작합니다. 절차 지향형 언어는 대부분 파일을 열고, 레코드를 한 줄씩 읽고 비즈니스 로직을 처리하고, 최종적으로 파일을 닫습니다. 이러한 처리 모델이 절차 지향형 프로그래밍의 기본입니다. 문제는 이러한 모델이 너무 강력하다 보니, 모든 문제에 대한 최고의 솔루션으로 보이는 것 같은 착각을 일으킵니다. 심리학에는 '망치라는 도구만을 가지고 있는 사람에게는 모든 문제가 못으로 보인다'라는 말이 있습니다. 반복은 너무나도 강력한 망치입니다.

SQL은 이번 5장의 서두에서 소개한 Codd의 말처럼 '절차 지향형에서의 탈출'을 목표로 설계된 언어입니다. DBMS도 내부적으로는 절차 지향형 언어로 만들어져, 실제로 물리 데이터 접근 등은 모두 절차 지향적인 방법으로 수행됩니다. 하지만 이러한 절차적 계층을 은폐하는 것이 SQL의 이념입니다[1]. 따라서 우리는 SQL을 사용할 때 절차 지향적이라는 이념에서 탈출해야 합니다. 하지만 이는 많은 엔지니어에게 부담스러운 일입니다. 많은 이들이 SQL을 싫어하는 이유 중 하나이기도 하죠. '반복계'는 이러한 SQL의 세계에서 은폐되어 있는 절차 지향형 세계로 귀환할 수 있는 좋은 해결 방법입니다.

그림 5-25 절차 지향형 샌드위치 구조

하지만 정말로 RDB에서 고성능을 실현하고 싶다면, 절차 지향적인 바이어스를 떼어내고 자유로워질 필요가 있습니다. 그러면서 반복계와 포장계의 장점과 단점을 고려하고, 어떤 처리 방식을 채택할지를 냉정하게 판단해야 합니다. 집합 지향 사고방식은 반드시 필요합니다. SQL이 가진 강력한 도구와 튜닝 방법을 활용하려면 반드시 집합 지향의 사고방식을 가지기 바랍니다.

---

1 저자주_ 결합 알고리즘 중 하나인 Nested Loops의 실행 계획을 보면 '결국 SQL도 내부적으로는 하나의 레코드씩 처리하는구나'라고 생각할 수 있을 것입니다.

마치며

- 우리는 모두 반복문 의존증에 걸려있음

- SQL은 의도적으로 반복문을 설계에서 제외했음

- 반복계는 성능적으로 큰 결점을 가지고 있지만, 몇 가지 장점도 있음

- 하지만 반복계는 성능 튜닝 가능성이 거의 없으므로 사용할 때 주의가 필요

- 여기에서도 트레이드오프를 고려해서, 반복계와 포장계 중에 어떤 것을 채용할지 판단할 필요
  가 있음

연습문제

해답은 394p

[코드 5-3]과 같은 SQL 구문을 상관 서브쿼리로 만들어보세요

6장

결합

결합을 지배하는 자가 SQL을 지배한다

RDB를 사용하는 시스템이라면 결합(join)이라는 연산을 사용할 것입니다. RDB는 설계적으로 정규화[1]라는 프로세스를 거치므로 테이블 수가 많아집니다. 따라서 여러 개의 테이블에 산재하는 데이터를 통합하려면 '역정규화'하거나 결합을 사용합니다.

결합 연산은 SQL의 연산 중 비교적 이해하기 쉬운 연산입니다. 적어도 상관 서브쿼리 또는 CASE 식에 비하면, 테이블과 테이블을 연결해서 테이블을 만든다는 간단한 조작이라고 할 수 있지요. 하지만 결합은 종류가 굉장히 많아서 어떤 경우에 어떤 결합을 써야 하는지 헷갈리는 경우도 많습니다.

이번 6장에서는 일단 SQL의 결합을 간단하게 살펴보고, 어떤 종류의 결합이 어떻게 작동하는지 정리하겠습니다. 이때 중점적으로 다룰 것은 내부 결합과 외부 결합의 차이입니다. 이어서 결합을 할 때 어떤 알고리즘이 사용되는지 설명합니다. 결합 알고리즘은 결합의 성능을 결정하고, SQL 전체의 성능을 좌우하는 요인이므로 굉장히 중요합니다. 여기에서 기본이 되는 알고리즘이 바로 다중 루프(Nested Loop)입니다.

결합은 데이터베이스 엔지니어에게 굉장히 익숙한 연산입니다. 하지만 DBMS 내부에서 어떤 결합 알고리즘이 쓰이는지까지 의식하는 사용자는 많지 않습니다. 사실 그런 것을 의식하지 않고 사용하는 것이 유저 입장에서는 편리하지만, 성능이 중요한 쿼리는 결합 알고리즘을 최적화할 필요가 있습니다.

----

* 저자주_ 갱신 때 데이터 정합성을 유지하고자 데이터를 정형화하고, 키가 되는 필드와 그 이외의 필드와의 관계를 명확히 하는 것을 말합니다. 이러한 정규화를 거치면 테이블을 분할하게 됩니다.

18강

기능적 관점으로 구분하는 결합의 종류

SQL에는 '결합'이라는 이름이 붙은 연산이 굉장히 많습니다.

- 크로스 결합
- 내부 결합
- 외부 결합
- 자기 결합
- 등가 결합/비등가 결합
- 자연 결합

이들 중 기능적인 관점으로 분류한 것이 크로스 결합, 내부 결합, 외부 결합입니다. 이 세 가지는 생성되는 결과의 형태에 따라 이름 지어졌으며, 각각의 이름이 서로 관련 있습니다. 이 세 가지는 서로 배타적인 분류이므로 '내부 결합이면서 외부 결합이다'라는 조합은 없습니다. 그에 대해서는 이후 자세하게 다루겠습니다.

등가 결합/비등가 결합은 결합 조건으로 등호(=)를 사용하는지, 이 이외의 부등호(>, >= 등)를 사용하는지의 차이를 의미합니다. 따라서 '외부 결합이면서 비등가 결합이다'라는 조합은 가능합니다. 마지막으로 자연 결합은 가장 자주 사용하는 '내부 결합이면서 등가 결합'이라는 조합을 간단하게 작성하는 것입니다(컬럼 「자연 결합 구문」참고)

"그럼 자기 결합은?"이라고 궁금해할 수 있는데요. 개인적으로는 자기 결합을 하나의 결합 카테고리로 구분할 필요가 없다고 생각합니다. 이유는 나중에 설명하겠습니다.

이번 장에서는 연산의 타입이라는 관점에서 크로스 결합, 내부 결합, 외부 결합을 다룹니다(자기 결합은 본문에서도 언급했던 것처럼, 필자 개인적으로는 독자적인 카테고리를 만들 필요가 없다고 생각합니다).

본문에서는 다루지 않았지만 '~ 결합'이라고 이름붙여진 연산 중 '자연 결합(natural join)'이 있습니다. 이는 다음과 같은 구문으로 기술합니다.

```
SELECT *
  FROM Employees NATURAL JOIN Departments;
```

자연 결합은 결합 조건을 따로 기술하지 않고, 암묵적으로 같은 이름의 필드가 등호로 결합됩니다. 따라서 이를 일반적인 내부 결합으로 쓰면 다음과 같습니다.

```
SELECT *
  FROM Employees E INNER JOIN Departments D
    ON E.dept_id = D.dept_id;
```

자연 결합은 SQL 표준에 정의되어 있는 구문이므로 모든 DBMS에서 사용할 수 있습니다. 하지만 굳이 사용할 필요는 없다고 생각합니다. 자연 결합은 자주 사용하는(=자연스러운) 등가 결합을 짧게 쓸 수 있다는 것이 장점입니다. 하지만 실제로 내부 결합으로 써도 딱히 써야할 양이 많아지는 것은 아닙니다. 또한 필드 이름이 다르거나 자료형이 다르면 적용할 수 없어 확장성이 떨어집니다. 추가로 테이블 정의를 제대로 이해하지 않고 있다면, 문장을 보았을 때 결합 조건이 무엇인지 잘 알 수 없으므로 가독성도 좋지 않습니다.

이러한 자연 결합과 내부 결합의 중간적인 형태로 USING 구라는 것도 있습니다. 앞의 두 개와 같은 쿼리를 USING 구로 나타내면 다음과 같습니다.

```
SELECT *
  FROM Employees INNER JOIN Departments
 USING (dept_id);
```

이러한 USING 구도 표준 SQL에 정의되어 있지만, 등가 조건밖에 표현할 수 없고, 테이블의 필드 이름이 다른 경우에는 사용할 수 없으므로, 자연 결합과 같은 기능적 제한을 가집니다. 물론 결합식에서 사용하는 필드 이름을 명시적으로 나타낸다는 점에서 가독성은 자연 결합보다 좋다고 할 수 있습니다.

결론적으로 특별한 사정이 없다면, 그냥 내부 결합을 사용할 것을 추천합니다.

1. 크로스 결합 – 모든 결합의 모체

그럼 크로스 결합(cross join)부터 살펴보겠습니다. 처음부터 대놓고 말하자면, 크로스 결합은 실무에서 사용할 기회가 거의 없습니다. 아마 이 책을 읽는 독자 중에서도 지금까지 한 번도 사용해보지 않았거나, 아예 존재 자체를 모르던 분도 있을 것입니다. 그럼에도 크로스 결합을 살펴보는 이유는 크로스 결합이 결합이라는 연산을 이해하는 지름길이기 때문입니다. 마치 급하면 돌아가라는 속담처럼 말이지요.

– 크로스 결합의 작동

예제로 사용할 테이블은 [그림 6–1]처럼 간단한 형태입니다. 이러한 테이블은 [코드 6–1]로 생성합니다.

그림 6-1 크로스 결합을 위한 사원 테이블과 부서 테이블

Employees(사원)

emp_id(사원 ID)	emp_name(사원 이름)	dept_id(부서 ID)
001	하린	10
002	한미루	11
003	사라	11
004	중민	12
005	웅식	12
006	주아	12

Department(부서)

dept_id(부서 ID)	dept_name(부서 이름)
10	총무
11	인사
12	개발
13	영업

코드 6-1 크로스 결합을 위한 샘플 테이블 정의

```
CREATE TABLE Employees
(emp_id    CHAR(8),
 emp_name  VARCHAR(32),
 dept_id   CHAR(2),
     CONSTRAINT pk_emp PRIMARY KEY(emp_id));

CREATE TABLE Departments
(dept_id   CHAR(2),
 dept_name VARCHAR(32),
     CONSTRAINT pk_dep PRIMARY KEY(dept_id));
```

사원과 소속 부서를 관리하는 테이블인데요. 이 두 개의 테이블에 크로스 결합을 적용하는 구문이 [코드 6−2]입니다.

코드 6-2 크로스 결합

```
SELECT *
  FROM Employees
         CROSS JOIN
       Departments;
```

그럼 여기서 간단한 문제입니다. 결과의 레코드 수는 몇 개일까요? 크로스 결합의 정의를 알고 있는지를 확인하는 문제입니다. 함정 같은 것을 만들지 않았으므로, 깊게 생각하지 않아도 된답니다.

정답은 24개의 레코드입니다. 계산하는 방법은 회사 테이블의 레코드 6개와 부서 테이블의 레코드 4개를 곱하는 것(6×4)입니다. 결과를 모두 표시하면 [그림 6−2] 와 같습니다.

그림 6-2 크로스 결합의 실행 결과

```
emp_id | emp_name | dept_id | dept_id | dept_name
-------+----------+---------+---------+----------
001    | 하린      | 10      |10       | 총무
001    | 하린      | 10      |11       | 인사
001    | 하린      | 10      |12       | 개발
001    | 하린      | 10      |13       | 영업
002    | 한미루     | 11      |10       | 총무
002    | 한미루     | 11      |11       | 인사
002    | 한미루     | 11      |12       | 개발
002    | 한미루     | 11      |13       | 영업
003    | 사라      | 11      |10       | 총무
003    | 사라      | 11      |11       | 인사
003    | 사라      | 11      |12       | 개발
003    | 사라      | 11      |13       | 영업
004    | 중민      | 12      |10       | 총무
004    | 중민      | 12      |11       | 인사
004    | 중민      | 12      |12       | 개발
004    | 중민      | 12      |13       | 영업
005    | 웅식      | 12      |10       | 총무
005    | 웅식      | 12      |11       | 인사
005    | 웅식      | 12      |12       | 개발
005    | 웅식      | 12      |13       | 영업
006    | 주아      | 12      |10       | 총무
006    | 주아      | 12      |11       | 인사
006    | 주아      | 12      |12       | 개발
006    | 주아      | 12      |13       | 영업
```

크로스 결합은 수학에서 데카르트 곱이라고 불리는 연산으로, 2개 테이블의 레코드에서 가능한 모든 조합을 구하는 연산입니다. 따라서 사원 테이블 1개에 대해 부서 테이블 4개가 결합하므로 6×4=24가 됩니다.

– 크로스 결합이 실무에서 사용되지 않는 이유

크로스 결합이 실무에서 사용되지 않는 이유는 다음과 같은 두 가지입니다.

- 이러한 결과가 필요한 경우가 없다.
- 비용이 매우 많이 드는 연산이다.

결과적으로 많은 레코드가 나오는 것을 보면 알 수 있듯이, 크로스 결합은 결합 연

산 중에서도 비용이 가장 많이 드는 연산입니다. 실행 시간이 매우 길어서 하드웨어 리소스도 많이 소비합니다. 성능적 관점에서 보면 좋을 것이 없는 연산입니다.

– 실수로 사용한 크로스 결합

크로스 결합이 실무 쿼리에 나타나는 가장 흔한 경우는 [코드 6-3]처럼 오래된 결합 구문을 사용할 때 실수로 결합 조건을 적지 않을 때입니다.

코드 6-3 실수로 사용한 크로스 결합 : WHERE 구로 결합 조건을 지정하지 않음

```
SELECT *
  FROM Employees,Departments;
```

이 경우, 결합 조건이 없으므로 DBMS는 어쩔 수 없이 두 개의 테이블에서 나올 수 있는 모든 조합을 만들어버립니다. 이는 크로스 결합을 실수로 사용한 형태입니다. 테이블의 크기가 크다면 아무리 기다려도 결과가 나오지 않는 비극이 생길 수 있습니다(물론 언젠가는 나오겠지요). 이런 코드를 보고 "결합 조건을 지정하지 않고 사용하다니, 바보잖아...."라고도 생각할 수 있습니다. 물론 쿼리에서 사용하는 테이블이 2개 정도라면 이런 실수를 하지 않을 것입니다. 하지만 실제로 테이블 3개 이상을 결합하는 경우도 많은데요. 이러한 때는 결합 조건도 여러 개 기술해줘야 합니다. 그때 이러한 실수가 생길 수 있습니다.

이러한 실수를 막으려면 표준 SQL에 맞게 결합 구문을 사용하는 것이 좋습니다. 'INNER JOIN'과 같은 표준 SQL 구문에서는 결합 조건이 없으면 구문 오류가 발생합니다. 따라서 DBMS가 실행을 거부하므로 실수를 미연에 방지할 수 있습니다. 표준을 지키면 이렇게 실수를 방지할 수 있는 장점도 있는 것이지요. 다만 크로스 결합이 의도하지 않게 발생하는 경우가 있는데요. 이러한 경우는 이후에 자세히 설명하겠습니다.

어쨌거나 실무에서 사용할 일이 전혀 없는 크로스 결합을 처음부터 설명한 것은 크로스 결합이 다른 모든 결합 연산의 모체이기 때문입니다. 이를 기준으로 내부 결합과 외부 결합을 살펴보면 쉽게 이해할 수 있답니다.

2. 내부 결합 – 왜 '내부'라는 말을 사용할까?

내부 결합(inner join)은 가장 많이 사용되는 조합 중 하나입니다. 대부분의 SQL 관련 책이 결합을 설명할 때 내부 결합부터 시작하는데요. 많이 사용하는 결합이므로 이미 구문을 알고 있는 독자 분도 있을 것입니다. 그래도 일단 구문부터 소개하겠습니다. 데이터는 이전에 사용했던 샘플 데이터를 계속 사용하겠습니다.

– 내부 결합의 작동

[그림 6-1]의 사원 테이블만으로는 사원의 부서 이름을 알 수 없습니다. 현재 알수 있는 것은 부서 ID 뿐입니다. 부서 이름을 알려면 부서 테이블의 부서 이름(dept_name) 필드에 있는 정보를 가져와야 합니다. 따라서 결합을 사용해야 하는데요. 이때 결합 키는 양쪽 테이블 모두에 존재하는 부서 ID(dept_id) 필드를 사용합니다(코드 6-4).

코드 6-4 내부 결합을 실행

```
SELECT E.emp_id, E.emp_name, E.dept_id, D.dept_name
  FROM Employees E INNER JOIN Departments D
    ON E.dept_id = D.dept_id;
```

실행 결과

```
emp_id | emp_name | dept_id | dept_name
-------+----------+---------+-----------
001    | 하린      | 10      | 총무
002    | 한미루     | 11      | 인사
003    | 사라      | 11      | 인사
004    | 중민      | 12      | 개발
005    | 웅식      | 12      | 개발
006    | 주아      | 12      | 개발
```

이 결과와 앞에서 본 크로스 결합의 결과를 비교해보면, 내부 결합의 결과는 모두 크로스 결합 결과의 일부(부분 집합)라는 것을 알 수 있습니다(그림 6-3).

그림 6-3 내부 결합의 결과는 반드시 크로스 결합의 부분 집합

emp_id(사원 ID)	emp_name(사원 이름)	dept_id(부서 ID)	dept_id(부서 ID)	dept_name(부서 이름)
001	하린	10	13	영업
001	하린	10	12	개발
001	하린	10	11	인사
001	하린	10	10	총무
002	한미루	11	13	영업
002	한미루	11	12	개발
002	한미루	11	10	총무
002	한미루	11	11	인사
003	사라	11	11	인사
003	사라	11	12	개발
003	사라	11	13	영업
003	사라	11	10	총무
004	중민	12	11	인사
004	중민	12	12	개발
004	중민	12	13	영업
004	중민	12	10	총무
005	웅식	12	12	개발
005	웅식	12	11	인사
005	웅식	12	10	총무
005	웅식	12	13	영업
006	주아	12	11	인사
006	주아	12	10	총무
006	주아	12	13	영업
006	주아	12	12	개발

※ 색칠한 부분이 내부 결합에서의 결과

이것이 내부 결합에서 내부라는 용어를 사용하는 이유입니다. 내부는 '데카르트 곱의 부분 집합'이라는 의미입니다. 가장 쉽게 내부 결합을 구하는 알고리즘을 만든다면 크로스 결합으로 결과를 내고 결합 조건으로 필터링하는 것입니다. 물론 DBMS는 이런 무식한 알고리즘을 사용하지는 않습니다. 크로스 결합 자체에 많은 비용이 들기 때문입니다. 따라서 실제로는 처음부터 결합 대상을 최대한 축소하는 형태로

작동합니다. 상세한 내용은 뒤에서 설명할 '결합 알고리즘과 성능'에서 설명합니다.

– 내부 결합과 같은 기능을 하는 상관 서브쿼리

내부 결합은 기능적으로 상관 서브쿼리를 사용해 대체 가능한 경우가 많습니다. 예를 들어 [코드 6-4]의 코드를 상관 서브쿼리로 만든다면 [코드 6-5]와 같습니다.

코드 6-5 코드 6-4를 상관 서브쿼리로 작성

```
SELECT E.emp_id, E.emp_name, E.dept_id,
       (SELECT D.dept_name
           FROM Departments D
         WHERE E.dept_id = D.dept_id) AS dept_name
  FROM Employees E;
```

처음 이러한 형태를 보면 당황하는 사람도 있지만, 실질적인 논리 자체는 외형처럼 교묘한 내용이 아닙니다. emp_id, emp_name, dept_id라는 3개의 필드는 평범하게 사원 테이블에서 선택할 뿐입니다. 중요한 부분은 부서 이름(dept_name)을 선택하는 마지막 줄입니다. 상관 서브쿼리 내부에서 결합 조건을 기술하고 있는데요. dept_id는 부서 테이블의 기본 키이므로, 이를 조건으로 지정하면 레코드가 한 개로 한정될 것이 보장됩니다(이것이 기본 키의 정의니까요!). 따라서 기본 키를 사용하면 상관 서브쿼리를 스칼라 서브쿼리[1]로 사용할 수 있습니다.

그럼 내부 결합과 상관 서브쿼리 중 무엇을 사용하는 것이 좋을까요? 기본적으로는 결합을 사용하는 것이 좋습니다. 상관 서브쿼리를 스칼라 서브쿼리로 사용하면 결과 레코드 수만큼 상관 서브쿼리를 실행해 비용이 꽤 높아집니다.

3. 외부 결합 – 왜 '외부'라는 말을 사용할까?

외부 결합(outer join)은 내부 결합과 함께 자주 사용되는 결합입니다. '내부'와 '외부'라는 명칭이 나타내는 것처럼 내부 결합과 외부 결합은 배타적인 연산입니다. '내부'가 '데카르트 곱의 부분 집합'이라는 의미를 함축한 것이었으므로, '외부'는 '데

---

1 저자주_ 리턴값이 하나의 단일값('스칼라값'이라고 부릅니다)인 쿼리입니다. 이러한 성질로 SELECT 구문에 사용할 수 있습니다.

카르트 곱의 부분 집합이 아니다'라는 의미입니다. 다만, 데이터 상태에 따라 **경우에 따라서는 데카르트 곱의 부분 집합**이 되기도 합니다. 이와 관련된 내용은 이후에 예제를 보면서 확인해봅시다.

– 외부 결합의 작동

외부 결합은 다음과 같이 세 가지 종류가 있습니다.

- 왼쪽 외부 결합
- 오른쪽 외부 결합
- 완전 외부 결합

왼쪽 외부 결합과 오른쪽 외부 결합은 실질적으로 같은 기능을 가집니다. 마스터가 되는 테이블을 왼쪽에 적으면 왼쪽 외부 결합, 오른쪽에 적으면 오른쪽 외부 결합이라는 차이뿐입니다. 예로 [코드 6-6]의 두 가지 코드의 결과는 완전히 같습니다.

코드 6-6 왼쪽 외부 결합과 오른쪽 외부 결합

```
-- 왼쪽 외부 결합(왼쪽 테이블이 마스터)
SELECT E.emp_id, E.emp_name, E.dept_id, D.dept_name
  FROM Departments D LEFT OUTER JOIN Employees E
    ON D.dept_id = E.dept_id;

-- 오른쪽 외부 결합(오른쪽 테이블이 마스터)
SELECT E.emp_id, E.emp_name, D.dept_id, D.dept_name
  FROM Employees E RIGHT OUTER JOIN Departments D
    ON E.dept_id = D.dept_id;
```

실행 계획

emp_id	emp_name	dept_id	dept_name	
001	하린	10	총무	
002	한미루	11	인사	
003	사라	11	인사	
004	중민	12	개발	
005	웅식	12	개발	
006	주아	12	개발	
NULL	NULL	13	영업	이 레코드는 크로스 결합에서는 생성되지 않았음

※ NULL이라고 표시한 부분은 PostgreSQL 또는 Oracle에서는 그냥 공백으로 표시됩니다. 다만 편의상 보기 쉽게 'NULL'이라고 적은 것입니다. 참고로 MySQL에서는 NULL이라고 표시됩니다.

실행 결과의 마지막 레코드를 보면 알 수 있듯이, 마스터 테이블 쪽에만 존재하는 키가 있을 때는 해당 키를 제거하지 않고 결과에 보존합니다. 따라서 키를 모두 가진 레이아웃의 리포트를 만들 때 자주 사용합니다.

4. 외부 결합과 내부 결합의 차이

실행 결과를 보면 앞에서 본 6개의 레코드는 내부 결합과 결과가 같습니다. 마지막에 보이는 하나의 행만 결과가 다릅니다. 이는 내부 결합은 물론 크로스 결합의 결과에도 없던 레코드입니다. 이 레코드가 바로 '외부 결합'에서의 '외부'의 의미가 됩니다. 외부 결합 결과가 크로스 결합 결과의 부분 집합이 아닌 이유는 이렇게, 외부 결합이 마스터 테이블의 정보를 모두 보존하고자 NULL을 생성하기 때문입니다. 반면 크로스 결합과 내부 결합은 NULL을 생성하지 않습니다.

크로스 결합, 내부 결합, 외부 결합의 관계를 그림으로 나타내면 [그림 6-4]와 같습니다. 내부 결합은 완전하게 크로스 결합에 포함되어 있는 형태이지만, 외부 결합은 크로스 결합에 포함되지 않는 부분이 있습니다.

그림 6-4 크로스 결합, 내부 결합, 외부 결합의 관계

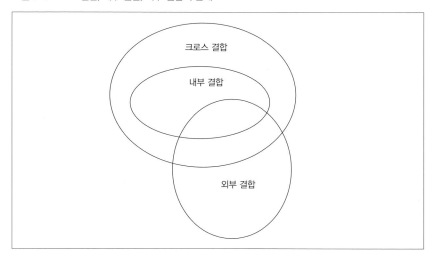

5. 자기 결합 - '자기'란 누구일까?

자기 결합(self join)은 문자 그대로 자기 자신과 결합하는 연산으로, 간단하게 말하면 같은 테이블(또는 같은 뷰)를 사용해 결합하는 것입니다. 이는 앞에서 설명했던 세 종류의 결합과는 분류 자체가 다릅니다. 자기 결합은 생성되는 결과를 기준으로 분류하는 것이 아니라 연산의 대상으로 무엇을 사용하는지에 따른 분류입니다. 따라서 자기 결합은 '자기 결합 + 크로스 결합', '자기 결합 + 외부 결합'과 같은 조합이 가능합니다. 이는 '외부 결합 + 내부 결합'과 같은 조합이 불가능한 것과 대조적이지요.

- 자기 결합의 작동

간단한 문제를 살펴보면서 알아봅시다. [그림 6-5]처럼 한 개 레코드행이 하나의 숫자를 가지는 숫자(digit) 테이블을 준비합니다. 이 테이블에 '자기 결합 + 크로스 결합'을 해보겠습니다. 코드는 [코드 6-7]을 사용합니다.

그림 6-5 자기 결합을 위한 숫자 테이블

Digits

digit(숫자)
0
1
2
3
4
5
6
7
8
9

코드 6-7 자기 결합 + 크로스 결합

```
SELECT D1.digit + (D2.digit * 10) AS seq
  FROM Digits D1 CROSS JOIN Digits D2;
```

그럼 어떤 결과가 나오는지 확인하기 전에 레코드가 몇 개 나올지 예측해보기 바랍니다.

다 되었나요? 답은 100개의 레코드입니다. 크로스 결합의 결과 레코드 수는, 결합 대상이 되는 테이블의 레코드 수를 곱한 것입니다. 현재 예제에서 결합 대상은 Digits(D1)과 Digit(D2)입니다. 양쪽 모두 10개이므로 10×10이 답입니다. 실제 코드를 실행해보면 0부터 99까지 출력합니다(그림 6-6).

그림 6-6 코드 6.7의 실행 결과

[그림 6-6]에서는 결과를 보기 쉽게 순서대로 숫자를 표시했는데요. 당연히 ORDER BY 구문이 없다면 이러한 순서는 보장되지 않습니다.

– 자기 결합의 사고방식

자기 결합을 수행하는 경우는 일반적으로 같은 테이블에 별칭(현재 코드에서는 D1과 D2)를 붙여 마치 다른 테이블인 것처럼 다룹니다. 쿼리의 작동을 파악하기 위한 것만이라면 완전히 다른 테이블로 분리해서 생각해도 상관없습니다. 따라서 D1과 D2를 우연하게 같은 데이터를 저장하고 있는 두 개의 서로 다른 테이블이라고 보면 좋습니다(그림 6-7). 이렇게 하면 [코드 6-7]의 쿼리는 간단하게 D1과 D2를 대상으로 크로스 결합하게 됩니다.

그림 6-7 D1과 D2를 데이터가 동일한, 서로 다른 테이블로 취급

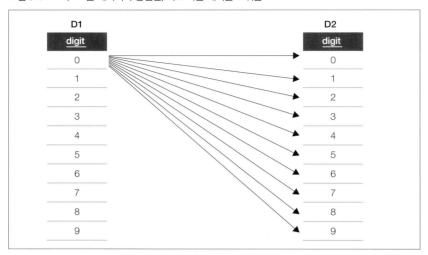

앞에서와 같은 이유로, 결합의 종류로써 자기 결합을 따로 분류할 필요가 없다는 것이 개인적 생각입니다. 물리 레벨에서 보면 같은 테이블과 결합하는 것이지만, 논리 레벨에서 보면 서로 다른 두 개의 테이블을 결합한다고 생각해도 상관없기 때문입니다.

19강

결합 알고리즘과 성능

지금까지 결합으로 생성되는 결과를 바탕으로 결합을 분류해보았습니다. 이제부터는 SQL에서 결합 연산을 수행할 때 내부적으로 선택되는 알고리즘을 바탕으로 결합에 대해 알아보겠습니다.

옵티마이저가 선택 가능한 결합 알고리즘은 크게 다음과 같은 세 가지가 있습니다.

❶ Nested Loops

❷ Hash

❸ Sort Merge

옵티마이저가 어떤 알고리즘을 선택할지 여부는 데이터 크기 또는 결합 키의 분산이라는 요인에 의존합니다. 그중 가장 빈번하게 볼 수 있는 알고리즘은 Nested Loops로, 각종 결합 알고리즘의 기본이 되는 알고리즘입니다. 다음으로 중요한 것은 Hash입니다. Sort Merge는 앞의 두 가지에 비해 중요성이 한 단계 떨어집니다.

이러한 세 가지 알고리즘은 대부분의 DBMS가 지원합니다. 하지만 MySQL처럼 Nested Loops와 그 파생 버전만 지원하고 Hash 또는 Sort Merge를 사용하지 않는 DBMS도 있습니다. 또한 이러한 기본 알고리즘의 파생 버전을 추가적으로 지원하는 DBMS도 있습니다[1]. 이러한 이유로 이후에 DBMS 버전이 오르면 알고

---

1 저자주_ Oracle, PostgreSQL, SQL Server, DB2는 2014년 12월을 기준으로 세 가지 알고리즘을 모두 지원합니다. 추가로 Oracle의 Batching Nested Loops 또는 MySQL의 Batched Key Access Join 등 Nested Loops의 변화 버전을 지원하는 구현도 있지만, 이러한 변형형은 이 책에서 따로 다루지 않으므로, 각 구현의 매뉴얼을 참고하기 바랍니다.

리즘이 바뀌는 경우가 있으므로 항상 자신이 주로 사용하는 DBMS의 최신 동향에 는 주의를 기울이도록 합시다.

1. Nested Loops

– Nested Loops의 작동

Nested Loops는 이름 그대로 중첩 반복을 사용하는 알고리즘입니다. SQL에서 결합은 한 번에 두 개의 테이블만 결합하므로 본질적으로 이중 반복과 같은 의미입 니다. 이를 그림으로 나타내면 [그림 6–8]과 같습니다.

그림 6-8 Nested Loops

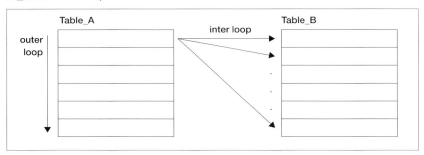

[그림 6–8]의 세부 처리는 구체적으로 다음과 같습니다.

❶ 결합 대상 테이블(Table_A)에서 레코드를 하나씩 반복해가며 스캔합니다. 이 테이블을 구 동 테이블(driving table) 또는 외부 테이블(outer table)이라고 부릅니다[2]. 다른 테이블 (Table_B)은 내부 테이블(inner table)이라고 부릅니다[3].

❷ 구동 테이블의 레코드 하나마다 내부 테이블의 레코드를 하나씩 스캔해서 결합 조건에 맞 으면 리턴합니다.

❸ 이러한 작동을 구동 테이블의 모든 레코드에 반복합니다.

----

2 저자주_ 구동이란 '처리를 시작'한다는 의미이고 외부는 '이중 반복에서 외부에 있는 반복으로 접근되는 것'을 의미합니 다. 가끔 외부 테이블을 '외부 결합에서 사용되는 테이블'이라는 의미로 사용하는데요. 이는 잘못된 표현입니다. 외부 테 이블이 아니라 외측 테이블이라던지 내측 테이블이라고 불러야 합니다. 추가로 내부 테이블에도 영어로는 driven–to table이라는 driving table과 대응되는 이름이 있지만 한국어에서는 '피구동 테이블'이라고 부르지는 않습니다.

3 저자주_ 이중 루프의 안쪽 반복에서 접근한다는 의미입니다.

그렇게 복잡하지 않으므로 쉽게 이해할 수 있을 것입니다. 이러한 Nested Loops 는 다음과 같은 특징이 있습니다.

- Table_A, Table_B의 결합 대상 레코드를 R(A), R(B)라고 하면 접근되는 레코드 수는 R(A) × R(B)가 된다. Nested Loops의 실행 시간은 이러한 레코드 수에 비례한다.[4]
- 한 번의 단계에서 처리하는 레코드 수가 적으므로 Hash 또는 Sort Merge에 비해 메모리 소비가 적다.
- 모든 DBMS에서 지원한다.

Nested Loops는 매우 단순해보일 수 있지만 결합 성능에서 가장 중요한 것이라 해도 과언이 아닌 중요한 알고리즘입니다. 특히 A, B의 어떤 테이블을 구동 테이블로 사용할지가 큰 요인이 됩니다. 간단하게 생각해보면 구동 테이블이 무엇이 되었건간에 접근하는 레코드 수는 R(A) × R(B), R(B) × R(A)로 변하지 않는다고 할 수 있습니다. 하지만 실제로 구동 테이블의 선택은 Nested Loops의 성능에 굉장히 중요한 의미를 가집니다. 구체적으로 말하자면 구동 테이블이 작을수록 Nested Loops의 성능이 좋아집니다[5]. 여기서 중요한 것은 이중 반복의 외측과 내측의 반복 처리가 비대칭이라는 점입니다.

– 구동 테이블의 중요성

Nested Loops의 성능을 개선하는 키워드가 '구동 테이블로는 작은 테이블을 선택하는 것'이라고 들어본 사람이 있을 것입니다. 기본적으로 틀린 방침은 아니지만, 실제로는 전제 조건이 없으면 의미가 없는 말입니다. 왜 구동 테이블이 작을수록 성능적으로 좋을까, 이것이 의미를 가지는 조건은 무엇일까, 그 이유는 무엇일까를 차근차근 알아봅시다.

실제로 앞에서 설명한 Nested Loops의 구조를 전제한다면, 구동 테이블이 어떤 테이블이 되더라도 결과적으로 접근하는 레코드 수는 R(A) × R(B)로 나타나므

---

4 저자주_ Nested Loops에는 몇 가지 버전이 있습니다. 그중에는 스캔 레코드 수가 R(A) × R(B)보다 작아지는 경우도 있습니다. 예를 들어 EXISTS를 사용했을 때의 반결합(Semi-Join) 또는 NOT EXISTS를 사용했을 때의 반결합(Anti-Join)에서는 반드시 내부 테이블의 모든 레코드에 접근할 필요는 없으므로 레코드 수가 감소하는 경향이 있습니다. 하지만 이러한 경우에도 다중 반복이라는 기본 로직은 같습니다. 이처럼 EXISTS를 사용한 경우의 실행 계획은 이번 장의 연습문제에서 다루겠습니다.

5 저자주_ 정확하게는 검색 조건으로 압축된 구동 테이블의 레코드 수가 작을 때입니다.

로, 구동 테이블이 작건 크건 결합 비용에 차이는 없을 것으로 생각할 수 있습니다. 실제로는 이 '구동 테이블을 작게'라는 격언에는 다음과 같은 암묵적인 전제가 포함됩니다.

내부 테이블의 결합 키 필드에 인덱스가 존재

만약 내부 테이블의 결합 키 필드에 인덱스가 존재한다면, 해당 인덱스를 통해 DBMS는 내부 테이블을 완전히 순환하지 않아도 됩니다. 달리 말하면 내부 테이블의 반복을 어느 정도 건너뛸 수 있게 된다는 것입니다(그림 6-9).

그림 **6-9** Nested Loops의 내부 테이블에 인덱스가 있는 경우

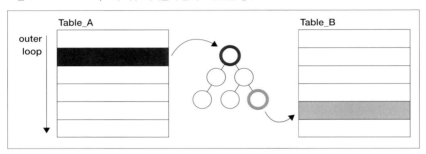

이상적인 경우는 구동 테이블의 레코드 한 개에 내부 테이블의 레코드 한 개가 대응하고, 해당 레코드를 내부 테이블의 인덱스를 사용해 찾을 수 있는 경우(반복없이 찾을 수 있는 경우)입니다. 이렇게 되면 반복을 생략할 수 있습니다. 이 경우 접근하는 레코드 수는 $R(A) \times 2$가 됩니다.

[코드 6-4]에서 다루었던 내부 결합 쿼리를 예로 살펴봅시다(코드 6-8).

코드 **6-8** 내부 결합을 실행(다시 게재)

```
SELECT E.emp_id, E.emp_name, E.dept_id, D.dept_name
  FROM Employees E INNER JOIN Departments D
    ON E.dept_id = D.dept_id;
```

이때 [그림 6-10], [그림 6-11]처럼 내부 테이블의 결합 키 인덱스(department_pkey, PK_DEP)가 사용된다면 내부 테이블의 반복을 생략할 수 있으므로 Nested

Loops가 빨라집니다[6].

그림 6-10 내부 테이블의 인덱스가 사용되는 Nested Loops(PostgreSQL)

```
Nested Loop (cost=0.15..150.90 rows=510 width=212)
  -> Seq Scan on employees e (cost=0.00..15.10 rows=510 width=130)
  -> Index Scan using departments_pkey on departments d (cost=0.15..0.26 rows=1 width=94)
       Index Cond: (dept_id = e.dept_id)        내부 테이블에 결합 키의 인덱스로 접근
```

그림 6-11 내부 테이블의 인덱스가 사용되는 Nested Loops(Oracle)

Id	Operation	Name	Rows	Bytes	Cost (%CPU)	Time
0	SELECT STATEMENT		6	150	4 (0)	00:00:01
1	NESTED LOOPS		6	50	4(0)	00:00:01
2	TABLE ACCESS FULL	EMPLOYEES	6	102	3 (0)	00:00:01
3	TABLE ACCESS BY INDEX ROWID	DEPARTMENTS	1	8	1 (0)	00:00:01
*4	INDEX UNIQUE SCAN	PK_DEP	1		0 (0)	00:00:01

내부 테이블에 결합 키의 인덱스로 접근

하지만 [그림 6-12], [그림 6-13]처럼 내부 테이블의 결합 키 인덱스가 사용되지 않으면 구동 테이블이 작아봤자 아무런 장점이 없습니다[7].

그림 6-12 내부 테이블의 인덱스가 사용되지 않은 Nested Loops(PostgreSQL)

```
Nested Loop (cost=0.00..5005.38 rows=510 width=212)
  Join Filter: (e.dept_id = d.dept_id)
  ->  Seq Scan on departments d (cost=0.00..16.50 rows=650 width=94)
  ->  Materialize (cost=0.00..17.65 rows=510 width=130)
       -> Seq Scan on employees e (cost=0.00..15.10 rows=510 width=130)
                              내부 테이블에 풀 스캔으로 접근
```

----

6 저자주_ 구동 테이블은 같은 들여쓰기(indent) 단계 레벨에 있어, 위에 위치하는 테이블입니다. 따라서 현재 실행 계획을 보면 Employees가 구동 테이블입니다.

7 저자주_ 엄밀하게 말하면 구동 테이블의 레코드는 각각 1회만 접근하지만, 내부 테이블의 레코드는 여러 번 접근합니다. 따라서 내부 테이블을 올릴 수 있을 만큼 충분한 양의 버퍼 캐시가 있다면 내부 테이블이 큰 경우가 유리할 가능성도 있습니다. 하지만 내부 테이블의 인덱스를 사용할 수 있는 경우와 비교하면 효과가 그다지 크지 않습니다.

그림 6-13 내부 테이블의 인덱스가 사용되지 않은 Nested Loops(Oracle)

```
| Id | Operation              | Name        | Rows | Bytes | Cost (%CPU)| Time     |
|  0 | SELECT STATEMENT       |             |    6 |   150 |    10  (0)| 00:00:01 |
|  1 |   NESTED LOOPS         |             |    6 |   150 |    10  (0)| 00:00:01 |
|  2 |     TABLE ACCESS FULL  | DEPARTMENTS |    4 |    32 |     3  (0)| 00:00:01 |
| *3 |     TABLE ACCESS FULL  | EMPLOYEES   |    2 |    34 |     2  (0)| 00:00:01 |
```

내부 테이블에 풀 스캔으로 접근

물론 내부 테이블의 반복을 완전하게 생략할 수 있는 경우는 결합 키가 내부 테이블에 대해 유일한 경우뿐입니다. 이때 등치 결합이라면 내부 테이블의 접근 대상 레코드를 한 개로 한정할 수 있으므로, 이중 반복의 내측에 있는 반복을 완전하게 생략할 수 있습니다. Oracle의 실행 계획(그림 6–11)에 'INDEX UNIQUE SCAN'이라고 나타나는 것이 이러한 경우인데요. 굉장히 효율적으로 접근할 수 있습니다(내부 테이블의 모체가 몇천만 건, 몇억 건이라도 하나의 레코드만 접근합니다). 반면 결합 키가 내부 테이블에 대해 유일하지 않은 경우는 인덱스로 내부 테이블에 접근하는 경우라도 여러 개의 레코드가 히트될 가능성이 있습니다. 이 경우는 히트된 여러 개의 레코드에 반복을 적용해야 합니다[8].

그림 6-14 내부 테이블의 반복을 얼마나 생략할 수 있을지가 포인트

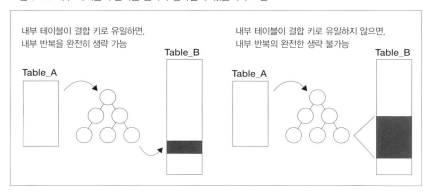

---

8 저자주_이런 때 Oracle의 경우는 실행 계획에 'INDEX RANGE SCAN'이라고 나타납니다.

이렇게 생각해보면 '구동 테이블을 작게'라는 말보다도 '내부 테이블을 크게'라고 이해하는 편이 더 쉬울 것 같습니다. 내부 테이블이 클수록 인덱스 사용으로 인한 반복 생략 효과가 커지기 때문입니다[9].

'구동 테이블이 작은 Nested Loops' + '내부 테이블의 결합 키에 인덱스'라는 조합은 SQL 튜닝의 기본 중에 기본입니다. 결합이 느리다면 절반 정도는 이런 조합으로 개선할 수 있을 정도입니다. 반대로 말하면 물리 ER 모델과 인덱스를 설정할 때, 어떤 테이블을 내부 테이블로 하고, 어떤 결합 키에 인덱스를 작성해야 하는지를 초기 단계부터 고민해야 한다는 뜻입니다.

– Nested Loops의 단점

'구동 테이블이 작은 Nested Loops' + '내부 테이블의 결합 키에 인덱스'라는 조합만 있다면 성능은 충분하다고 생각할 수 있습니다. 하지만 기대만큼의 응답 시간이 나오지 않기도 합니다. 보통 이런 경우는 결합 키로 내부 테이블에 접근할 때 히트되는 레코드가 너무 많기 때문입니다. 이는 앞에서 설명했던 '결합 키가 내부 테이블에 대해 유일하지 않은 경우'에 발생할 수 있습니다. 여러 가지 방법으로 인덱스를 사용해 반복을 생략할 수 있다고 해도, 결국 절대적인 양이 너무 많으면 반복이 많이 일어납니다. 즉, 지연이 일어나는 것이지요.

예를 들어 점포 테이블과 점포에서 받은 주문 테이블을 생각해봅시다. 이런 경우 하나의 점포에 대해 여러 개의 주문이 대응하므로 점포 테이블이 당연히 작을 것입니다. 따라서 점포 테이블을 구동 테이블로 만들고 점포 ID를 결합 키로 사용하면 되겠죠? 여기까지는 굉장히 좋은 생각입니다. 하지만 한 개의 점포 ID에 수백만 건, 수천만 건의 레코드가 히트된다면 결국 내부 테이블에 대해 반복 횟수가 많아져서 Nested Loops의 성능이 낮아집니다(그림 6-15).

....

9 저자주_ 인덱스는 테이블에 비해 크기가 작으므로 캐시에 탑재하기 쉽습니다. 따라서 I/O 비용이 감소한다는 추가적인 효과도 있습니다.

그림 6-15 내부 테이블의 선택률이 높으면 Nested Loops의 성능이 악화

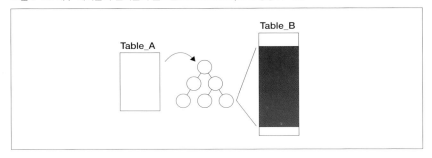

점포는 속한 지역이나 규모에 따라 당연히 주문 수량에 차이가 있기 마련입니다. 따라서 작은 점포는 주문 수량이 적어서 내부 테이블의 히트되는 레코드도 적을 것이고 고속으로 처리되겠지요. 하지만 대규모 점포는 대량의 레코드가 히트되는 만큼 느릴 것입니다. 따라서 SQL의 구조가 같음에도 외부에서 받는 검색 매개변수(점포 ID)에 따라 성능이 균등하지 않게 나옵니다. 이는 범위 검색의 경우에도 마찬가지입니다. 어차피 최종적으로 SQL의 성능은 처리하는 데이터양에 의존하기 때문입니다.

이 문제에 대처하는 방법은 두 가지입니다. 첫 번째는 구동 테이블로 큰 테이블을 선택하는 역설적인 방법입니다. 이렇게 하면 내부 테이블에 대한 점포 테이블의 접근이 기본 키(점포 ID)로 수행되므로, 항상 하나의 레코드로 접근하는 것이 보장됩니다. 따라서 점포에 따른 성능 비균등 문제를 해결해서, 극단적으로 성능이 저하되는 것을 막을 수 있습니다. 이는 주문 테이블이라는 거대 테이블 접근 비용이 현실적인 범위라면 굉장히 효과적인 방법입니다. 두 번째 방법은 뒤이어 설명할 해시입니다.

2. Hash

– Hash의 작동

Hash라는 알고리즘은 시스템 세계에서 굉장히 자주 사용됩니다. 입력에 대해 어느 정도 유일성과 균일성을 가진 값을 출력하는 함수를 해시라고 합니다. 해시 결

합은 일단 작은 테이블을 스캔하고, 결합 키에 해시 함수를 적용해서 해시값[10]으로 변환합니다. 이어서 다른 테이블(큰 테이블)을 스캔하고, 결합 키가 해시값에 존재 하는지를 확인하는 방법으로 결합을 수행합니다(그림 6-16).

작은 테이블에서 해시 테이블을 만드는 이유는, 해시 테이블은 DBMS의 워킹 메 모리에 저장되므로 조금이라도 작은 것이 효율적이기 때문입니다. 이러한 작은 테 이블을 Nested Loops처럼 구동 테이블이라고 부르는 사람도 있는데요. 극히 일 부의 사람들만 사용하는 용어입니다. Hash가 사용되는 경우 어떤 한 쪽의 테이 블이 극단적으로 작거나 크지 않습니다[11]. 따라서 구동 테이블이라고 부르는 의미 가 전혀 없습니다.

그림 6-16 해시 결합

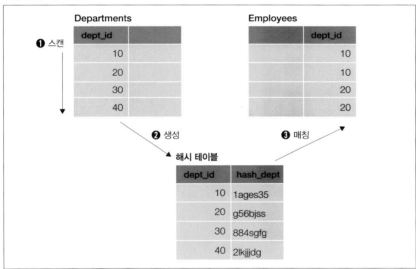

[그림 6-17], [그림 6-18]의 실행 계획은 먼저 읽어들인 테이블의 부서 ID로 해 시 테이블을 만들고, 이어서 다른 테이블을 읽어들여 해시값이 일치하는지 확인 합니다.

---

10 저자주_ 이런 해시값의 집합을 해시 테이블이라고 부릅니다.
11 저자주_ 한 쪽 테이블이 극단적으로 작은 경우라면 Nested Loops가 좋습니다.

그림 6-17 해시 결합의 실행 계획(PostgreSQL)

```
Hash Join (cost=24.63..46.74 rows=510 width=212)
  Hash Cond: (e.dept_id = d.dept_id)
  -> Seq Scan on employees e (cost=0.00..15.10 rows=510 width=130)
  -> Hash (cost=16.50..16.50 rows=650 width=94)
      -> Seq Scan on departments d (cost=0.00..16.50 rows=650 width=94)
```

그림 6-18 해시 결합의 실행 계획(Oracle)

Id	Operation	Name	Rows	Bytes	Cost (%CPU)	Time
0	SELECT STATEMENT		6	324	7 (15)	00:00:01
* 1	HASH JOIN		6	324	7 (15)	00:00:01
2	TABLE ACCESS FULL	DEPARTMENTS	4	88	3 (0)	00:00:01
3	TABLE ACCESS FULL	EMPLOYEES	6	192	3 (0)	00:00:01

− Hash의 특징

Hash의 주요 특징은 다음과 같습니다.

- 결합 테이블로부터 해시 테이블을 만들어서 활용하므로, Nested Loops에 비해 메모리를 크게 소모한다.
- 메모리가 부족하면 저장소를 사용하므로 지연이 발생한다[12].
- 출력되는 해시값은 입력값의 순서를 알지 못하므로, 등치 결합에만 사용할 수 있다.

− Hash가 유용한 경우

Hash가 유용한 경우는 다음과 같습니다.

- Nested Loops에서 적절한 구동 테이블(상대적으로 충분히 작은 테이블)이 존재하지 않는 경우
- 앞서 'Nested Loops의 단점'에서 본 것처럼 구동 테이블로 사용할만한 작은 테이블은 있지만, 내부 테이블에서 히트되는 레코드 수가 너무 많은 경우
- Nested Loops의 내부 테이블에 인덱스가 존재하지 않는(또는 여러 가지 사정에 의해 인덱스를 추가할 수 없는) 경우

....

12 저자주_ TEMP 탈락 현상입니다. 2강의 '추가적인 메모리 영역 '워킹 메모리'' 또는 12강의 '집약, 해시, 정렬'을 참고하세요.

한마디로 말하자면, Nested Loops가 효율적으로 작동하지 않는 경우의 차선책이 Hash입니다.

다만 Hash에도 주의해야 하는 트레이드오프가 있습니다. 첫 번째는 초기에 해시 테이블을 만들어야 하므로, Nested Loops에 비해 소비하는 메모리 양이 많다는 것입니다. 따라서 동시 실행성이 높은 OLTP 처리[13]를 할 때 Hash가 사용되면, DBMS가 사용할 수 있는 메모리가 부족해져 저장소가 사용됩니다. 결국 지연이 발생할 리스크가 있습니다. 따라서 OLTP 처리를 할 때 Hash를 사용하면 안 됩니다. 반대로 동시 처리가 적은 야간 배치 또는 BI/DWH와 같은 시스템에 한해 사용하는 것이 Hash를 사용하는 기본 전략입니다.

두 번째로 Hash 결합은 반드시 양쪽 테이블의 레코드를 전부 읽어야 하므로, 테이블 풀 스캔이 사용되는 경우가 많습니다. PostgreSQL, Oracle의 실행 계획을 보면 모두 Department 테이블과 Employees 테이블에 풀 스캔이 수행되는 것을 확인할 수 있습니다. 따라서 테이블의 규모가 굉장히 크다면, 이런 풀 스캔에 걸리는 시간도 고려해야 합니다.

3. Sort Merge

– Sort Merge의 작동

Nested Loops가 비효율적인 경우, Hash 사용 외에 또 다른 선택지로 Sort Merge[14]라는 알고리즘도 있습니다. Sort Merge는 간단하게 Merge 또는 Merge Join이라 부르기도 합니다. Sort Merge는 결합 대상 테이블들을 각각 결합 키로 정렬하고, 일치하는 결합 키를 찾으면 결합합니다(그림 6-19).

....

13 저자주_ 여기에서 OLTP 처리는 사용자 요구에 시스템이 곧바로 응답해야 하는 처리를 말합니다. 대부분의 웹 애플리케이션에서 웹 브라우저를 통해 접근하는 경우 등이 해당합니다.

14 저자주_ Merge Sort라는 비슷한 이름의 알고리즘이 있는데요. 이는 정렬을 위한 알고리즘이므로, 결합 알고리즘인 Sort Merge와는 전혀 다른 것입니다.

그림 6-19 Sort Merge 결합

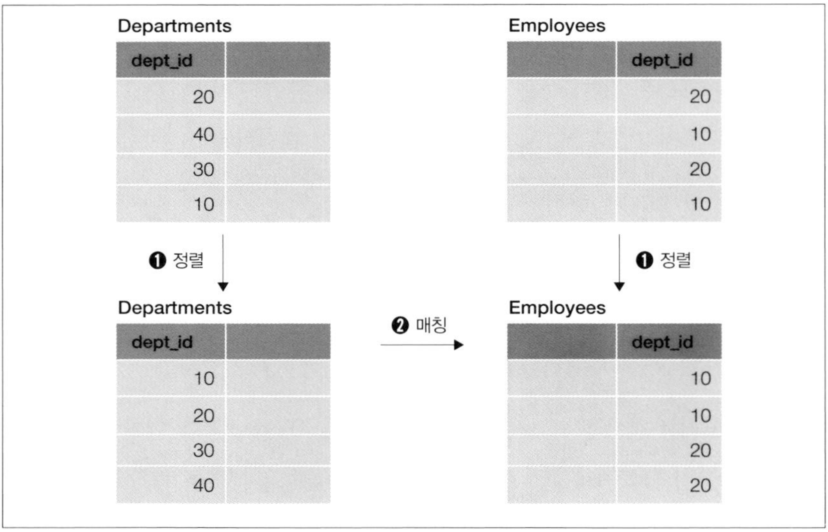

– Sort Merge의 특징

이 알고리즘은 다음과 같은 성질을 갖습니다.

❶ 대상 테이블을 모두 정렬해야 하므로 Nested Loops보다 많은 메모리를 소비합니다.
   Hash와 비교하면 규모에 따라 다르지만, Hash는 한쪽 테이블에 대해서만 해시 테이블을
   만들므로 Hash보다 많은 메모리를 사용하기도 합니다. 메모리 부족으로 TEMP 탈락이
   발생하면 I/O 비용이 늘어나고 지연이 발생할 위험이 있습니다(이는 Hash와 마찬가지입
   니다).

❷ Hash와 다르게 동치 결합뿐만 아니라 부등호(<, >, <=, >=)를 사용한 결합에도 사용할 수
   있습니다. 하지만 부정 조건(<>) 결합에서는 사용할 수 없습니다[15].

❸ 원리적으로는 테이블이 결합 키로 정렬되어 있다면 정렬을 생략할 수 있습니다. 다만 이는
   SQL에서 테이블에 있는 레코드의 물리적인 위치를 알고 있을 때입니다. 따라서 이러한 생
   략은 구현 의존적입니다[16].

....

15 저자주_ 부정 조건(<>, !=)을 사용할 수 있는 결합 알고리즘은 Nested Loops 뿐입니다. 결합에 부정 조건을 사용
   하는 경우가 거의 없기는 하지요.

16 저자주_ 예를 들어 Microsoft SQL Server에서는 결합 키에 클러스터화 인덱스를 사용해, 테이블이 이미 정렬
   된 상태로 저장할 수 있습니다. 따라서 Sort Merge에서 정렬을 생략할 수 있습니다. 이는 정렬이 빠져버린 'Sort
   Merge'이므로, 그냥 'Merge'라고 부르기도 합니다. 조금 오래된 내용이기는 하지만 마이크로소프트의 문서를 보
   면 다음과 같이 씌어 있습니다.

❹ 테이블을 정렬하므로 한쪽 테이블을 모두 스캔한 시점에 결합을 완료할 수 있습니다.

– Sort Merge가 유효한 경우

Sort Merge 결합 자체에 걸리는 시간은 결합 대상 레코드 수가 많더라도 나쁘지 않은 편이지만, 테이블 정렬에 많은 시간과 리소스를 요구할 가능성이 있습니다. 따라서 테이블 정렬을 생략할 수 있는 (상당히 예외적인) 경우에는 고려해볼 만하지만, 그 이외의 경우는 Nested Loops와 Hash를 우선적으로 고려하세요!

4. 의도하지 않은 크로스 결합

그럼, 결합 알고리즘에 관해 설명한 지금 시점에서 제 4의 알고리즘에 대해 다뤄보겠습니다. 바로 크로스 결합입니다. 앞서 18강의 '크로스 결합 – 모든 결합의 모체'에서, 크로스 결합을 실무에서 사용할 일은 거의 없다고 한 것을 기억하나요? 이는 결합 조건이 없는 결합을 사용할 기회가 거의 없기 때문입니다. 하지만 의도하지 않게 크로스 결합이 나타나는 경우가 있습니다. 바로 '삼각 결합'이라 부르는 패턴입니다. 예를 들어 [코드 6-9]와 같은 경우에 발생합니다.

코드 **6-9** 삼각 결합의 예

```
SELECT A.col_a, B.col_b, C.col_c
  FROM Table_A A
       INNER JOIN Table_B B
          ON A.col_a = B.col_b
       INNER JOIN Table_C C
          ON A.col_a = C.col_c;
```

이 쿼리는 Table_A, Table_B, Table_C라는 3개의 테이블을 결합하는데요. 결합 조건은 'Table_A – Table_B'와 'Table_A – Table_C'에만 존재합니다. 'Table_B – Table_C'에는 결합 조건이 존재하지 않는다는 점이 포인트입니다. 이

「병합 조인 자체는 매우 빠르지만, 정렬 작업이 필요한 경우에는 시간이 많이 소요될 수 있습니다. 그러나 데이터 볼륨이 크고, 원하는 데이터를 기존 B-트리 인덱스로부터 미리 정렬된 상태로 가져올 수 있다면, 대부분의 경우 병합 조인이 사용 가능한 조인 알고리즘 중에서도 가장 빠른 조인이 됩니다.」
https://msdn.microsoft.com/ko-kr/library/ms190967(v=sql.90).aspx

를 그림으로 나타내면 [그림 6-20]과 같습니다.

그림 **6-20** 삼각 결합

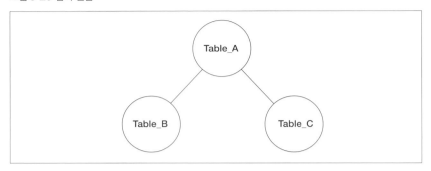

이러한 경우 간단하게 다음과 같은 4가지 형태의 실행 계획이 나올 수 있습니다.

- Table_A를 구동 테이블로 Table_B와 결합하고 그 결과를 Table_C와 결합
- Table_A를 구동 테이블로 Table_C와 결합하고 그 결과를 Table_B와 결합
- Table_B를 구동 테이블로 Table_A와 결합하고 그 결과를 Table_C와 결합
- Table_C를 구동 테이블로 Table_A와 결합하고 그 결과를 Table_B와 결합

– Nested Loops가 선택되는 경우

실행 계획이 여러 개 나올 수 있는데요. 예를 들면 [그림 6-21]과 같습니다.

그림 **6-21** Nested Loops로 삼각 결합(Oracle)

```
--------------------------------------------------------------------
|Id| Operation          | Name    | Rows |Bytes| Cost (%CPU)|Time    |
--------------------------------------------------------------------
| 0| SELECT STATEMENT   |         |    1|    9|   6  (0)| 00:00:01|
| 1|  NESTED LOOPS      |         |    1|    9|   6  (0)| 00:00:01|
| 2|   NESTED LOOPS     |         |    1|    6|   4  (0)| 00:00:01|
| 3|    TABLE ACCESS FULL| TABLE_A |    1|    3|   2  (0)| 00:00:01|
|*4|    TABLE ACCESS FULL| TABLE_B |    1|    3|   2  (0)| 00:00:01|
|*5|   TABLE ACCESS FULL | TABLE_C |    1|    3|   2  (0)| 00:00:01|
--------------------------------------------------------------------
```

이는 'Table_A를 구동 테이블로 Table_B와 결합하고 그 결과를 Table_C와 결합' 하는 순서로 Nested Loops를 사용해 결합하는 것입니다. 이 실행 계획에서는 특별히 문제될 것이 없습니다.

– 크로스 결합이 선택되는 경우

그런데 이렇게 3개 이상의 테이블을 사용할 때 'Table_B – Table_C'처럼 결합 조건이 없는 경우, [그림 6-22]처럼 결합 조건이 없는 테이블들을 크로스 결합으로 결합해버리는 경우가 있습니다.

그림 6-22 크로스 결합으로 삼각 결합(Oracle)

```
-----------------------------------------------------------------
|Id | Operation                 | Name    | Rows | Bytes |Cost (%CPU)| Time     |
-----------------------------------------------------------------
| 0 | SELECT STATEMENT          |         |   1 |    9 |   7 (15)| 00:00:01 |
|*1 |   HASH JOIN               |         |   1 |    9 |   7 (15)| 00:00:01 |
| 2 |     MERGE JOIN CARTESIAN  |         |   1 |    6 |   4  (0)| 00:00:01 |
| 3 |       TABLE ACCESS FULL   | TABLE_B |   1 |    3 |   2  (0)| 00:00:01 |
| 4 |       BUFFER SORT         |         |   1 |    3 |   2  (0)| 00:00:01 |
| 5 |         TABLE ACCESS FULL | TABLE_C |   1 |    3 |   2  (0)| 00:00:01 |
| 6 |     TABLE ACCESS FULL     | TABLE_A |   1 |    3 |   2  (0)| 00:00:01 |
-----------------------------------------------------------------
```

이는 'Table_B와 Table_C를 먼저 결합하고 그 결과를 Table_A와 결합'하는 순서로 결합을 수행합니다. 그런데 앞에서 말했던 것처럼 Table_B와 Table_C 사이에는 결합 조건이 없으므로, 크로스 결합할 수밖에 없습니다. 'MERGE JOIN CARTESIAN'은 Oracle에서 크로스 결합을 수행할 때의 실행 계획입니다.

비효율적으로 보이는 크로스 결합이 선택되는 이유는 무엇일까요? 옵티마이저가 어떤 로직으로 실행 계획을 선택하는지는 구현 의존적인 부분도 있으므로 어디까지나 추측에 불과하지만, Table_B와 Table_C의 크기를 작다고 평가했을 가능성 때문일 수 있습니다(그림 6-23). 두 테이블의 크기가 충분히 작다면, 큰 테이블(Table_A)에 두 번 결합하는 것보다는, 먼저 작은 테이블들(Table_B와 Table_C)을 결합하고 결과를 다시 결합함으로써 1회로 횟수를 줄이는 것이 합리적입니다.

그림 6-23 큰 트랜잭션과 작은 마스터

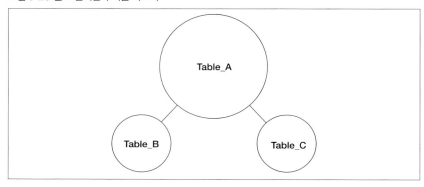

사실 이러한 형태는 그렇게 특이한 경우가 아닙니다. 거래 명세 등의 큰 트랜잭션 테이블과, 고객 또는 달력 등의 작은 마스터 테이블을 결합할 때 자주 나타나는 일반적인 패턴이라고 할 수 있습니다. 따라서 이러한 작은 테이블 사이의 크로스 결합이 일어나는 것을 두려워할 필요는 없습니다. 문제는 비교적 큰 테이블끼리 결합할 때 크로스 결합이 선택되는 경우입니다. 이는 단순히 테이블의 크기가 클때뿐만 아니라, 검색 조건으로 히트되는 레코드 수가 변할 때도 발생합니다. 일단 레코드 수를 꽤 압축할 수 있는 입력이 들어왔을 때 옵티마이저가 '크로스 결합으로 충분하겠다'라고 판단하고 이를 저장합니다. 그런데 이후에 레코드 수를 제대로 압축할 수 없는 입력이 들어왔을 때도 저장된 정보를 바탕으로 같은 실행 계획을 선택해버리는 일이 있기 때문입니다.

– 의도하지 않은 크로스 결합을 회피하는 방법

이렇게 의도하지 않은 크로스 결합을 회피하는 방법으로는, 결합 조건이 존재하지 않는 테이블 사이에 불필요한 결합 조건을 추가해주는 방법이 있습니다(그림 6-24). 현재 예제의 상황에서는 Table_B와 Table_C 사이에 결합 조건을 설정해준다는 것이지요.

그림 6-24 불필요한 결합 조건을 추가해서 크로스 결합을 회피

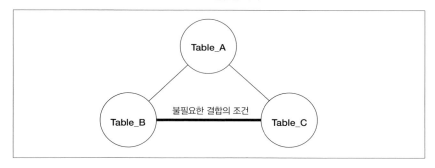

이 방법은 Table_B와 Table_C 사이에 결합 조건을 설정할 수 있고, 결합 조건을 설정해도 결과에 아무런 영향도 주지 않는 경우에만 사용할 수 있습니다. 하지만 성능 측면에서는 옵티마이저를 우리가 원하는대로 사용할 수 있다는 데 의미가 있습니다. 예를 들어 [코드 6-10]처럼 결합 조건을 지정하면, 크로스 결합이 회피됩니다(그림 6-25).

코드 6-10 불필요한 결합 조건을 추가

```
SELECT A.col_a, B.col_b, C.col_c
  FROM Table_A A
       INNER JOIN Table_B B
         ON A.col_a = B.col_b
       INNER JOIN Table_C C
         ON A.col_a = C.col_c
        AND C.col_c = B.col_b;   ──Table_B와 Table_C의 결합 조건
```

그림 6-25 불필요한 결합 조건을 추가해서 크로스 결합을 회피했을 때의 실행 계획(Oracle)

```
-----------------------------------------------------------------
| Id | Operation          | Name    | Rows | Bytes | Cost (%CPU)| Time     |
-----------------------------------------------------------------
|  0 | SELECT STATEMENT   |         |    1 |     9 |    7  (15)| 00:00:01 |
|* 1 |  HASH JOIN         |         |    1 |     9 |    7  (15)| 00:00:01 |
|* 2 |   HASH JOIN        |         |    1 |     6 |    5  (20)| 00:00:01 |
|  3 |    TABLE ACCESS FULL | TABLE_A |    1 |     3 |    2   (0)| 00:00:01 |
|  4 |    TABLE ACCESS FUL  | TABLE_B |    1 |     3 |    2   (0)| 00:00:01 |
|  5 |   TABLE ACCESS FULL  | TABLE_C |    1 |     3 |    2   (0)| 00:00:01 |
-----------------------------------------------------------------
```

20강

결합이 느리다면

1. 상황에 따른 최적의 결합 알고리즘

Nested Loops, Hash, Sort Merge라는 3가지 알고리즘의 장점과 단점을 정리하면 [표 6-1]과 같습니다.

표 **6-1** 3가지 알고리즘의 장점과 단점

이름	장점	단점
Nested Loops	· '작은 구동 테이블' + '내부 테이블의 인덱스'라는 조건이 있다면 굉장히 빠르다 · 메모리 또는 디스크 소비가 적으므로 OLTP에 적합 · 비등가 결합에서도 사용 가능	· 대규모 테이블들의 결합에는 부적합 · 내부 테이블의 인덱스가 사용되지 않거나, 내부 테이블의 선택률이 높으면 느리다
Hash	· 대규모 테이블들을 결합할 때 적합	· 메모리 소비량이 큰 OLTP에는 부적합 · 메모리 부족이 일어나면 TEMP 탈락 발생 · 등가 결합에서만 사용 가능
Sort Merge	· 대규모 테이블들을 결합할 때 적합 · 비등가 결합에서도 사용 가능	· 메모리 소비량이 큰 OLTP에는 부적합 · 메모리 부족이 일어나면 TEMP 탈락 발생 · 데이터가 정렬되어 있지 않다면 비효율적

옵티마이저는 [표 6-1]과 같은 장점과 단점을 생각하면서 알고리즘을 선택합니다. 하지만 옵티마이저도 완벽한 존재는 아닙니다. 또한 통계 정보가 오래되어 제대로된 정보를 검색하지 못한다는 등의 이유로 옵티마이저가 최적의 결합 알고리즘을 선택하지 못할 수 있습니다. 최적의 결합 알고리즘을 결합 대상 레코드 수의 관점

에서 정리하면 대충 다음과 같습니다[1].

❶ 소규모 – 소규모

결합 대상 테이블이 작은 경우에는 어떤 알고리즘을 사용해도 성능 차이가 크지 않습니다.

❷ 소규모 – 대규모

소규모 테이블을 구동 테이블로 하는 Nested Loops를 사용합니다. 대규모 테이블의 결합 키에 인덱스를 만들어주는 것을 잊지 말아주세요! 하지만 내부 테이블의 결합 대상 레코드가 너무 많다면 구동 테이블과 내부 테이블을 바꾸거나, Hash를 사용해볼 것을 검토해 보세요!

❸ 대규모 – 대규모

일단은 Hash를 사용합니다. 결합 키로 처음부터 정렬되어 있는 상태라면 Sort Merge를 사용합니다.

사용할 수 있는 메모리의 양 또는 결합 키의 카디널리티 등 세세한 조건에 따라 최적의 방법은 바뀔 수 있습니다. 기본적으로는 '일단 Nested Loops, 잘 안되면 Hash'라는 순서로 기억해두기 바랍니다.

2. 실행 계획 제어

지금까지 설명을 들으면서 의문을 품은 독자도 있을 것입니다. "실행 계획을 사용자가 제어할 수 있는 것일까?"라고 말이지요. 원래 RDB는 원칙적으로 실행 계획을 통계 정보를 바탕으로 옵티마이저가 자동으로 세우게 되어 있습니다. 이런 실행 계획을 사용자가 어떻게 바꿀 수 있을까요?

– DBMS별 실행 계획 제어

실행 계획을 바꾸는 방법은 DBMS에 따라 다릅니다.

- **Oracle**

  힌트 구로 결합 알고리즘을 제어할 수 있습니다(USE_NL, USE_HASH, USE_MERGE). 구동 테이블도 지정할 수 있습니다(LEADING).

---

1 저자주_ 테이블 자체의 규모가 아니라, 결합 대상 레코드의 규모라는 것을 주의해주세요!

- **Microsoft SQL Server**

  힌트 구로 결합 알고리즘을 제어할 수 있습니다(LOOP, HASH, MERGE).

- **DB2**

  힌트 구가 없으며, 원칙적으로 사용자가 실행 계획을 제어할 수 없습니다.

- **PostgreSQL**

  pg_hint_plan 기능을 사용해 힌트 구처럼 결합 알고리즘을 제어할 수 있습니다. 또한 서버 매개변수로 데이터베이스 전체를 제어할 수도 있습니다(enable_nestloop, enable_hashjoin, enable_mergejoin).

- **MySQL**

  결합 알고리즘 자체가 Nested Loops 계열밖에 없으므로 따로 선택의 여지가 없습니다.

이처럼 사용자가 원하는만큼 제어할 수 있는 Oracle도 있는가 하면, 아무 것도 할 수 없는 DB2도 있습니다. 따라서 구현에 따라 "내가 보기에는 이걸 사용하는 게 정말 좋을 것 같은데, 옵티마이저에게 전달할 수가 없네…."라는 답답함을 느낄 수 있습니다. 물론 데이터베이스 개발자는 이러한 답답함을 없애주기 위해 밤낮으로 옵티마이저 개발에 힘쓰고 있습니다. 그래도 현재 시점에는 옵티마이저가 완벽하지 않은 것이 사실입니다.

– 실행 계획을 사용자가 제어할 때의 리스크

그런데 힌트 구문과 매개변수를 사용해 실행 계획을 사용자가 제어할 때는 리스크가 따릅니다. 데이터양과 카디널리티는 데이터베이스를 운용하면서 계속 바뀌기 때문에, 어떤 시점에는 적절했던 실행 계획이 또 다른 시점에 이르러서는 그렇지 않을 수 있습니다. 본래, 이러한 변화에 대처하려고 도입한 것이 바로 비용 기반에 따른 동적 실행 계획입니다. 따라서 사람의 판단으로 실행 계획을 고정시켜 버리는 것은 DBMS의 진화에 역행하는 발상이기도 합니다.

그래서 사용자가 실행 계획을 제어할 때는 이러한 위험을 충분히 검토하고, 시스템의 미래 상황도 예측해서 적절한 실행 계획을 선택해야 합니다. 이러한 과정에서 데이터의 특성을 바탕으로 시간에 따라 데이터가 어떻게 변화할지를 유사적으로 모방하고 성능 테스트를 실시해야 합니다. 조금은 많은 비용이 들어가는 튜닝이지요.

3. 흔들리는 실행 계획

앞에서 설명했던 것처럼 사용자가 명시적으로 실행 계획을 제어할 경우, 실행 계획이 더 이상 최적이 아닌 '사용자의 실패'는 이해하기 쉬울 것입니다. 그런데 실행 계획을 옵티마이저에게 맡겨도 역시 최적의 실행 계획이 선택되지 않는 경우가 있습니다.

대표적인 '옵티마이저의 실패'는 장기적인 운용 중에 실행 계획이 안 좋은 방향으로 변화해버리는 것입니다. 데이터양의 증가 등에 따라 통계 정보가 변했을 때, 일정한 역치를 넘으면 옵티마이저가 실행 계획을 변화시키면서 일어납니다(그림 6-26). 이는 사전에 예측하기 어렵고 돌발적인 슬로다운을 일으키므로 골치 아픈 문제입니다[2].

그림 6-26 실행 계획 변동에 따른 돌발적인 슬로다운

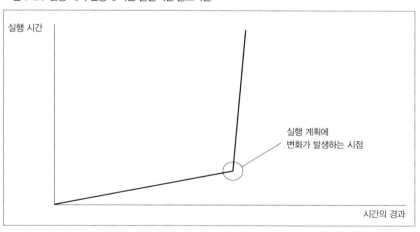

---

2 저자주_ 여담이지만 이러한 옵티마이저의 실패에 대한 해결책으로 애플리케이션 튜닝 이외에도 또 하나의 선택지가 있습니다. 바로 하드웨어 리소스를 증강하는 것입니다. 특히 데이터베이스의 경우 느린 쿼리는 대부분 저장소 I/O 비용과 메모리 부족이 문제입니다. 따라서 저장소를 빠른 것으로 바꾸고 메모리를 늘려주면 빨라집니다. 비용 대비 효과가 괜찮다면 진지하게 고려해야 할 선택지입니다. 이때 어떤 하드웨어 리소스 때문에 문제가 생기는지 확실하게 확인하고 수행하기 바랍니다.

이러한 실행 계획 변동이 일어나기 가장 쉬운 연산이 결합입니다. 어떻게 보면 당연합니다. 결합은 여러 개의 알고리즘을 선택할 수 있으니까요. 그리고 알고리즘이 변하면 성능이 변할 수밖에 없습니다. 좋은 방향으로 변한다면 좋겠지만 세상일이 모두 그렇게 좋은 방향으로 나아가지는 않습니다.

따라서 SQL 성능의 변동 위험을 줄이려면 되도록 결합을 피해야 합니다. 이렇게 말하면 '비정규화 하라는 것인가?'라고 생각할 수도 있는데요(물론 그런 방법도 있지만요). SQL에는 같은 결과를 얻을 수 있는 다른 대체 수단들이 꽤 많습니다. 예를 들어 앞에서도 윈도우 함수로 상관 서브쿼리를 대체했었습니다. 결합을 회피하는 대체 수단은 이 책의 후반부에서 주요한 주제입니다. 이러한 부분을 생각하면서 계속 내용을 진행합시다!

마치며

- 결합은 SQL의 성능 문제의 화약고

- 기본은 Nested Loops. 배치 또는 BI/DWH에서는 Hash, Hash를 사용할 때는 TEMP 탈락에 주의

- Nested Loops가 효율적으로 동작하려면 '작은 구동 테이블'과 '내부 테이블의 인덱스'가 필요

- 결합은 알고리즘이 복잡하므로 실행 계획 변동이 일어나기 쉬움. 이를 방지하려면 '결합을 사용하지 않는 것'이 중요한 전략

연습문제

해답은 397p

EXISTS 또는 NOT EXISTS를 사용하는 경우에도 실행 계획에는 결합이 나타납니다. 하지만 이때 일반적으로 사용되는 알고리즘은 Nested Loops와 Hash가 아닌, 그의 변형 형태입니다. [코드 6–11], [코드 6–12]의 두 샘플의 실행 계획을 확인하고, 어떤 알고리즘이 사용되는지 확인해보세요. 테이블은 [표 6–1]의 것을 사용하기 바랍니다.

코드 6-11 EXISTS 샘플

```
SELECT dept_id, dept_name
  FROM Departments D
 WHERE EXISTS (SELECT *
                 FROM Employees E
                WHERE E.dept_id = D.dept_id);
```

코드 6-12 NOT EXISTS 샘플

```
SELECT dept_id, dept_name
  FROM Departments D
 WHERE NOT EXISTS (SELECT *
                     FROM Employees E
                    WHERE E.dept_id = D.dept_id);
```

추가로 SQL을 실행하기 전에 반드시 통계 정보를 수집해주세요(코드 6–13).

코드 6-13 통계 정보 수집

`PostgreSQL`
```
Analyze Departments;
Analyze Employees;
```

`Oracle`
```
exec DBMS_STATS.GATHER_TABLE_STATS(OWNNAME =>'TEST', TABNAME =>'Departments');
exec DBMS_STATS.GATHER_TABLE_STATS(OWNNAME =>'TEST', TABNAME =>'Employees');
```

※OWNNAME은 자신의 환경에 맞게 변경해주세요!

7 장

서브쿼리

곤란한 부분은 분할해야만 할까?

Keep It Simple, Stupid

(간단하게 만들라고 이 바보야!)

2장에서도 설명했듯이, 서브쿼리란 SQL 내부에서 작성되는 일시적인 테이블입니다(이를 영속화한 것이 뷰입니다). 테이블과 서브쿼리는 기능적인 관점에서는 전혀 차이가 없습니다. SQL은 두 가지를 모두 같은 것으로 취급합니다. 이는 RDB와 SQL이 그렇게 설정되어 있기 때문입니다. 따라서 데이터베이스 사용자는 자신이 다루는 대상 테이블이 테이블인지, 뷰인지, 서브쿼리인지 따로 구분하지 않고도 사용할 수 있습니다.

각각의 차이를 정리해보면 다음과 같습니다.

- 테이블 : 영속적인 데이터를 저장
- 뷰 : 영속적이지만 데이터는 저장하지 않음, 따라서 접근할 때마다 **SELECT** 구문이 실행됨
- 서브쿼리 : 비영속적인 생존 기간(스코프)이 **SQL** 구문 실행 중으로 한정

기능적인 유연성 때문에 서브쿼리는 SQL 코딩에서도 빈번하게 사용되며 없어서는 안 되는 도구 중 하나가 되었습니다.

하지만 테이블과 서브쿼리 사이의 차이가 없는 것은, 어디까지나 기능적 관점에서 볼 때로 한정됩니다. 비기능적인 관점(특히 성능적인 관점)에서 보면 테이블과 서브쿼리에는 큰 차이가 존재합니다. 한 마디로 서브쿼리(또는 뷰)는 같은 데이터를 저장하고 있는 경우라도 테이블에 비해 성능이 나쁜 경향이 있습니다. 이번 7장에서는 서브쿼리를 사용할 경우 일어나는 성능 문제 패턴을 확인하고, 어떤 점에 신경을 써서 코딩을 해야 하는지 살펴보겠습니다.

서브쿼리가 일으키는 폐해

1. 서브쿼리의 문제점

서브쿼리의 성능적 문제는 결과적으로 서브쿼리가 실체적인 데이터를 저장하고 있지 않다는 점에서 기인합니다. 이에 따라 다음과 같은 세 가지 문제가 발생합니다.

– 연산 비용 추가

실체적인 데이터를 저장하고 있지 않다는 것은 서브쿼리에 접근할 때마다 SELECT 구문을 실행해서 데이터를 만들어야 한다는 뜻입니다. 따라서 SELECT 구문 실행에 발생하는 비용이 추가됩니다. 서브쿼리의 내용이 복잡하면 복잡할수록 이러한 실행 비용은 더 높아집니다.

– 데이터 I/O 비용 발생

연산 결과는 어딘가에 저장하기 위해 써두어야 합니다. 메모리 용량이 충분하다면 이러한 오버헤드가 적지만, 데이터양이 큰 경우 등에는 DBMS가 저장소에 있는 파일에 결과를 쓸 때도 있습니다[1]. TEMP 탈락 현상의 일종이라고 말할 수 있는데요. 이렇게 되면 저장소 성능에 따라 접근 속도가 급격하게 떨어집니다.

– 최적화를 받을 수 없음

서브쿼리로 만들어지는 데이터는 구조적으로는 테이블과 차이가 없습니다. 하지

---

[1] 저자주_ 예를 들어 Microsoft SQL Server에서는 서브쿼리의 결과를 tempdb 파일에, Oracle에서는 일시 테이블 영역(temp segment) 파일에 쓰는 경우입니다.

만 명시적인 제약 또는 인덱스가 작성되어 있는 테이블과 달리, 서브쿼리에는 그러한 메타 정보가 하나도 존재하지 않습니다. 따라서 옵티마이저가 쿼리를 해석하기 위해 필요한 정보를 서브쿼리에서는 얻을 수 없습니다[2].

이러한 문제점 때문에 내부적으로 복잡한 연산을 수행하거나 결과 크기가 큰 서브쿼리를 사용할 때는 성능 리스크를 고려해야 합니다. 서브쿼리는 유연성으로 인해 코딩을 할 때는 편리합니다. 하지만 해당 내용이 정말 서브쿼리를 사용하지 않으면 구현할 수 없는 것인지를 항상 생각해야 합니다.

이어지는 내용에서는 먼저, 서브쿼리를 사용하지 않는 편이 성능적으로 좋은 경우를 살펴보겠습니다. 나아가 서브쿼리가 성능적으로 좋은 경우도 살펴보면서, 어떤 경우에 서브쿼리를 쓰면 위험한지, 어떤 경우에 서브쿼리를 사용하는 편이 좋은지 명확하게 알아보겠습니다.

2. 서브쿼리 의존증

고객의 구입 명세 정보를 기록하는 테이블(Receipts)이 있습니다. 순번(seq) 필드는 구입 시기가 오래될수록 작은 값을 갖습니다. 이때 고객별 최소 순번(seq) 레코드를 구하는 경우를 생각해봅시다. 한마디로 고객들이 구매했던 가장 오래된 구입 이력을 찾는 것입니다. 일단 [코드 7-1]과 같은 SQL을 실행해서 [그림 7-1]과 같은 값을 넣어주세요.

코드 7-1 구입 명세 테이블 정의

```
CREATE TABLE Receipts
(cust_id CHAR(1) NOT NULL,
 seq INTEGER NOT NULL,
 price INTEGER NOT NULL,
```

----

2 저자주_ 최근에는 이에 대한 대책으로 뷰 병합(view merge)이라는 것이 있습니다. 서브쿼리를 실행할 때 서브쿼리 내부 로직과 외부 로직을 결합(=병합)해서 하나의 실행 계획을 만드는 것입니다. 뷰 병합과 관련된 내용은 연습 문제에서 다루겠습니다.

```
      PRIMARY KEY (cust_id, seq));

INSERT INTO Receipts VALUES ('A',  1  ,500   );
INSERT INTO Receipts VALUES ('A',  2  ,1000  );
INSERT INTO Receipts VALUES ('A',  3  ,700   );
INSERT INTO Receipts VALUES ('B',  5  ,100   );
INSERT INTO Receipts VALUES ('B',  6  ,5000  );
INSERT INTO Receipts VALUES ('B',  7  ,300   );
INSERT INTO Receipts VALUES ('B',  9  ,200   );
INSERT INTO Receipts VALUES ('B',  12 ,1000  );
INSERT INTO Receipts VALUES ('C',  10 ,600   );
INSERT INTO Receipts VALUES ('C',  20 ,100   );
INSERT INTO Receipts VALUES ('C',  45 ,200   );
INSERT INTO Receipts VALUES ('C',  70 ,50    );
INSERT INTO Receipts VALUES ('D',  3  ,2000  );
```

그림 7-1 구입 명세 테이블

Receipts(구입 명세)

cust_id(고객 ID)	seq(순번)	price(구입 가격)
A	1	500
A	2	1000
A	3	700
B	5	100
B	6	5000
B	7	300
B	9	200
B	12	1000
C	10	600
C	20	100
C	45	200
C	70	50
D	3	2000

구하고자 하는 답은 [그림 7-2]와 같습니다.

그림 7-2 구하고자 하는 답

```
cust_id | seq | price
--------+-----+--------
A       |  1 |   500
B       |  5 |   100
C       | 10 |   600
D       |  3 |  2000
```

이 문제에서 어려운 점은 순번의 최솟값이 고객마다 다르다는 것입니다. 예를 들어 반드시 최솟값이 1이라는 비즈니스 규칙이 존재한다면 간단하게 WHERE 구문으로 'seq = 1'을 지정하면 됩니다. 하지만 현재 예제는 이러한 규칙이 없으므로 최솟값을 동적으로 구해줘야 합니다. 만약 순번을 구입 일자로 바꿔서 생각해본다면 굉장히 자연스러운 조건입니다[3].

– 서브쿼리를 사용한 방법

간단하게 생각해보면, [코드 7-2]처럼 고객들의 최소 순번 값을 저장하는 서브쿼리(R2)를 만들고, 기존의 Receipts 테이블과 결합하는 방법이 있습니다.

코드 7-2 서브쿼리를 사용한 방법

```
SELECT R1.cust_id, R1.seq, R1.price
  FROM Receipts R1
        INNER JOIN
          (SELECT cust_id, MIN(seq) AS min_seq
            FROM Receipts
          GROUP BY cust_id) R2
    ON R1.cust_id = R2.cust_id
   AND R1.seq     = R2.min_seq;
```

이 쿼리의 동작을 그림으로 나타내면 [그림 7-3]과 같습니다. R1과 R2의 공통 부분을 선택하는 것입니다.

---

3 저자주_ 이 예제에서는 모델을 단순하게 만들고자 날짜형(일수)이 아닌 정수를 사용했습니다.

그림 7-3 R1과 R2의 공통 부분을 선택

cust_id (고객 ID)	seq (순번)	price (가격)	+	cust_id (고객 ID)	min_seq (최소 순번)	=	cust_id (고객 ID)	seq (순번)	price (가격)
A	1	500		A	1		A	1	500
A	2	1000		B	5		B	5	100
A	3	700		C	10		C	10	600
B	5	100		D	3		D	3	2000
B	6	5000							
B	7	300							
B	9	200							
B	12	1000							
C	10	600							
C	20	100							
C	45	200							
C	70	50							
D	3	2000							

R1(원래 Receipts 테이블)　　R2

(색칠하지 않은 레코드만 선택하고자 함)

이러한 방식은 간단하지만 두 가지 단점이 있습니다. 첫 번째는 코드가 복잡해서 읽기 어렵다는 것입니다. 특히 서브쿼리를 사용하면 코드가 여러 계층에 걸쳐 만들어지므로 가독성이 떨어집니다. 두 번째는 성능입니다. 이러한 코드의 성능이 나쁜 이유로 다음과 같은 4가지를 꼽을 수 있습니다.

❶ 서브쿼리는 대부분 일시적인 영역(메모리 또는 디스크)에 확보되므로 오버헤드가 생긴다.
❷ 서브쿼리는 인덱스 또는 제약 정보를 가지지 않기 때문에 최적화되지 못한다[4].
❸ 이 쿼리는 결합을 필요로 하기 때문에 비용이 높고 실행 계획 변동 리스크가 발생한다.
❹ Receipts 테이블에 스캔이 두 번 필요하다.

이러한 단점은 실행 계획에서도 살펴볼 수 있습니다(그림 7-4, 그림 7-5).

....

4 저자주_ R2가 (cust_id, seq)이므로 유일하다는 것을 사람의 눈으로는 인식할 수 있습니다. 하지만 이러한 유일성 제약 또는 인덱스가 명시적으로 붙어있는 것이 아니므로 R1과의 결합에서 이러한 정보를 사용한 최적화가 이루어질 가능성은 굉장히 낮습니다.

그림 7-4 서브쿼리의 실행 계획(PostgreSQL)

```
Hash Join (cost=1.34..2.57 rows=1 width=10)
  Hash Cond: ((r1.cust_id = receipts.cust_id) AND (r1.seq = (min(receipts.seq))))
  -> Seq Scan on receipts r1 (cost=0.00..1.13 rows=13 width=10)
  -> Hash (cost=1.27..1.27 rows=4 width=6)
     -> HashAggregate (cost=1.19..1.23 rows=4 width=6)
        -> Seq Scan on receipts (cost=0.00..1.13 rows=13 width=6)
```

그림 7-5 서브쿼리의 실행 계획(Oracle)

```
|Id | Operation              | Name     | Rows | Bytes | Cost(%CPU)|Time     |

|  0| SELECT STATEMENT        |          |    4 |    96 |   8 (25)|00:00:01 |
|*1 |   HASH JOIN             |          |    4 |    96 |   8 (25)|00:00:01 |
|  2|     VIEW                |          |    4 |    64 |   4 (25)|00:00:01 |
|  3|       HASH GROUP BY     |          |    4 |    20 |   4 (25)|00:00:01 |
|  4|         TABLE ACCESS FULL| RECEIPTS |   13 |    65 |   3  (0)|00:00:01 |
|  5|     TABLE ACCESS FULL   | RECEIPTS |   13 |   104 |   3  (0)|00:00:01 |
```

PostgreSQL, Oracle 모두 실행 계획에서 R1과 R2 각각에 대해 스캔이 이루어
진다는 것과, 결합(Hash Join)이 이루어진다는 것을 확인할 수 있습니다. 환경에
따라서는 결합 알고리즘으로 Hash 대신 Nested Loops가 사용될 수도 있지만
Receipts 테이블에 2회의 접근이 필요하다는 것은 같습니다. 그렇다면 성능이 더
좋으면서도 간단해서 읽기 쉬운 코드는 어떻게 작성해야 하는 것일까요?

– 상관 서브쿼리는 답이 될 수 없다

답을 곧바로 살펴보기 전에 흔히 하는 실수부터 짚어보겠습니다(실수라고 말하기
엔 지나친 감도 있지만, 어쨌거나 정답이 될 수 없는 코드입니다). 바로 상관 서브
쿼리를 사용한 동치 변환입니다(코드 7-3).

코드 **7-3** 상관 서브쿼리를 사용한 방법

```
SELECT cust_id, seq, price
  FROM Receipts R1
 WHERE seq = (SELECT MIN(seq)
                FROM Receipts R2
               WHERE R1.cust_id = R2.cust_id);
```

실행 계획(그림 7–6, 그림 7–7)을 보면, 상관 서브쿼리를 사용하더라도 Receipts 테이블에 접근이 두 번 발생한다는 것을 알 수 있습니다.

그림 **7-6** 상관 서브쿼리의 실행 계획(PostgreSQL)

```
Seq Scan on receipts r1 (cost=0.00..16.50 rows=1 width=10)
  Filter: (seq = (SubPlan 1))
  SubPlan 1
    -> Aggregate (cost=1.17..1.18 rows=1 width=4)
        -> Seq Scan on receipts r2 (cost=0.00..1.16 rows=3 width=4)
            Filter: (r1.cust_id = cust_id)
```

그림 **7-7** 상관 서브쿼리의 실행 계획(Oracle)

```
| Id | Operation            | Name      | Rows | Bytes | Cost(%CPU) | Time     |

|  0 | SELECT STATEMENT     |           |    4 |    96 |  8  (25)| 00:00:01 |
|* 1 |   HASH JOIN          |           |    4 |    96 |  8  (25)| 00:00:01 |
|  2 |    VIEW              | VW_SQ_1   |    4 |    64 |  4  (25)| 00:00:01 |
|  3 |     HASH GROUP BY     |           |    4 |    20 |  4  (25)| 00:00:01 |
|  4 |      TABLE ACCESS FULL | RECEIPTS |   13 |    65 |  3   (0)| 00:00:01 |
|  5 |    TABLE ACCESS FULL | RECEIPTS  |   13 |   104 |  3   (0)| 00:00:01 |
```

R2 접근에 기본 키의 인덱스 온리 스캔(index only scan)을 사용할 가능성도 있습니다[5]. 하지만 그렇다고 해도 Receipts 테이블에 접근 1회와 기본 키의 인덱스에 접근 1회가 필요합니다. 따라서 결과적으로는 이전과 비교해 이렇다 할 성능적인 장점이 없습니다.

----

5 저자주_인덱스 온리 스캔과 관련된 내용에 대해서는 10장에서 설명합니다.

– 윈도우 함수로 결합을 제거

일단 개선해야 하는 부분은 Receipts 테이블에 대한 접근을 1회로 줄이는 것입니다. SQL 튜닝에서 가장 중요한 부분이 바로 I/O를 줄이는 것입니다. 접근을 줄이려면 윈도우 함수 ROW_NUMBER를 다음과 같은 형태로 사용합니다(코드 7-4).

코드 7-4 윈도우 함수를 사용한 방법

```
SELECT cust_id, seq, price
  FROM (SELECT cust_id, seq, price,
               ROW_NUMBER()
                 OVER (PARTITION BY cust_id
                           ORDER BY seq) AS row_seq
          FROM Receipts ) WORK
 WHERE WORK.row_seq = 1;
```

ROW_NUMBER로 각 사용자의 구매 이력에 번호를 붙였습니다. 이렇게 하면 seq 필드의 최솟값이 불확실해 쿼리를 한 번 더 사용해야 했던 이전의 문제가 해결됩니다(그림 7-8).

그림 7-8 row_seq를 추가

work				
cust_id(고객 ID)	seq(순번)	price(가격)	row_seq	ROW_NUMBER로 추가된 필드
A	1	500	1	
A	2	1000	2	
A	3	700	3	
B	5	100	1	
B	6	5000	2	
B	7	300	3	
B	9	200	4	
B	12	1000	5	
C	10	600	1	
C	20	100	2	
C	45	200	3	
C	70	50	4	
D	3	2000	1	

쿼리도 간단해졌고 가독성도 올라갔습니다. ROW_NUMBER로 Receipts 테이블에 row_seq라는 1부터 시작하는 번호 필드를 추가한 것이 바로 WORK 테이블입니다. 이것으로 고객들의 최초 구매 이력을 쉽게 찾을 수 있게 되었습니다.

그럼 실행 계획을 살펴봅시다(그림 7-9, 그림 7-10). Receipts 테이블에 대한 접근이 1회로 감소한 것을 알 수 있습니다. 물론 윈도우 함수에서 정렬을 사용하는 것이 추가되기는 했습니다. 하지만 지금까지 살펴본 다른 코드들에서도 MIN 함수를 사용했었으므로, 이런 부분에서 큰 비용 차이가 발생하지는 않을 것입니다.

그림 7-9 윈도우 함수의 실행 계획(PostgreSQL)

```
-------------------------------------------------------------------
Subquery Scan work (cost=1.37..1.79 rows=1 width=16)
   Filter: (work.row_seq = 1)
  -> WindowAgg (cost=1.37..1.63 rows=13 width=10)
       -> Sort (cost=1.37..1.40 rows=13 width=10)
            Sort Key: receipts.cust_id, receipts.seq
            -> Seq Scan on receipts (cost=0.00..1.13 rows=13 width=10)
```

그림 7-10 윈도우 함수의 실행 계획(Oracle)

```
-------------------------------------------------------------------
|Id | Operation                 | Name     | Rows | Bytes |Cost(%CPU)| Time     |

|  0 | SELECT STATEMENT          |          |   13 |   546 |   4 (25)|00:00:01 |
|*1 |  VIEW                      |          |   13 |   546 |   4 (25)|00:00:01 |
|*2 |   WINDOW SORT PUSHED RANK  |          |   13 |   104 |   4 (25)|00:00:01 |
|  3 |    TABLE ACCESS FULL      | RECEIPTS |   13 |   104 |   3  (0)|00:00:01 |
-------------------------------------------------------------------
```

3. 장기적 관점에서의 리스크 관리

최초의 쿼리와 상관 서브쿼리를 사용한 쿼리에 비해 윈도우 함수를 사용한 쿼리가 얼마나 성능이 좋은지는, 사용하는 DBMS 또는 데이터베이스 서버의 성능, 매개 변수나 인덱스와 같은 환경 요인에 의해 크게 바뀔 수 있으므로 쉽게 단언하기 어렵습니다. 하지만 저장소의 I/O 양을 감소시키는 것이 SQL 튜닝의 가장 기본 원칙이라는 점에는 변함이 없습니다.

어쨌거나 처음 사용했던 쿼리와 비교해보면 결합을 사용한 부분을 제거했는데요. 이렇게 하면 단순한 성능 향상뿐만 아니라 성능의 안정성 확보도 기대할 수 있습니다.

결합을 사용한 쿼리는 다음과 같은 두 개의 불안정 요소가 있습니다.

- **결합 알고리즘의 변동 리스크**
- **환경 요인에 의한 지연 리스크(인덱스, 메모리, 매개변수 등)**

상관 서브쿼리를 사용한 쿼리의 실행 계획 역시 결합을 사용한 쿼리와 거의 비슷하게 나옵니다. 따라서 상관 서브쿼리를 사용한 쿼리도 앞에서 설명한 리스크에 해당합니다[6].

– 알고리즘 변동 리스크

6장에서 보았던 것처럼 결합 알고리즘에는 크게 Nested Loops, Sort Merge, Hash라는 세 가지 종류가 있습니다. 이들 중에서 어떤 것을 선택할지는 테이블의 크기 등을 고려해서 옵티마이저가 자동으로 결정합니다. 대략적으로 말하자면 레코드 수가 적은 테이블이 포함된 경우에는 Nested Loops가 선택되기 쉽고, 큰 테이블들을 결합하는 경우에는 Sort Merge 또는 Hash가 선택되기 쉽습니다.

따라서 처음에는 테이블의 레코드 개수가 적어 Nested Loops를 사용하다가도, 시스템을 계속 운용하면서 레코드가 늘어나, 어느 순간 역치를 넘으면 실행 계획 변동이 생깁니다. 이때 성능에 큰 변화가 일어납니다. 좋아지는 경우도 있지만 오히려 악화되는 경우도 많습니다[7]. 결국 결합을 사용하면 이러한 변동 리스크를 안을 수밖에 없습니다.

또한 같은 실행 계획이 계속해 선택되는 경우에도 문제가 있습니다. 데이터양이 많

---

6 저자주_ [그림 7-7]에 있는 Oracle의 실행 계획을 보면 쉽게 알 수 있습니다. 상관 서브쿼리를 사용한 경우에도 결합이 사용됩니다.

7 저자주_ 가끔 이러한 실행 계획의 변동 리스크와 관련해 '절대 성능을 악화시키고 싶지 않다'며 상담하는 사람들도 있습니다. 하지만 무리한 이야기입니다. 실행 계획의 안정성을 확보하고 싶다면 Hint 구문을 사용하거나, 통계 정보를 더 이상 수집하지 않게 만드는 방법 뿐입니다.

아지면서 Sort Merge 또는 Hash에 필요한 메모리가 부족해지면 일시적으로 저장소를 사용합니다. 결국 그 시점을 기준으로 성능이 대폭 떨어지게 되지요(TEMP 탈락 현상입니다[8]).

– 환경 요인에 의한 지연 리스크

이쪽은 조금 더 간단한 이야기입니다. 이전 장에서도 다루었던 것처럼 Nested Loops의 내부 테이블 결합 키에 인덱스가 존재하면 성능이 크게 개선됩니다. 또한 Sort Merge 또는 Hash가 선택되어 TEMP 탈락이 발생하는 경우 작업 메모리를 늘려주면 성능을 개선할 수 있습니다. 하지만 항상 결합 키에 인덱스가 존재하는 것은 아닙니다. 또한 메모리 튜닝은 한정된 리소스 내부에서의 트레이드오프를 발생시킵니다.

다시 말해, 결합을 사용한다는 것은 곧 장기적 관점에서 고려해야 할 리스크를 늘리게 된다는 뜻입니다(그림 7-11).

그림 7-11 결합 쿼리는 성능이 비선형적으로 악화될 리스크를 가짐

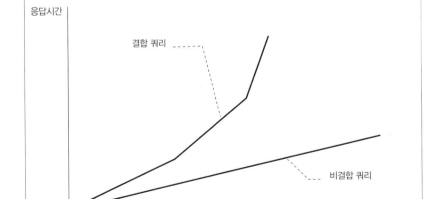

---

8 저자주_사실 엄밀하게 말하면 TEMP 탈락 문제는 윈도우 함수를 사용한 쿼리에서도 발생할 수 있습니다. 윈도우 함수도 정렬을 사용하기 때문입니다. 하지만 윈도우 함수는 일반적으로 마지막 단계(SELECT 구문)에서 실행되므로, 조작 대상 레코드 개수가 이미 압축된 상태라 정렬에 필요한 메모리가 그렇게 많이 필요하지 않습니다(물론 그래도 많으면 일어나겠지만요).

따라서 우리는 옵티마이저가 이해하기 쉽게 쿼리를 단순하게 작성해야 합니다. "그냥 작동하기만 하면 충분해!" 또는 "결과가 나오면 된거 아니야?"라는 자세로 대해서는 안 됩니다.

다음 사항들을 꼭 기억해주세요.

- 실행 계획이 단순할수록 성능이 안정적이다.
- 엔지니어는 기능(결과)뿐만 아니라 비기능적인 부분(성능)도 보장할 책임이 있다.

4. 서브쿼리 의존증 - 응용편

Receipts 테이블을 사용한 응용 문제를 살펴보겠습니다. 앞에서는 고객이 가지는 순번의 최솟값을 가진 레코드를 찾아보았는데요. 이번에는 최댓값을 가지는 레코드와 함께, 양쪽 price 필드의 차이도 구해봅시다. 과거에 비해 어느 정도 돈을 더 쓰게 되었는지 또는 절약하게 되었는지를 알 수 있을 것입니다. 그냥 간단하게 일종의 레코드 간 비교라고 생각해도 좋습니다. 원하는 결과는 [그림 7-12]와 같습니다.

그림 7-12 원하는 실행 결과

```
cust_id | diff
--------+--------
A       |  -200
B       |  -900
C       |   550
D       |     0
```

참고로 고객 아이디 'D'는 명세가 하나 뿐이므로 최솟값과 최댓값이 같습니다. 따라서 price 필드의 차이가 0이 됩니다.

- 다시 서브쿼리 의존증

서브쿼리를 사용해 구한다면 어떻게 구할까요? 최솟값의 집합을 찾고, 최댓값의 집합을 찾은 뒤에 고객 ID를 키로 결합하면 됩니다(코드 7-5).

```
SELECT TMP_MIN.cust_id,
       TMP_MIN.price - TMP_MAX.price AS diff
  FROM (SELECT R1.cust_id, R1.seq, R1.price
          FROM Receipts R1
               INNER JOIN
                 (SELECT cust_id, MIN(seq) AS min_seq
                    FROM Receipts
                   GROUP BY cust_id) R2
            ON R1.cust_id = R2.cust_id
           AND R1.seq     = R2.min_seq) TMP_MIN
       INNER JOIN
         (SELECT R3.cust_id, R3.seq, R3.price
            FROM Receipts R3
                 INNER JOIN
                   (SELECT cust_id, MAX(seq) AS min_seq
                      FROM Receipts
                     GROUP BY cust_id) R4
              ON R3.cust_id = R4.cust_id
             AND R3.seq     = R4.min_seq) TMP_MAX
    ON TMP_MIN.cust_id = TMP_MAX.cust_id;
```

TMP_MIN이 최솟값의 집합이고 TMP_MAX가 최댓값의 집합입니다. [코드7-2] 를 확장한 형태라고 볼 수 있는데요. 보면 알 수 있듯이 쿼리가 굉장히 길어졌고, 가독성도 좋지 않습니다. 게다가 서브쿼리의 계층이 굉장히 깊어서 어떤 부분이 서브쿼리인지 확인하는 것만도 힘든 일입니다. 게다가 이전의 쿼리를 두 번 붙여 넣기 한 것이라 테이블에 대한 접근도 2배가 되어 4번 이루어집니다. 당연히 성능 이 좋을 리 없지요(그림 7-13).

그림 7-13 서브쿼리 의존증의 실행 계획(PostgreSQL)

```
Nested Loop (cost=2.67..5.16 rows=1 width=10)
  Join Filter: (r1.cust_id = r3.cust_id)
  -> Hash Join (cost=1.34..2.57 rows=1 width=8)
      Hash Cond: ((r1.cust_id = public.receipts.cust_id)
              AND (r1.seq = (min(public.receipts.seq))))
      -> Seq Scan on receipts r1 (cost=0.00..1.13 rows=13 width=10)
      -> Hash (cost=1.27..1.27 rows=4 width=6)
          -> HashAggregate (cost=1.19..1.23 rows=4 width=6)
              -> Seq Scan on receipts (cost=0.00..1.13 rows=13 width=6)
  -> Hash Join (cost=1.34..2.57 rows=1 width=8)
      Hash Cond: ((r3.cust_id = public.receipts.cust_id)
              AND (r3.seq = (max(public.receipts.seq))))
      -> Seq Scan on receipts r3 (cost=0.00..1.13 rows=13 width=10)
      -> Hash (cost=1.27..1.27 rows=4 width=6)
          -> HashAggregate (cost=1.19..1.23 rows=4 width=6)
              -> Seq Scan on receipts (cost=0.00..1.13 rows=13 width=6)
```

환경에 따라 기본 키의 인덱스를 사용해서 접근할 수도 있습니다. 하지만 접근 횟수가 많다는 점은 그대로입니다.

– 레코드 간 비교에서도 결합은 불필요

이 쿼리의 개선 포인트는 앞에서 살펴본 '윈도우 함수로 결합을 제거'와 마찬가지로 '테이블 접근과 결합을 얼마나 줄일 수 있는지'입니다. 이번에는 추가로 CASE 식도 함께 사용합니다(코드 7-6).

코드 7-6 윈도우 함수와 CASE 식

```
SELECT cust_id,
       SUM(CASE WHEN min_seq = 1 THEN price ELSE 0 END)
        - SUM(CASE WHEN max_seq = 1 THEN price ELSE 0 END) AS diff
  FROM (SELECT cust_id, price,
               ROW_NUMBER() OVER (PARTITION BY cust_id
                                      ORDER BY seq) AS min_seq,
               ROW_NUMBER() OVER (PARTITION BY cust_id
                                      ORDER BY seq DESC) AS max_seq
```

```
        FROM Receipts ) WORK
 WHERE WORK.min_seq = 1
     OR WORK.max_seq = 1
 GROUP BY cust_id;
```

이렇게 하면 서브쿼리는 WORK 하나뿐입니다. 그리고 결합도 발생하지 않습니다. 최솟값과 최댓값의 레코드를 식별하기 위해 ROW_NUMBER 함수를 사용했습니다. 눈여겨볼 곳은 최댓값을 뽑고자 내림차순(ORDER BY seq DESC)으로 정렬하는 부분입니다. 이렇게 하면 내림차순 순번 max_seq가 1인 레코드가 seq의 최댓값을 가지고 있을 것이 보증됩니다. 그리고 min_seq 또는 max_seq가 1인 레코드만 검색하면 중간에 있는 레코드를 제외할 수 있습니다(그림 7-14).

그림 7-14 '양쪽 끝'의 레코드 이외에는 관심 없음

work				
cust_id (고객 ID)	seq (순번)	price (가격)	min_seq (오름차순 순번)	max_seq (내림차순 순번)
A	1	500	1	3
A	2	1000	2	2
A	3	700	3	1
B	5	100	1	5
B	6	5000	2	4
B	7	300	3	3
B	9	200	4	2
B	12	1000	5	1
C	10	600	1	4
C	20	100	2	3
C	45	200	3	2
C	70	50	4	1
D	3	2000	1	1

둘 중 하나가
1인 레코드를 원함

이렇게 구한 최솟값과 최댓값을 사용해서 price 필드의 차이를 구하고 있는데요. 여기에도 한 가지 트릭이 있습니다. 바로 SUM 함수 내부의 CASE 식입니다. 현재 WORK 뷰 시점에서의 최솟값과 최댓값은 (당연한 이야기지만) 다른 레코드에

존재합니다. 다른 레코드에 있는 값은 뺄셈할 수 없습니다. 따라서 GROUP BY cust_id로 한 개의 레코드로 집약했습니다. 이때 최솟값과 최댓값을 다른 필드에 할당해주는 부분이 CASE 식입니다.

그럼 실행 계획도 살펴봅시다(그림 7-15).

그림 7-15 윈도우 함수와 CASE 식을 사용한 실행 계획(PostgreSQL)

```
GroupAggregate (cost=1.87..2.38 rows=2 width=22)
    -> Subquery Scan on work (cost=1.87..2.33 rows=2 width=22)
        Filter: ((work.min_seq = 1) OR (work.max_seq = 1))
        -> WindowAgg (cost=1.87..2.13 rows=13 width=10)
            -> Sort (cost=1.87..1.90 rows=13 width=10)
                Sort Key: receipts.cust_id, receipts.seq
                -> WindowAgg (cost=1.37..1.63 rows=13 width=10)
                    -> Sort (cost=1.37..1.40 rows=13 width=10)
                        Sort Key: receipts.cust_id, receipts.seq
                        -> Seq Scan on receipts (cost=0.00..1.13 rows=13 width=10)
```

Receipts 테이블의 스캔 횟수가 1회로 감소했습니다. Receipts 테이블의 크기가 커질수록, 이렇게 스캔 횟수가 적어지는 의미가 커집니다. 윈도우 함수로 정렬이 2회 발생하는데요. 이는 ORDER BY seq와 ORDER BY seq DESC에 의한 것입니다. 이 부분에서 비용이 약간 들지만, 결합을 반복하는 것보다는 저렴하고 실행 계획의 안정성도 확보할 수 있으므로 괜찮은 거래라 볼 수 있습니다.

5. 서브쿼리는 정말 나쁠까?

지금까지 서브쿼리의 폐해를 계속해서 살펴보았습니다. 오해가 없게 짚자면, 일단 서브쿼리 자체가 나쁜 것은 아닙니다. 무조건 사용해서는 안 된다고 강요할 생각은 없습니다. 게다가 서브쿼리를 사용하지 않으면 해결할 수 없는 상황도 많습니다.

결과적으로는 서브쿼리를 빼는 편이 나은 경우라도, 코딩하면서 처음 쿼리를 고민할 때는 먼저 서브쿼리를 사용하는 쪽으로 풀어보는 게 이해하기 쉽습니다. 서브쿼리를 사용하면 문제를 분할하여 생각하기가 쉬워지는 만큼 **생각의 보조 도구**라고 할 수 있지요. 어떤 의미에서 서브쿼리는 집합을 세세한 부분으로 나누는 기술이므로, 각 부분을 조합해서 최종적인 결과 집합을 만들어내는, 바텀업(bottom-up) 타입의 사고방식과 굉장히 좋은 상성을 가지고 있습니다.

다만 비절차 지향형 언어인 SQL과 바텀업 사고방식은 지향하는 방향과 성질이 서로 맞지 않습니다. 따라서 처음 머릿속에서 생각할 때는 문제를 세세하게 나누어 생각해도 좋지만, 코드 레벨에서 본다면 실제로 효율적인 코드가 되지는 않습니다.

서브쿼리 사용이 더 나은 경우

이번에는 서브쿼리를 사용하는 편이 성능 측면에서 더 나은 경우를 살펴보겠습니다. 바로 결합과 관련된 쿼리입니다. 결합할 때는 최대한 결합 대상 레코드 수를 줄이는 것이 중요합니다. 그런데 옵티마이저가 이러한 것을 잘 판별하지 못할 때는, 사람이 직접 연산 순서를 명시해주면 성능적으로 좋은 결과를 얻을 수 있습니다.

1. 결합과 집약 순서

그럼 고전적인 예제를 살펴보겠습니다. 샘플 테이블로 [그림 7-16], [그림 7-17]과 같은 회사와 사업소를 관리하는 테이블을 사용하겠습니다. [코드 7-7], [코드 7-8]의 쿼리를 사용해 테이블을 생성해주세요.

그림 **7-16** 회사 테이블

Companies(회사)

co_cd(회사 코드)	district(지역)
001	A
002	B
003	C
004	D

그림 **7-17** 사업소 테이블

Shops(사업소)

co_cd(회사 코드)	shop_id(사업소 ID)	emp_nbr(종업원 수)	main_flg(주요 사업소 플래그)
001	1	300	Y
001	2	400	N
001	3	250	Y
002	1	100	Y
002	2	20	N
003	1	400	Y
003	2	500	Y
003	3	300	N
003	4	200	Y
004	1	999	Y

코드 **7-7** 회사 테이블 정의

```
CREATE TABLE Companies
(co_cd    CHAR(3) NOT NULL,
 district  CHAR(1) NOT NULL,
      CONSTRAINT pk_Companies PRIMARY KEY (co_cd));

INSERT INTO Companies VALUES('001', 'A');
INSERT INTO Companies VALUES('002', 'B');
INSERT INTO Companies VALUES('003', 'C');
INSERT INTO Companies VALUES('004', 'D');
```

코드 **7-8** 사업소 테이블 정의

```
CREATE TABLE Shops
(co_cd    CHAR(3) NOT NULL,
 shop_id   CHAR(3) NOT NULL,
 emp_nbr   INTEGER NOT NULL,
 main_flg CHAR(1) NOT NULL,
    CONSTRAINT pk_Shops PRIMARY KEY (co_cd, shop_id));
```

```
INSERT INTO Shops VALUES('001', '1',  300, 'Y');
INSERT INTO Shops VALUES('001', '2',  400, 'N');
INSERT INTO Shops VALUES('001', '3',  250, 'Y');
INSERT INTO Shops VALUES('002', '1',  100, 'Y');
INSERT INTO Shops VALUES('002', '2',   20, 'N');
INSERT INTO Shops VALUES('003', '1',  400, 'Y');
INSERT INTO Shops VALUES('003', '2',  500, 'Y');
INSERT INTO Shops VALUES('003', '3',  300, 'N');
INSERT INTO Shops VALUES('003', '4',  200, 'Y');
INSERT INTO Shops VALUES('004', '1',  999, 'Y');
```

이 두 개의 테이블은 일대다(1:N)의 부모자식 관계(여러 사업소가 하나의 회사에 속함)을 나타냅니다. 문제는 이러한 두 개의 테이블을 사용해, 회사마다 주요 사업소(main_flg 필드가 Y인 사업소)의 직원 수를 구해 [그림 7–18]과 같은 결과를 얻는 것입니다.

그림 7-18 원하는 결과

```
co_cd | district | sum_emp
------+----------+----------
001   | A        |      550
002   | B        |      100
003   | C        |     1100
004   | D        |      999
```

문제만 들으면 '종업원 수를 구하는 것이니까 사업소 테이블만 사용하면 되겠다'라고 생각할 수 있습니다. 하지만 결과에 지역(district)까지 포함해야 하므로 회사 테이블과 결합해야 합니다[1].

– 두 가지 방법

원하는 결과를 구하는 방법은 두 가지입니다. 첫 번째는 결합부터 하고 집약을 하는 방법입니다(코드 7–9, 그림 7–19). 두 번째는 집약을 먼저 하고 결합하는 방

....

[1] 저자주_ "그럼 처음부터 사업장 테이블에 district 필드를 넣어주거나 회사 테이블에 sum_emp 필드를 넣어주지? 그럼 결합 안 해도 되잖아?"라고 생각하는 독자도 있을 텐데요. 아주 좋은 발상입니다. 이러한 모델 변경을 사용한 문제 해결 접근법은 9장에서 다룹니다. 일단 지금은 테이블 정의를 변경할 수 없는 상태라고 가정합시다.

법입니다(코드 7-10, 그림 7-20)[2].

코드 7-9 첫 번째 방법 : 결합을 먼저 수행

```
SELECT C.co_cd, MAX(C.district),
       SUM(emp_nbr) AS sum_emp
  FROM Companies C
         INNER JOIN
           Shops S
    ON C.co_cd = S.co_cd
 WHERE main_flg = 'Y'
 GROUP BY C.co_cd;
```

그림 7-19 첫 번째 방법의 실행 계획(PostgreSQL)

```
HashAggregate (cost=53.46..53.52 rows=6 width=28)
  -> Nested Loop (cost=0.00..53.43 rows=6 width=28)
        -> Seq Scan on shops s (cost=0.00..23.75 rows=6 width=20)
             Filter: (main_flg = 'Y'::bpchar)
        -> Index Scan using companies_pkey on companies c (cost=0.00..4.93 rows=1 width=24)
             Index Cond: (co_cd = s.co_cd)
```

코드 7-10 두 번째 방법 : 집약을 먼저 수행

```
SELECT C.co_cd, C.district, sum_emp
  FROM Companies C
         INNER JOIN
           (SELECT co_cd,
                   SUM(emp_nbr) AS sum_emp
             FROM Shops
            WHERE main_flg = 'Y'
            GROUP BY co_cd) CSUM
    ON C.co_cd = CSUM.co_cd;
```

----

2 저자주_ 현재 예제에서는 단순화하고자 사업소와 회사는 무조건 대응한다고 가정하고 외부 결합을 사용하지 않았습니다.

그림 7-20 두 번째 방법의 실행 계획(PostgreSQL)

```
Nested Loop (cost=23.78..40.38 rows=2 width=32)
  -> HashAggregate (cost=23.78..23.80 rows=2 width=20)
      -> Seq Scan on shops (cost=0.00..23.75 rows=6 width=20)
          Filter: (main_flg = 'Y'::bpchar)
  -> Index Scan using companies_pkey on companies c (cost=0.00..8.27 rows=1 width=24)
      Index Cond: (co_cd = shops.co_cd)
```

첫 번째 방법은 회사 테이블과 사업소 테이블의 결합을 먼저 수행하고, 결과에 GROUP BY를 적용해서 집약했습니다. 반면 두 번째 방법은 먼저 사업소 테이블을 집약해서 직원 수를 구하고, 회사 테이블과 결합했습니다[3]. 실행 계획을 보아도 결합(Nested Loops)과 집약(HashAggregate)의 조작 순서가 서로 다르다는 것을 알 수 있습니다.

두 가지 방법은 모두 같은 결과를 만들어내므로 기능적 관점에서는 같습니다. 가독성 관점에서 보더라도 큰 차이는 없습니다. 다만, 아쉽게도 성능적인 측면에서는 서로 다릅니다.

– 결합 대상 레코드 수

두 가지 방법은 성능적으로 큰 차이를 보일 수 있습니다. 판단 기준은 바로 결합 대상 레코드 수 입니다. 일단 첫 번째 방법의 경우 결합 대상 레코드 수는 다음과 같습니다.

- 회사 테이블 : 레코드 4개
- 사업소 테이블 : 레코드 10개

한편 두 번째 방법의 경우 결합 대상 레코드 수는 다음과 같습니다.

- 회사 테이블 : 레코드 4개
- 사업소 테이블(CSUM) : 레코드 4개

중요한 것은 CSUM 뷰가 회사 코드로 집약되어 4개로 압축되었다는 것입니다. 첫 번째 방법의 10개보다 작으므로 결합 비용을 낮출 수 있습니다. 물론 현재 샘플

---

3 저자주_ 필연적으로 결합은 일대일로 되어 있습니다.

에서는 실행 속도에 큰 차이가 보이지 않습니다. 하지만 데이터양이 다음과 같다면 어떨까요?

- 회사 테이블 : 레코드 1,000개
- 사업소 테이블(main_flg = 'Y') : 레코드 500만 개
- 사업소 테이블(CSUM) : 레코드 1,000개

이렇게 회사 테이블의 규모에 비해 사업소 테이블의 규모가 매우 크다면, 일단 결합 대상 레코드 수를 집약하는 편이 I/O 비용을 더 줄일 수 있습니다. 물론 두 번째 방법에서는 집약 비용이 첫 번째 방법보다 클 것입니다. 하지만 TEMP 탈락이 발생하지 않는다면 괜찮은 트레이드오프입니다.

첫 번째 방법과 두 번째 방법 중에 어느 쪽이 빠른지는 환경에도 의존합니다. 여기서 환경이란 테이블의 레코드 개수뿐만 아니라 하드웨어, 미들웨어, 선택되는 결합 알고리즘 등의 요소를 모두 포함합니다. 따라서 실제 개발을 할 때는 이러한 요인을 모두 고려해서 성능을 테스트하고 판단을 내리는 것이 좋습니다. 그렇지만 튜닝 선택지 중 하나로 '사전에 결합 레코드 수를 압축한다'라는 방법을 알아둔다고 손해는 없겠죠?

마치며

– 서브쿼리는 복잡한 문제를 분할할 수 있는 편리한 도구지만, 결합을 늘리는 성능 악화를 일으킬 수 있음

– SQL 성능을 결정하는 요인은 I/O가 절대적

– 서브쿼리와 결합을 윈도우 함수로 대체하면 성능을 개선할 가능성이 있음

– 서브쿼리를 사용할때는 결합 대상 레코드 수를 사전에 압축해서 성능을 개선할 수 있음

연습문제

해답은 400p

앞에서 설명한 '결합과 집약 순서'의 두 가지 방법은, 결합과 집약 중 어느 쪽을 먼저 시행하는가에 따라 성능에 차이가 난다는 것을 보여주는 샘플이었습니다. 그런데 사실 옵티마이저는 두 번째 방법(집약 우선) 기반의 코드에 대해서도 첫 번째 방법(결합 우선)의 실행 계획을 적용하는 일이 있습니다. 예를 들어 Oracle의 경우, 두 번째 방법 기반 코드에 대해 [그림 7-21]처럼 결합을 우선시하는 실행 계획을 선택할 때가 있습니다.

코드 7-21 집약 우선 코드에서 결합 우선의 실행 계획을 선택

```
|Id|Operation                     |Name        |Rows|Bytes|Cost(%CPU)|Time     |
-------------------------------------------------------------------------------
| 0|SELECT STATEMENT              |            |  5 |  80 | 5 (20)|00:00:01|
| 1| HASH GROUP BY                |            |  5 |  80 | 5 (20)|00:00:01|
| 2|  NESTED LOOPS                |            |  5 |  80 | 4  (0)|00:00:01|
|*3|   TABLE ACCESS FULL          |SHOPS       |  5 |  50 | 3  (0)|00:00:01|
| 4|   TABLE ACCESS BY INDEX ROWID|COMPANIES   |  1 |   6 | 1  (0)|00:00:01|
|*5|    INDEX UNIQUE SCAN         |PK_COMPANIES|  1 |     | 0  (0)|00:00:01|
```

뷰를 전개하고 내부와 외부를 같은 레벨에서 평가하므로, 이러한 동작을 '뷰 머지'라고 부릅니다. 옵티마이저가 왜 이러한 실행 계획을 효율적이라고 판단하는지 생각해보세요.

8장

SQL의 순서

깨어나는 절차 지향

프로그래밍을 할 때, 특정 순서를 가진 데이터를 다루는 일이 자주 있습니다. 예를 들어서 순번(1 또는 0에서 시작하는 순서를 가진 수)과 같은 자연 수열이 대표적이지요. 배열을 다루는 경우, 데이터를 식별하는 유일 키를 사용하는 경우, 반복문에서 처리 순서를 확인하는 경우, 순위를 구하는 경우 등 순번을 사용하지 않는 시스템은 없습니다.

그런데 SQL은 전통적으로 순번을 다루기 위한 기능을 가지고 있지 않습니다. 이는 관계 모델의 이론 때문입니다. 실질적으로 의미가 없는 순번은 엔티티의 속성으로 보지 않으므로, 테이블의 레코드를 순서 없게 정의하기 때문입니다. 이는 SQL이 반복을 배제한 이유와도 관계가 있습니다. 반복이라는 것은 레코드에 순서가 존재하는 것을 전제하는 조작이기 때문입니다.

하지만 실제로는 레코드에 적당한 순번을 붙여야 하는 경우가 많습니다. 이러한 요구에 따라, 최근 SQL은 순서와 순번을 다루기 위한 기능들을 추가하고 있습니다[1]. 예를 들어 시퀀스 객체 또는 ID 필드와 같은 순번을 붙일 수 있는 기능을 비롯해, 지금까지 사용해왔던 윈도우 함수 역시 이러한 요구에 대응한 기능입니다. 이번 8장에서는 이러한 (비교적) 새로운 기능을 사용해, 어떠한 코딩 테크닉을 사용할 수 있는지 살펴봅니다. 그리고 과거 RDB가 결별했던 절차 지향형 패러다임이 SQL에서 어떻게 부활했는지 확인해봅니다. 결과적으로 현대의 SQL은 전통적인 집합 지향적 성향에 절차 지향적 생각이 섞인, 하이브리드 언어로 변화하고 있습니다. 이는 굉장한 장점이랍니다.

---

1 저자주_ 예를 들어 SQL : 2003에서는 순번을 생성하기 위해 ROW_NUMBER 함수와 시퀀스 객체가 표준화되었습니다.

레코드에 순번 붙이기

일단 순서 조작의 기초로, 레코드에 순번을 붙이는 방법을 살펴봅시다.

기본 키가 한 개의 필드일 경우, 기본 키가 여러 개의 필드로 구성되는 경우, 그리고 테이블을 그룹으로 분할했을 때 그룹 내부의 레코드에 순번을 붙이는 경우 각각의 방법을 차례대로 소개하겠습니다.

1. 기본 키가 한 개의 필드일 경우

[그림 8-1]처럼 학생의 체중을 저장하는 간단한 테이블을 예로 사용하겠습니다. 테이블 정의는 [코드 8-1]입니다.

그림 8-1 체중 테이블

Weights(체중)

student_id(학생 ID)	weight(체중 kg)
A100	50
A101	55
A124	55
B343	60
B346	72
C563	72
C345	72

코드 8-1 체중 테이블의 정의

```
CREATE TABLE Weights
(student_id CHAR(4) PRIMARY KEY,
 weight     INTEGER);

INSERT INTO Weights VALUES('A100', 50);
INSERT INTO Weights VALUES('A101', 55);
INSERT INTO Weights VALUES('A124', 55);
INSERT INTO Weights VALUES('B343', 60);
INSERT INTO Weights VALUES('B346', 72);
INSERT INTO Weights VALUES('C563', 72);
INSERT INTO Weights VALUES('C345', 72);
```

– 윈도우 함수를 사용

학생 ID를 오름차순으로 순번을 붙여보겠습니다. ROW_NUMBER 함수를 사용할 수 있는 환경이라면 [코드 8-2]처럼 간단하게 구현할 수 있습니다.

코드 8-2 기본 키가 한 개의 필드일 경우(ROW_NUMBER)

```
SELECT student_id,
       ROW_NUMBER() OVER (ORDER BY student_id) AS seq
  FROM Weights;
```

실행 결과

```
student_id | seq
-----------------+--------
A100       |  1
A101       |  2
A124       |  3
B343       |  4
B346       |  5
C345       |  6
C563       |  7
```

– 상관 서브쿼리를 사용

MySQL처럼 ROW_NUMBER 함수를 사용할 수 없는 환경에서는 상관 서브쿼리를 사용해야 합니다(코드 8-3).

코드 8-3 기본 키가 한 개의 필드일 경우(상관 서브쿼리)

```
SELECT student_id,
       (SELECT COUNT(*)
          FROM Weights W2
         WHERE W2.student_id <= W1.student_id) AS seq
  FROM Weights W1;
```

실행 결과는 코드 8-2와 같음

이 서브쿼리는 재귀 집합을 만들고 요소 수를 COUNT 함수로 셉니다. 기본 키 student_id를 비교 키로 사용하므로 재귀 집합의 요소가 한 개씩 증가합니다. 순번을 생성할 때 자주 사용하는 트릭입니다.

이런 두 가지 방법은 기능적으로는 동일하지만, 성능 측면에서는 7장에서도 설명했던 것처럼 윈도우 함수를 사용하는 편이 좋습니다. 윈도우 함수에서는 스캔 횟수가 1회입니다. 또 인덱스 온리 스캔을 사용하므로 테이블에 직접적인 접근을 회피합니다(그림 8-2). 한편 상관 서브쿼리를 사용하는 방법에서는 2회(w1과 w2)의 스캔이 실행됩니다(그림 8-3).

그림 8-2 윈도우 함수(코드 8-2)의 실행 계획(PostgreSQL)

```
WindowAgg (cost=0.15..89.45 rows=1510 width=20)
  -> Index Only Scan using weights_pkey on weights (cost=0.15..66.80 rows=150 width=20)
```

그림 8-3 상관 서브쿼리(코드 8-3)의 실행 계획(PostgreSQL)

```
Seq Scan on weights w1 (cost=0.00..8.79 rows=7 width=5)
  SubPlan 1
    -> Aggregate (cost=1.09..1.10 rows=1 width=0)
        -> Seq Scan on weights w2 (cost=0.00..1.09 rows=2 width=0)
              Filter: (student_id <= w1.student_id)
```

2. 기본 키가 여러 개의 필드로 구성되는 경우

그럼 이번에는 테이블을 조금 바꿔서 기본 키를 두 개로 만들어보겠습니다. [코드 8-4]와 같은 SQL을 실행해서 [그림 8-4]와 같은 테이블을 작성해주세요. 이번에는 학급(class), 학생 ID(student_id)가 기본 키입니다. 이런 경우에는 순번을 어떻게 할당할까요?

코드 8-4 체중 테이블2 정의

```
CREATE TABLE Weights2
(class      INTEGER NOT NULL,
 student_id CHAR(4)  NOT NULL,
 weight     INTEGER NOT NULL,
     PRIMARY KEY(class, student_id));

INSERT INTO Weights2 VALUES(1, '100', 50);
INSERT INTO Weights2 VALUES(1, '101', 55);
INSERT INTO Weights2 VALUES(1, '102', 56);
INSERT INTO Weights2 VALUES(2, '100', 60);
INSERT INTO Weights2 VALUES(2, '101', 72);
INSERT INTO Weights2 VALUES(2, '102', 73);
INSERT INTO Weights2 VALUES(2, '103', 73);
```

그림 8-4 체중 테이블2

Weights2(체중2)

class(학급)	student_id(학생 ID)	weight(체중 kg)
1	100	50
1	101	55
1	102	56
2	100	60
2	101	72
2	102	73
2	103	73

– 윈도우 함수를 사용

ROW_NUMBER를 사용하는 경우는 머리를 굴릴 필요가 전혀 없습니다. ORDER BY의 키에 필드를 추가하기만 하면 됩니다(코드 8-5).

코드 8-5 기본 키가 여러 개의 필드로 구성되는 경우(ROW_NUMBER)

```
SELECT class, student_id,
       ROW_NUMBER() OVER (ORDER BY class, student_id) AS seq
  FROM Weights2;
```

실행 결과

```
class | student_id | seq
------+------------+------
    1 | 100        |  1
    1 | 101        |  2
    1 | 102        |  3
    2 | 100        |  4
    2 | 101        |  5
    2 | 102        |  6
    2 | 103        |  7
```

– 상관 서브쿼리를 사용

반면 상관 서브쿼리의 경우는 어떨까요? 여러 가지 방법이 있지만 가장 간단한 방법은 **다중 필드 비교**를 사용하는 것입니다(코드 8-6). 다중 필드 비교는 이름 그대로 복합적인 필드를 하나의 값으로 연결하고 한꺼번에 비교하는 기능입니다.

코드 8-6 기본 키가 여러 개의 필드로 구성되는 경우(상관 서브쿼리 : 다중 필드 비교)

```
SELECT class, student_id,
      (SELECT COUNT(*)
         FROM Weights2 W2
        WHERE (W2.class, W2.student_id)
              <= (W1.class, W1.student_id)) AS seq
  FROM Weights2 W1;
```

실행 결과는 [코드 8-5]와 같음

이 방법의 장점은 필드 자료형을 원하는대로 지정할 수 있다는 것입니다. 숫자와 문자열, 문자열과 숫자라도 가능합니다. 암묵적인 자료형 변환도 발생하지 않으므로 기본 키 인덱스도 사용할 수 있습니다. 또한 필드가 3개 이상일 때도 간단하게 확장할 수 있습니다.

3. 그룹마다 순번을 붙이는 경우

이번에는 학급마다 순번을 붙이는 경우입니다. 테이블을 그룹으로 나누고 그룹마다 내부 레코드에 순번을 붙이는 것입니다.

– 윈도우 함수를 사용

윈도우 함수로 이를 구현하려면 [코드 8-7]처럼 class 필드에 PARTITION BY를 적용해줍니다.

코드 8-7 학급마다 순번 붙이기(ROW_NUMBER)

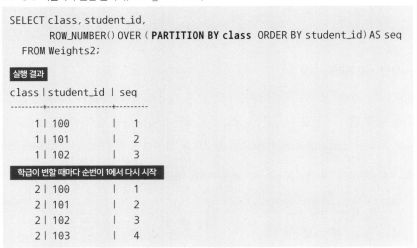

```
SELECT class, student_id,
       ROW_NUMBER() OVER ( PARTITION BY class ORDER BY student_id) AS seq
  FROM Weights2;
```

실행 결과

```
class │student_id │ seq
--------+----------------+---------
    1│ 100           │  1
    1│ 101           │  2
    1│ 102           │  3
```
학급이 변할 때마다 순번이 1에서 다시 시작
```
    2│ 100           │  1
    2│ 101           │  2
    2│ 102           │  3
    2│ 103           │  4
```

– 상관 서브쿼리를 사용

상관 서브쿼리를 사용하는 때도 비슷합니다(코드 8-8).

코드 8-8 학급마다 순번 붙이기(상관 서브쿼리)

```
SELECT class, student_id,
       (SELECT COUNT(*)
          FROM Weights2 W2
         WHERE W2.class = W1.class
           AND W2.student_id <= W1.student_id) AS seq
  FROM Weights2 W1;
```

실행 결과는 [코드 8-7]과 같음

4. 순번과 갱신

그럼 마지막으로 검색이 아니라 갱신에서 순번을 매기는 방법을 살펴봅시다. Weights2 테이블을 변경해서 테이블에 순번 필드(seq)를 만듭니다(그림 8-5). 테이블 정의는 [코드 8-9]입니다. 이 필드에 순번을 갱신하는 UPDATE 구문을 만들어봅시다.

그림 8-5 체중 테이블3 (순번 필드를 채우고 싶음)

Weights3(체중3)

class(학급)	student_id(학생 ID)	weight(체중 kg)	seq(순번)
1	100	50	
1	101	55	
1	102	56	
2	100	60	
2	101	72	
2	102	73	
2	103	73	

코드 8-9 체중 테이블3 정의

```
CREATE TABLE Weights3
(class       INTEGER NOT NULL,
 student_id CHAR(4)  NOT NULL,
 weight      INTEGER NOT NULL,
 seq         INTEGER NULL,
    PRIMARY KEY(class, student_id));

INSERT INTO Weights3 VALUES(1, '100', 50, NULL);
INSERT INTO Weights3 VALUES(1, '101', 55, NULL);
INSERT INTO Weights3 VALUES(1, '102', 56, NULL);
INSERT INTO Weights3 VALUES(2, '100', 60, NULL);
INSERT INTO Weights3 VALUES(2, '101', 72, NULL);
INSERT INTO Weights3 VALUES(2, '102', 73, NULL);
INSERT INTO Weights3 VALUES(2, '103', 73, NULL);
```

– 윈도우 함수를 사용

기본적으로는 앞에서 본 순번 할당 쿼리를 SET 구로 넣는 방법을 생각해볼 수 있는데요. ROW_NUMBER를 쓸 경우에는 서브쿼리를 함께 사용해야 합니다(코드 8-10).

코드 8-10 순번 갱신(ROW_NUMBER)

```
UPDATE Weights3
    SET seq = (SELECT seq
                  FROM (SELECT class, student_id,
                              ROW_NUMBER()
                              OVER (PARTITION BY class
                                        ORDER BY student_id) AS seq
                          FROM Weights3) SeqTbl
                                  ─ SeqTbl라는 서브쿼리를 만들어야 함
                  WHERE Weights3.class = SeqTbl.class
                    AND Weights3.student_id = SeqTbl.student_id);
```

```
class |student_id |weight |seq
------+-----------+-------+------
    1 |100        |    50 | 1
    1 |101        |    55 | 2
    1 |102        |    56 | 3
    2 |100        |    60 | 1
    2 |101        |    72 | 2
    2 |102        |    73 | 3
    2 |103        |    73 | 4
```

– 상관 서브쿼리를 사용

상관 서브쿼리를 사용하는 경우에는 그냥 넣어주면 됩니다(코드 8-11)[1].

코드 8-11 순번 갱신(상관 서브쿼리)

```
UPDATE Weights3
    SET seq = (SELECT COUNT(*)
                 FROM Weights3 W2
                WHERE W2.class = Weights3.class
                  AND W2.student_id <= Weights3.student_id);
```

이렇게 SQL에서 순번을 붙이는 방법을 살펴보았습니다. 이어서 순번을 사용하는 실무적인 예제를 살펴봅시다.

----

1 저자주_ MySQL은 갱신 SQL 내부의 서브쿼리에서 테이블 자기 참조가 불가능합니다. 따라서 [코드 8-11]을 실행하면 오류가 발생합니다.

24강

레코드에 순번 붙이기 응용

테이블의 레코드에 순번을 붙일 수 있다면, SQL에서 자연 수열(순번)의 성질을 활용한 다양한 테크닉을 사용할 수 있습니다. 일단은 자연수의 성질 중에 '연속성'과 '유일성'을 사용해봅시다. 연속성이란 '5 다음에 9'처럼 건너뛰는 일이 없는 것입니다. 그리고 유일성은 '수열 내부에 있는 하나의 숫자는 한 번만 나타난다'라는 것입니다. 두 가지 모두 자연 수열에서는 당연한 성질이지만 다양하게 활용할 수 있습니다.

1. 중앙값 구하기

그럼 일단 통계의 지표로 사용되는 중앙값(median, 중간값이라고도 부릅니다)을 구하는 방법을 생각해봅시다. 중앙값이란 숫자를 정렬하고 양쪽 끝에서부터 수를 세는 경우 정중앙에 오는 값입니다. 단순 평균(mean)과 다르게 아웃라이어[1]에 영향을 받지 않는다는 장점이 있습니다.

다시 학생의 체중을 나타내는 테이블을 예제로 사용해봅시다. 중앙값의 산출 방법은 데이터 수가 홀수일 때와 짝수일 때가 다르므로 샘플 데이터도 두 가지 패턴을 준비합니다(그림 8-6, 그림 8-7). 홀수라면 중앙의 값을 그냥 사용하면 됩니다. 하지만 짝수라면 중앙에 있는 두 개의 값의 평균을 사용합니다. 샘플 데이터에서 보면 홀수일 경우는 학생 B343의 60kg, 짝수일 경우는 학생 B343과 B346의 평

---

1 저자주_ 아웃라이어(outlier)는 숫자 집합 내부의 중앙에서 극단적으로 벗어나 있는 예외적인 값입니다. 예를 들어 (1, 0, 1, 2, 1, 3, 9999)라는 숫자 집합이 있다면 9999가 아웃라이어입니다.

균인 66kg이 중앙값입니다.

그림 8-6 체중 테이블(홀수 : 중앙값 = 60)

Weights(체중)

student_id(학생 ID)	weight(체중 kg)
A100	50
A101	55
A124	55
B343	60
B346	72
C563	72
C345	72

그림 8-7 체중 테이블(짝수 : 중앙값 = 66)

Weights(체중)

student_id(학생 ID)	weight(체중 kg)
A100	50
A101	55
A124	55
B343	60
B346	72
C563	72
C345	72
C478	90

– 집합 지향적 방법

전통적인 집합 지향적 방법으로 중앙값을 구하는 방법을 알아보겠습니다. 테이블을 상위 집합과 하위 집합으로 분할하고 그 공통 부분을 검색하는 방법입니다(코드 8-12).

코드 8-12 중앙값 구하기(집합 지향적 방법) : 모집합을 상위와 하위로 분할

```
SELECT AVG(weight)
  FROM (SELECT W1.weight
          FROM Weights W1, Weights W2
         GROUP BY W1.weight
                --S1(하위 집합)의 조건
         HAVING SUM(CASE WHEN W2.weight >= W1.weight THEN 1 ELSE 0 END)
                >= COUNT(*) / 2
                --S2(상위 집합)의 조건
           AND SUM(CASE WHEN W2.weight <= W1.weight THEN 1 ELSE 0 END)
                >= COUNT(*) / 2 ) TMP;
```

이 해법의 포인트는 HAVING 구입니다. CASE 식에 표현한 두 개의 특성 함수
2로 모집합 Weights를 상위 집합과 하위 집합으로 분할합니다(그림 8-8). 외측
의 AVG 함수는 테이블의 레코드 수가 짝수일 때 평균을 계산하기 위해 사용하
는 것입니다. 이는 집합 지향적인 발상에 기반한 지극히 'SQL스러운' 방법입니다.

그림 8-8 집합 지향적인 방법

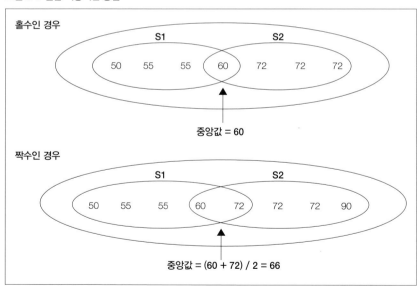

---

2 저자주_ 어떤 값이 특정 집합에 포함되는지 판별하는 함수입니다. 포함된다면 1, 포함되지 않는다면 0을 리턴합니다.

그런데 이 방법에는 두 가지 단점이 있습니다. 첫 번째는 코드가 복잡해서 무엇을 하고 있는 것인지 한 번에 이해하기 힘들다는 것입니다. 그리고 두 번째는 성능이 나쁘다는 것입니다. 실행 계획을 살펴봅시다(그림 8-9).

그림 8-9 실행 계획(PostgreSQL)

```
Aggregate (cost=3.76..3.77 rows=1 width=4)
   -> HashAggregate (cost=3.63..3.71 rows=4 width=8)
       Filter: ((sum(CASE WHEN (w2.weight >= w1.weight)
                          THEN 1 ELSE 0 END) >= (count(*) / 2))
               AND (sum(CASE WHEN (w2.weight <= w1.weight)
                          THEN 1 ELSE 0 END) >= (count(*) / 2)))
       -> Nested Loop (cost=0.00..2.77 rows=49 width=8)
           -> Seq Scan on weights w1 (cost=0.00..1.07 rows=7 width=4)
           -> Materialize (cost=0.00..1.11 rows=7 width=4)
               -> Seq Scan on weights w2 (cost=0.00..1.07 rows=7 width=4)
```

실행 계획에 Nested Loops가 나타나는 것을 보면 알 수 있듯이 W1 또는 W2에 결합이 수행됩니다. 이 두 개의 테이블은 같은 Weights 테이블이므로 결국 자기 결합을 수행하는 것입니다. 결합이라는 것이 비용이 높은 실행 계획이라는 점과 불안정하다는 리스크를 안고 있다는 점은 6장에서 이미 자세하게 설명했습니다.

이러한 단점을 해결하려면 어떻게 해야 할까요? 이럴 때 등장하는 것이 윈도우 함수입니다.

− 절차 지향적 방법 ❶ − 세계의 중심을 향해

SQL에서 자연수의 특징을 활용하면 '양쪽 끝부터 숫자 세기'를 할 수 있습니다(코드 8-13).

코드 8-13 중앙값 구하기(절차 지향형 ❶) : 양쪽 끝에서 레코드 하나씩 세어 중간을 찾음

```
SELECT AVG(weight) AS median
  FROM (SELECT weight,
               ROW_NUMBER() OVER (ORDER BY weight ASC, student_id ASC) AS hi,
               ROW_NUMBER() OVER (ORDER BY weight DESC, student_id DESC) AS lo
          FROM Weights) TMP
 WHERE hi IN (lo, lo +1 , lo -1);
```

이 쿼리가 무엇을 하는지 그림으로 나타내면 [그림 8-10]과 같습니다. 세계의 양쪽 끝에 서있는 두 명의 여행자를 상상해보세요. 이 두 사람은 서로 마주선 채 같은 속도(매 시간당 한 칸)로 움직입니다. 따라서 이 두 사람이 만나는 지점이 '세계의 중심'이 될 것입니다(그림 8-10).

그림 8-10 절자지향형 방법

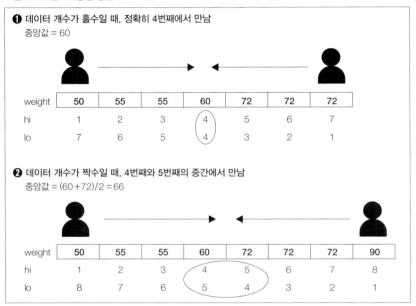

홀수의 경우에는 hi = lo가 되어 중심점이 반드시 하나만 존재할 것입니다. 하지만 짝수의 경우에는 hi = lo + 1과 hi = lo −1의 두 개가 존재합니다. 홀수과 짝수일 경우의 조건 분기를 IN 연산자로 한꺼번에 수행하는 점에도 주목해주세요.

이러한 답에는 주의할 점이 두 가지 있습니다. 첫 번째는 순번을 붙일 때 반드시 ROW_NUMBER 함수를 사용해야 한다는 것입니다. 비슷한 기능을 수행하는 RANK 또는 DENSE_RANK 함수는 '7위 다음에 9위'라던지 '11위가 두 명'이 되는 경우가 발생할 수 있으므로 여행자를 일정한 속도로 걷게 만들 수 없습니다. 따라서 ROW_NUMBER 함수를 사용해야 레코드 집합에 자연수의 집합을 할당해서 연속성과 유일성을 갖게 만들 수 있습니다.

두 번째 주의점은 ORDER BY의 정렬 키에 weight 필드뿐만 아니라 기본 키인 student_id도 포함해야 한다는 것입니다. 단순하게 생각하면 체중을 바탕으로 중 앙값을 구하는 것이므로 ORDER BY 키는 weight 필드에만 지정해도 충분하겠 다고 생각할 수 있습니다. 하지만 student_id를 포함하지 않으면 결과가 NULL이 될 수 있습니다. 왜 이 쿼리에서 ORDER BY의 키에 student_id가 필요한지는 이 번 8장의 연습문제에서도 살펴보겠지만, 미리 생각해보기 바랍니다.

그러면 실행 계획을 확인해봅시다(그림 8-11).

그림 **8-11** 실행 계획(PostgreSQL)

```
Aggregate (cost=1.71..1.72 rows=1 width=4)
  -> Subquery Scan on tmp (cost=1.41..1.70 rows=1 width=4)
       Filter: ((tmp.hi = tmp.lo)
              OR (tmp.hi = (tmp.lo + 1))
              OR (tmp.hi = (tmp.lo - 1)))
       -> WindowAgg (cost=1.41..1.55 rows=7 width=9)
            -> Sort (cost=1.41..1.42 rows=7 width=9)
                 Sort Key: weights.weight, weights.student_id
                 -> WindowAgg (cost=1.17..1.31 rows=7 width=9)
                      -> Sort (cost=1.17..1.19 rows=7 width=9)
                           Sort Key: weights.weight, weights.student_id
                           -> Seq Scan on weights (cost=0.00..1.07 rows=7 width=9)
```

Weights 테이블에 대한 접근이 1회로 감소하고 결합이 사용되지 않는다는 것을 알 수 있습니다. 그 대신 정렬이 2회로 늘었는데요. 이는 두 개의 ROW_NUMBER 에서 사용하는 정렬 순서가 오름차순과 내림차순으로 다르기 때문입니다. [코드 8-12]의 집합 지향적 코드와 비교하면 결합을 제거한 대신 정렬이 1회 늘어났다 고 볼 수 있습니다. Weights 테이블이 충분히 클 경우 이런 트레이드오프는 이득 입니다.

– 절차 지향적 방법 ❷ – 2 빼기 1은 1

ROW_NUMBER를 사용한 방법은 굉장히 깔끔하지만 성능적으로 이런 방법이 가장 좋다고 말할 수는 없습니다. 성능적으로 개선하면 [코드 8-14]처럼 됩니다.

코드 8-14 중앙값 구하기(절차 지향형 방법)❷ : 반환점 발견

```
SELECT AVG(weight)
  FROM (SELECT weight,
               2 * ROW_NUMBER() OVER(ORDER BY weight)
                 - COUNT(*) OVER() AS diff
          FROM Weights) TMP
 WHERE diff BETWEEN 0 AND 2;
```

얼핏 봐서는 무엇을 하는 코드인지 쉽게 알기 어렵습니다. 설명하자면, ROW_
NUMBER 함수로 구한 순번을 2배 해서 diff를 구하고, 거기에서 COUNT(*)을
빼는 것입니다.

예를 들어, 앞에서 본 것처럼 50, 55, 55, 60, 72, 72, 72라는 7개의 데이터가 있
을 때, 내부의 서브쿼리에서 생성되는 테이블은 다음과 같습니다(마지막 diff 필드
는 2 * ROW_NUMBER() − COUNT(*)입니다). 이후에 diff가 0~2인 값을 찾
고, 평균을 구하는 것이므로, 중간값은 60이 됩니다.

weight	ROW_NUMBER()	2 * ROW_NUMBER()	COUNT(*)	diff
50	1	2	7	−5
55	2	4	7	−3
55	3	6	7	−1
60	4	8	7	1
72	5	10	7	3
72	6	12	7	5
72	7	14	7	7

이 방법은 정렬을 한 번만 사용하므로 성능이 좋습니다. COUNT 함수의 OVER
구문에 ORDER BY가 없으므로, 옵티마이저는 단순하게 ROW_NUMBER 함수
의 OVER 구문의 ORDER BY만 정렬로 계획하기 때문입니다. 실행 계획을 확인
해봅시다(그림 8-12).

그림 **8-12** 실행 계획(PostgreSQL)

```
Aggregate (cost=1.52..1.53 rows=1 width=4)
  -> Subquery Scan on tmp (cost=1.17..1.52 rows=1 width=4)
       Filter: ((tmp.y >= 0) AND (tmp.y <= 2))
       -> WindowAgg (cost=1.17..1.41 rows=7 width=4)
            -> WindowAgg (cost=1.17..1.29 rows=7 width=4)
                 -> Sort (cost=1.17..1.19 rows=7 width=4)
                      Sort Key: weights.weight
                      -> Seq Scan on weights (cost=0.00..1.07 rows=7 width=4)
```

정렬이 1회 줄어든 것을 확인할 수 있습니다. 벤더의 독자적인 확장 기능에서 제공하는 중앙값 함수를 제외한다면, 이 방법이 SQL 표준으로 중앙값을 구하는 가장 빠른 쿼리입니다.

2. 순번을 사용한 테이블 분할

이어서 테이블을 여러 개의 그룹으로 분할하는 문제를 살펴봅시다. 데이터를 특정 기준으로 그룹화하는 일은 실무에서도 자주 발생합니다.

– 단절 구간 찾기

일단 단순한 예제부터 시작합시다. [그림 8-13]은 1부터 시작하는 순번 테이블입니다. 그런데 어떤 사정에 의해 중간중간에 비어있는 숫자가 생겨 조금 이상한 형태가 되었습니다. 예를 들어 레스토랑 또는 극장의 좌석 번호를 관리하는 테이블 정도로 생각하면 좋겠습니다. 이러한 경우 비어있는 숫자는 이미 예약된 좌석을 의미하겠죠? 테이블 정의는 [코드 8-15]입니다.

그림 **8-13** 순번 테이블

Numbers(순번)

num(숫자)
1
3
4
7

8
9
12

코드 8-15 순번 테이블 정의

```
CREATE TABLE Numbers( num INTEGER PRIMARY KEY);

INSERT INTO Numbers VALUES(1);
INSERT INTO Numbers VALUES(3);
INSERT INTO Numbers VALUES(4);
INSERT INTO Numbers VALUES(7);
INSERT INTO Numbers VALUES(8);
INSERT INTO Numbers VALUES(9);
INSERT INTO Numbers VALUES(12);
```

여기서 문제는 일련의 비어 있는 숫자를 [그림 8-14]처럼 출력하는 쿼리를 만드는 것입니다.

그림 8-14 비어있는 숫자들

```
gap_start ～ gap_end
---------- --- ---------
        2 ～        2
        5 ～        6
       10 ～       11
```

좌석 번호 2번처럼 비어있는 숫자가 한 번만 연속될 때도 gap_start와 gap_end를 사용해 출력해주세요.

– 집합 지향적 방법 – 집합의 경계선

절차 지향형 언어라면 테이블에서 레코드를 하나씩 읽어들이고, 해당 레코드와 다음 레코드의 숫자 차이가 1이 아니라면 그 사이에 비어있는 숫자가 있다라고 판정할 수 있을 것입니다. 반면 전통적인 SQL에서는 레코드 단위가 아니라 집합 단위로 생각해야겠죠? 고전적인 방법이라면 [코드 8-16]처럼 만들 수 있습니다[3].

---

[3] 저자주_ 이 방법은 『SQL Puzzles 2판』의 '퍼즐9. 비어있는 자리 있나요?'에서 소개하는 방법입니다.

코드 8-16 비어있는 숫자 모음을 표시

```
SELECT (N1.num + 1) AS gap_start,
       '~',
       (MIN(N2.num) - 1) AS gap_end
  FROM Numbers  N1 INNER JOIN Numbers  N2
    ON N2.num > N1.num
 GROUP BY N1.num
HAVING (N1.num + 1) < MIN(N2.num);
```

N2.num을 사용해 '특정 레코드의 값(N1.num)보다 큰 숫자의 집합'을 조건으로 지정했습니다(ON N2.num > N1.num). 이 집합들을 표로 나타내면 [표 8-1]과 같습니다.

표 8-1 특정 레코드를 기점으로 그보다 큰 숫자의 집합 구하기

	N1.num	N2.num	
S1	1	3	× 단절 있음(1 + 1 ≠ 3)
	1	4	
	1	7	
	1	8	
	1	9	
	1	12	
S2	3	4	○ 단절 없음(3 + 1 = 4)
	3	7	
	3	8	
	3	9	
	3	12	
S3	4	7	× 단절 있음(4 + 1 ≠ 7)
	4	8	
	4	9	
	4	12	
S4	7	8	○ 단절 없음(7 + 1 = 8)
	7	9	
	7	12	

S5	8	9	○ 단절 없음(8 + 1 = 9)
	8	12	
S6	9	12	× 단절 있음(9 + 1 ≠ 12)

S1~S6에서 MIN(N2.num)이 N1.num + 1이 되지 않는 S1, S3, S6에 주목해주세요. 특정한 숫자(N1.num) 다음의 숫자가 MIN(N2.num)과 일치하지 않는다면 거기에 **단절이 있다**는 것을 나타냅니다. 이를 SQL로 표현한 것이 HAVING 구의 (N1.num + 1) < MIN(N2.num)입니다.

이어서 N1.num 다음의 숫자가 비어있는 숫자의 시작값(gap_start)이고, N2.num 바로 앞에 있는 숫자가 종료값(gap_end)이 됩니다. 코드는 매우 간단하며 집합 지향적인 좋은 방법입니다. 다만, 집합 지향적인 방법은 반드시 자기 결합을 사용해야 합니다. 따라서 실행 계획이 [그림 8-15]처럼 나옵니다.

그림 8-15 집합 지향형의 실행 계획(PostgreSQL)

```
HashAggregate (cost=3.01..3.15 rows=7 width=8)
    Filter: ((n1.num + 1) < min(n2.num))
    -> Nested Loop (cost=0.00..2.89 rows=16 width=8)
            Join Filter: (n2.num > n1.num)
            -> Seq Scan on numbers n1 (cost=0.00..1.07 rows=7 width=4)
            -> Materialize (cost=0.00..1.11 rows=7 width=4)
                -> Seq Scan on numbers n2 (cost=0.00..1.07 rows=7 width=4)
```

N1과 N2에 Nested Loops로 결합이 일어나는 것을 확인할 수 있습니다. 결합을 사용하는 쿼리는 비용이 높으며 실행 계획 변동 위험을 안게 됩니다.

– 절차 지향적 방법 – '다음 레코드'와 비교

이 문제를 절차 지향적인 방법으로 해결한다면 어떻게 하면 될까요? 아마 대부분은 앞에서 설명했던 것처럼 '현재 레코드와 다음 레코드의 숫자 차이를 비교하고 차이가 1이 아니라면 사이에 비어있는 숫자가 있다'라는 방법을 사용할 것입니다. 이는 레코드의 순서를 활용하는 대표적인 절차 지향적 접근 방식입니다. SQL로 작성한다면 [코드 8-17]과 같습니다.

코드 8-17 다음 레코드와 비교

```
SELECT num + 1 AS gap_start,
       '~',
       (num + diff - 1) AS gap_end
  FROM (SELECT num,
               MAX(num)
                 OVER(ORDER BY num
                       ROWS BETWEEN 1 FOLLOWING
                              AND 1 FOLLOWING) - num
           FROM Numbers) TMP(num, diff)
 WHERE diff <> 1;
```

결과는 앞에서 본 집합 지향적인 방법과 완전히 같습니다. 이 쿼리에서 포인트는 윈도우 함수로 '현재 레코드의 다음 레코드'를 구하고, 이들 두 레코드의 숫자 차이를 diff 필드에 저장해 연산한다는 것입니다. 이해가 잘 가지 않는 독자를 위해 윈도우 함수 부분의 실행 결과를 따로 살펴보겠습니다(코드 8-18).

코드 8-18 서브쿼리 부분

```
SELECT num,
       MAX(num)
         OVER(ORDER BY num
               ROWS BETWEEN 1 FOLLOWING AND 1 FOLLOWING) AS next_num
  FROM Numbers;
```

실행 결과

```
 num | next_num
-----+-----------
   1 |        3
   3 |        4
   4 |        7
   7 |        8
   8 |        9
   9 |       12
  12 |
```

num 필드는 현재 숫자를 나타내고 next_num 필드는 다음 숫자를 나타냅니다. 이 차이가 1이 아니라면 사이에 비어있는 숫자가 존재한다는 것입니다([코드 8-17] 코드 외측의 WHERE 구에 있는 diff <> 1이 이 조건입니다).

이 방법의 실행 계획은 결합을 사용하지 않는 만큼 매우 간단합니다(그림 8-16).

그림 8-16 절차 지향형의 실행 계획(PostgreSQL)

```
WindowAgg (cost=1.17..1.29 rows=7 width=4)
  -> Sort (cost=1.17..1.19 rows=7 width=4)
      Sort Key: num
      -> Seq Scan on numbers (cost=0.00..1.07 rows=7 width=4)
```

Numbers 테이블에 한 번만 접근이 발생하고 윈도우 함수에서 정렬이 실행됩니다. 결합을 사용하지 않으므로 성능이 굉장히 안정적입니다[4]. SQL 레벨에서 보면 집합 지향적인 방법일 때는 데이터베이스 내부에서 반복이 사용되지만, 절차 지향적인 방법일 때는 반복이 사용되지 않는 것도 조금 특이한 부분입니다.

3. 테이블에 존재하는 시퀀스 구하기

지금까지는 테이블에 **존재하지 않는** 시퀀스를 찾았습니다. 이번에는 반대로 테이블에 존재하는 수열을 그룹화하는 방법을 생각해봅시다. 한 마디로 빈 자리의 덩어리를 구하는 것입니다. 친구 또는 가족 인원수에 맞게 자리를 예약하고 싶은 경우에는 이러한 덩어리를 구할 수 있어야 합니다. 샘플 테이블은 앞에서 본 [그림 8-13]의 Numbers 테이블을 사용합니다.

– 집합 지향적 방법 – 다시, 집합의 경계선

집합 지향적인 방법으로 테이블에 존재하는 시퀀스를 구하는 것은, 존재하지 않는 시퀀스를 구하는 것보다 훨씬 간단합니다. MAX/MIN 함수를 사용해서 시퀀스의 경계를 직접적으로 구할 수 있기 때문입니다. 답은 [코드 8-19]와 같습니다[5].

----

4 저자주_이 예제에서는 데이터 개수가 적으므로 '테이블 풀 스캔 + 정렬'이라는 실행 계획을 선택했습니다. 데이터 크기가 커질 때는 'Index Scan using numbers_pkey on numbers' 또는 'Index Only Scan using numbers_pkey on numbers'처럼 '기본 키의 인덱스를 사용한 스캔 + 윈도우 함수의 정렬을 생략'하는 형태의 계획이 선택되기도 합니다. 이럴 때는 집합 지향적인 방법의 실행 계획보다 효율적인 접근이 이루어집니다. 후자의 'Index Only Scan'에 대해서는 10장에서 자세하게 설명하겠습니다.

5 저자주_ 이 방법은 『Joe Celko's SQL for Smarties, Fourth Edition : Advanced SQL Programming』 (Morgan Kaufmann, 2010)의 32장에서 소개하는 방법입니다.

```
SELECT MIN(num) AS low,
       '~',
       MAX(num) AS high
  FROM (SELECT N1.num,
               COUNT(N2.num) - N1.num
          FROM Numbers N1 INNER JOIN Numbers N2
            ON N2.num <= N1.num
         GROUP BY N1.num) N(num, gp)
 GROUP BY gp;
```

실행 결과

```
low | ~ | high
-----+----+-------
  1 | ~ |    1
  3 | ~ |    4
  7 | ~ |    9
 12 | ~ |   12
```

자기 결합으로 num 필드의 조합을 만들고 최댓값과 최솟값으로 집합의 경계를 구하는 방식입니다. 이전과 큰 차이가 없으므로 조금만 보면 익숙할 것입니다. 그럼 대충 실행 계획이 어떻게 될지 예상할 수 있겠지요? 확인해보면 [그림 8-17]과 같습니다.

그림 8-17 집합 지향의 실행 계획(PostgreSQL)

```
HashAggregate (cost=3.18..3.25 rows=7 width=12)
  -> HashAggregate (cost=2.97..3.06 rows=7 width=8)
       -> Nested Loop (cost=0.00..2.89 rows=16 width=8)
            Join Filter: (n2.num <= n1.num)
            -> Seq Scan on numbers n1 (cost=0.00..1.07 rows=7 width=4)
            -> Materialize (cost=0.00..1.11 rows=7 width=4)
                 -> Seq Scan on numbers n2 (cost=0.00..1.07 rows=7 width=4)
```

N1과 N2에 자기 결합을 수행하고, 극치 함수(MIN 또는 MAX)로 집약을 수행합니다(2개의 HashAggregate). 이때 정렬 대신 해시(HashAggregate)가 사용되고 있다는 점도 주목해주세요. 4장에서도 설명했던 것처럼 최근의 DBMS는 집약 함수 또는 극치 함수를 사용할 때 정렬이 아니라, 해시를 사용하는 알고리즘을 활

용합니다[6].

덧붙이자면, 환경에 따라서는 [코드 8-19]도 Numbers 테이블에 대한 접근 수단
으로 시퀀셜 스캔 대신, 주 키의 인덱스를 사용한 인덱스 스캔(Index Scan 또는
Index Only Scan)이 나타날 수 있습니다.

– 절차 지향형 방법 – 다시 '다음 레코드 하나'와 비교

절차 지향형 방법도 기본적인 방식은 이전과 비슷합니다. 하지만 코드가 조금 길
어진답니다(코드 8-20).

코드 8-20 시퀀스 구하기(절자지향형)

```
SELECT low, high
  FROM (SELECT low,
               CASE WHEN high IS NULL
                 THEN MIN(high)
                      OVER (ORDER BY seq
                            ROWS BETWEEN CURRENT ROW
                                     AND UNBOUNDED FOLLOWING)
                 ELSE high END AS high
          FROM (SELECT CASE WHEN COALESCE(prev_diff, 0) <> 1
                         THEN num ELSE NULL END AS low,
                       CASE WHEN COALESCE(next_diff, 0) <> 1
                         THEN num ELSE NULL END AS high,
                       seq
                  FROM (SELECT num,
                               MAX(num)
                                 OVER(ORDER BY num
                                      ROWS BETWEEN 1 FOLLOWING
                                               AND 1 FOLLOWING) - num AS next_diff,
                               num - MAX(num)
                                 OVER(ORDER BY num
                                      ROWS BETWEEN 1 PRECEDING
                                               AND 1 PRECEDING) AS prev_diff,
                               ROW_NUMBER() OVER (ORDER BY num) AS seq
                          FROM Numbers) TMP1 ) TMP2) TMP3
 WHERE low IS NOT NULL;
```

----

6 저자주_ Oracle도 집약 함수의 실행 계획에서 'HASH GROUP BY'가 나타나는 경우가 많습니다.

이 코드는 테이블에 존재하지 않는 시퀀스를 구할 때와 마찬가지로, 현재 레코드와 전후의 레코드를 비교합니다. 내측의 서브쿼리 결과를 보면 쉽게 이해할 수 있을 것입니다.

일단 가장 내측에 있는 TMP1은, 현재 레코드와 전후의 레코드에 있는 num 필드의 차이를 구합니다(그림 8-18).

그림 8-18 현재 레코드와 전후의 레코드에 있는 num 필드의 차이(TMP1)

```
num | next_diff | prev_diff | seq
----+-----------+-----------+-------
  1 |        2 |           |  1
  3 |        1 |        2 |  2
  4 |        3 |        1 |  3
  7 |        1 |        3 |  4
  8 |        1 |        1 |  5
  9 |        3 |        1 |  6
 12 |          |        3 |  7
```

next_diff는 다음 레코드의 num에서 현재 레코드의 num을 뺀 값이고, prev_diff는 현재 레코드의 num에서 이전 레코드의 num을 뺀 값입니다. 따라서 next_diff가 1보다 크다면, 현재 레코드와 다음 레코드 사이에 비어있는 부분이 존재한다는 것입니다. 마찬가지로 prev_diff가 1보다 크다면, 이전 레코드와 현재 레코드 사이에 비어있는 부분이 있다는 것이지요.

이러한 성질을 사용하면, 시퀀스의 단절 부분이 되는 양쪽 지점의 num을 구할 수 있습니다. TMP2의 SELECT 구문에 사용한 CASE 식에서, next_diff와 prev_diff가 1인지 여부를 통해 경곗값인지를 판별합니다(그림 8-19). low 필드와 high 필드는 각 시퀀스의 양쪽 지점이 되는 값을 나타냅니다.

그림 8-19 현재 레코드와 전후의 레코드에 있는 num 필드의 차이(TMP2)

```
low | high |  seq
----+------+------
  1 |    1 |    1
  3 |      |    2
    |    4 |    3
  7 |      |    4
    |      |    5
    |    9 |    6
 12 |   12 |    7
```

이 시점에서 답 자체는 이미 구해졌습니다. 다만 '3~4' 또는 '7~9'처럼 동일한 레코드에 low 필드와 high 필드가 존재하지 않는 시퀀스가 존재하므로, 이를 정리해주고자 TMP3를 만들었습니다(그림 8-20).

그림 8-20 시퀀스 정리(TMP3)

```
low | high
----+------
  1 |    1
  3 |    4
    |    4
  7 |    9
    |    9
    |    9
 12 |   12
```

마지막으로 가장 외측의 WHERE low IS NOT NULL로 불필요한 레코드를 제거하면, 최종 결과를 구할 수 있습니다(그림 8-21).

그림 8-21 low 필드가 NULL인 레코드 제거

```
low | high
----+------
  1 |    1
  3 |    4
  7 |    9
 12 |   12
```

테이블에 존재하지 않는 시퀀스를 구하는 쿼리에 비해 코드가 길어져 위화감을 느낀 분도 있을지 모르겠네요. 사실 원한다면 쿼리를 줄일 수 있습니다. CASE 식에

서 만든 low 필드와 high 필드를 직접 외측에 있는 SELECT 구의 윈도우 함수 내부에 기술한다면, TMP2가 필요없기 때문입니다. 다만 그렇게 하면 코드가 읽기 힘들어지므로 여기에서는 그렇게 하지 않았습니다.

실행 계획은 [그림 8-22]와 같습니다.

그림 8-22 절차 지향형의 실행 계획(PostgreSQL)

```
Subquery Scan on tmp3 (cost=1.70..1.97 rows=7 width=8)
  Filter: (tmp3.low IS NOT NULL)
  -> WindowAgg (cost=1.70..1.90 rows=7 width=20)
      -> Sort (cost=1.70..1.72 rows=7 width=20)
          Sort Key: tmp1.seq
          -> Subquery Scan on tmp1 (cost=1.17..1.61 rows=7 width=20)
              -> WindowAgg (cost=1.17..1.54 rows=7 width=4)
                  -> WindowAgg (cost=1.17..1.40 rows=7 width=4)
                      -> WindowAgg (cost=1.17..1.29 rows=7 width=4)
                          -> Sort (cost=1.17..1.19 rows=7 width=4)
                              Sort Key: numbers.num
                              -> Seq Scan on numbers (cost=0.00..1.07 rows=7 width=4)
```

TMP1과 TMP3에서 윈도우 함수를 사용하므로 정렬도 2회 발생합니다[7]. PostgreSQL의 실행 계획은 들여쓰기가 필요 이상으로 많아 읽기 어려우므로, Oracle의 실행 계획도 함께 표시하겠습니다(그림 8-23). 내용적으로는 같습니다. 역시 윈도우 함수 때문에 2회의 정렬이 발생하는 것을 확인할 수 있습니다.

----

7 저자주_ TMP1 내부에는 3개의 윈도우 함수가 존재하지만, 이중 2개의 윈도우 함수는 정렬 키가 모두 num 필드 오름차순이므로 정렬이 1회만 발생합니다.

그림 8-23 절차 지향형의 실행 계획(Oracle)

```
|Id | Operation                | Name      | Rows | Bytes | Cost (%CPU)| Time      |

| 0 | SELECT STATEMENT         |           |   7 |  182 |    4  (50)| 00:00:01 |
|*1 |   VIEW                   |           |   7 |  182 |    4  (50)| 00:00:01 |
| 2 |    WINDOW SORT           |           |   7 |  364 |    4  (50)| 00:00:01 |
| 3 |     VIEW                 |           |   7 |  364 |    3  (34)| 00:00:01 |
| 4 |      WINDOW SORT         |           |   7 |   21 |    3  (34)| 00:00:01 |
| 5 |       TABLE ACCESS FULL  | NUMBERS   |   7 |   21 |    2   (0)| 00:00:01 |
```

또한 PostgreSQL의 실행 계획에서는 Subquery Scan on tmp1처럼 서브쿼리 스캔이 TMP1과 TMP2에 발생합니다. 이는 서브쿼리의 결과를 일시 테이블에 전개하는 동작을 의미합니다. 이때 일시 테이블의 크기가 크면 비용이 높아질 가능성이 있습니다[8]. Oracle에서도 View라는 부분이 서브쿼리를 의미합니다. Oracle도 중간 결과를 메모리에 유지하므로, 결과가 크면 역시 저장소를 사용합니다. 따라서 이 쿼리가 성능 측면에서 집합 지향 쿼리에 비해 좋은지는 서브쿼리의 크기에도 의존하므로 단언할 수 없습니다[9].

추가로 [코드 8-20]도, 환경에 따라서는 Numbers 테이블에 접근하는 수단으로 시퀀셜 스캔 대신 주 키의 인덱스를 사용한 인덱스 스캔(Index Scan 또는 Index Only Scan)이 나타날 수도 있습니다.

----

8 저자주_ 일시 테이블은 저장소에 유지됩니다. 또한 일시 테이블에는 인덱스 또는 제약이 존재하지 않으므로, 풀 스캔이 채택되는 경우가 많습니다.

9 저자주_ 테이블의 크기가 클수록 집합 지향 방법의 자기 결합 비용이 커집니다.

시퀀스 객체. IDENTITY 필드, 채번 테이블

표준 SQL에는 순번을 다루는 기능으로 시퀀셜 객체와 IDENTITY 필드가 존재합니다. 비교적 새로운 기능이지만, 현재 대부분의 구현에서 사용할 수 있습니다[1]. 이들 두 기능에 대한 이 책의 입장은 다음과 같이 간결합니다.

모두 최대한 사용하지 않기

설령 사용할 수밖에 없는 경우라도 꼭 필요한 부분에만 사용하기 바랍니다. 그리고 IDENTITY 필드보다는 시퀀스 객체를 사용해주세요.

1. 시퀀스 객체

시퀀스 객체는 '객체'라는 용어에서 알 수 있듯이 테이블 또는 뷰처럼 스키마 내부에 존재하는 객체 중 하나입니다. 따라서 테이블 또는 뷰를 생성할 때 사용하는 CREATE 구문으로 정의합니다(코드 8-21).

코드 8-21 시퀀스 객체 정의 예

```
CREATE SEQUENCE testseq
START WITH 1
INCREMENT BY 1
MAXVALUE 100000
MINVALUE 1
CYCLE;
```

----

1 저자주_ IDENTITY 필드는 Oracle이 지원하지 않습니다. 또한 시퀀스 객체는 MySQL이 지원하지 않습니다.

주요 지정 옵션은 구현환경에 따라 차이가 있지만 'START(초깃값)', 'INCREMENT (증가값)', 'MAXVALUE(최댓값)', 'MINVALUE(최솟값)', 'CYCLE(최댓값에 도달했을 때 순환 유무)' 정도의 옵션은 대부분의 구현에서 지원합니다. 이렇게 만들어진 시퀀스 객체는 SQL 구문 내부에서 접근해 수열을 생성할 수 있습니다.

이 기능이 가장 자주 사용되는 장소는 바로 INSERT 구문 내부입니다(코드 8-22). 시퀀스 객체로 만들어진 순번을 기본 키로 사용해 레코드를 INSERT 하는 것입니다[2].

코드 8-22 시퀀스 객체를 사용한 레코드 INSERT 구문

```
INSERT INTO HogeTbl VALUES(NEXT VALUE FOR nextval, 'a', 'b', ...);
```

– 시퀀스 객체의 문제점

시퀀스 객체의 문제점은 다음과 같이 세 가지로 정리할 수 있습니다.

  ❶ 표준화가 늦어서, 구현에 따라 구문이 달라 이식성이 없고, 사용할 수 없는 구현도 있다.
  ❷ 시스템에서 자동으로 생성되는 값이므로 실제 엔티티 속성이 아니다.
  ❸ 성능적인 문제를 일으킨다.

구현 간 이식성을 신경쓰지 않아도 되는 경우라면 문제 ❶을 단점이라고 볼 수는 없습니다. 문제 ❷ 역시 어느 정도 의미는 있지만, 실제 실무에서는 무시되는 경우가 많습니다(그냥 사용하면 되니까요). 하지만 문제 ❸은 실무에서도 무시할 수 없는 것이므로, 이를 중심으로 추가 설명하겠습니다.

– 시퀀스 객체로 발생하는 성능 문제

일단 시퀀스 객체의 로직에 의존하는 문제입니다. 시퀀스 객체가 생성하는 순번은 기본적으로 다음과 같은 세 가지 특성을 가집니다.

  • 유일성
  • 연속성

----

2 저자주_ 시퀀스 객체에 접근하는 구문은 구현에 따라 다릅니다. 표준 SQL을 지원하는 것은 DB2와 Microsoft SQL Server입니다. Oracle에서는 [시퀀셜 이름]nextval/[시퀀셜 이름].currval의 형태로 사용하고, PostgreSQL에서는 nextval('시퀀셜 이름')/currval('시퀀셜 이름')의 형태로 사용합니다.

• 순서성

유일성과 연속성에 대해서는 앞서 24강에서도 설명했지만, 간단하게 복습하겠습니다.

유일성은 중복값이 생성되지 않는다는 것입니다. 예를 들어서 '1, 2, 2, 3, 4, 5, 5, 5'라는 수열에서는 2와 5가 중복되므로 유일성이 없습니다. 중복값이 발생하면 기본 키로 사용할 수 없습니다. 따라서 이는 시퀀스 객체로써의 가장 기본적인 성질이라고 할 수 있습니다.

연속성은 생성된 값에 비어있는 부분이 없다는 것입니다. 예를 들어서 '1, 2, 4, 5, 6, 8'이라는 수열에서는 3과 7이 비어있습니다. 따라서 연속성이 없습니다. 다만 기본 키의 필수적인 제약이 아니므로, 옵션 설정에 따라서 연속성을 배제할 수 있습니다.

순서성은 순번의 대소 관계가 역전되지 않는다는 의미입니다. 예를 들어 '1, 2, 5, 4, 6, 8, 7'이라는 수열에서는 4와 5, 7과 8의 대소 관계가 역전되어 있으므로 순서성을 만족하지 않습니다. 마찬가지로 기본 키의 필수적인 제약이 아니므로, 옵션 설정에 따라서 순서성을 배제할 수 있습니다.

시퀀스 객체는 기본 설정(default settings)에서 이러한 세 가지 성질을 모두 만족하는 순번을 생성합니다. 따라서 동시 실행 제어를 위해 락(lock) 메커니즘이 필요합니다. 어떤 사용자가 시퀀스 객체를 사용하고 있다면, 시퀀스 객체를 락해서 다른 사용자로부터의 접근을 블록하는 배타 제어를 수행합니다. 사용자 A가 시퀀스 객체에서 NEXT VALUE를 검색할 때의 처리를 간단하게 나타낸다면 다음과 같습니다.

❶ 시퀀스 객체에 배타 락을 적용
❷ NEXT VALUE를 검색
❸ CURRENT VALUE를 1만큼 증가
❹ 시퀀스 객체에 배타 락을 해제

❶~❹의 단계 사이에 다른 사용자는 시퀀스 객체에 접근할 수 없습니다[3]. 따라서 동시에 여러 사용자가 시퀀스 객체에 접근하는 경우 락 충돌로 인해 성능 저하 문제가 발생합니다. 또한 어떤 사용자가 연속적으로 시퀀스 객체를 사용하는 경우에도 ❶~❹의 단계를 반복하므로 오버 헤드가 발생합니다. 다만 오버 헤드 평가는 정량적인 문제이므로 무조건 나쁘다고 할 수는 없습니다.

– 시퀀스 객체로 발생하는 성능 문제의 대처

이렇게 시퀀스 객체로 발생하는 성능 문제를 완화하는 방법으로 CACHE와 NOORDER 객체가 있습니다.

CACHE는 새로운 값이 필요할 때마다 메모리에 읽어들일 필요가 있는 값의 수를 설정하는 옵션입니다. 구현에 따라 기본값은 다르지만, 이 값을 크게 하면 접근 비용을 줄일 수 있습니다. 다만 CACHE 옵션을 사용할 때는 부작용으로 시스템 장애가 발생할 때 연속성을 담보할 수 없습니다. 따라서 장애가 발생하면 비어있는 숫자가 생깁니다.

NOORDER 옵션은 순서성을 담보하지 않아서 오버 헤드를 줄이는 효과가 있습니다. 다만 순서성을 담보하고 싶은 경우에는 사용할 수 없습니다.

연속성 또는 순서성을 사용하지 않아도 되는 상황이라면 CACHE와 NOORDER를 채택해서 시퀀스 객체의 성능을 개선할 수 있습니다. 하지만 시퀀스 객체의 성능을 튜닝하는 방법 자체는 이 정도 뿐입니다.

– 순번을 키로 사용할 때의 성능 문제

시퀀스 객체가 성능 문제를 일으키는 두 번째 경우는 핫 스팟(Hot Spot)과 관련된 문제입니다. 사실 순번 또는 시간처럼 연속된 데이터를 다룰 경우에는 시퀀스 객체를 사용하지 않더라도 일어날 가능성이 있는 만큼, 꼭 시퀀스 객체 특유의 문제라고 할 수는 없습니다. 하지만 시퀀스 객체를 사용할 때는 거의 확실하게 나타나는 문제입니다.

....

3 저자주_ 만약 2와 3 사이에 사용자 B가 시퀀스 객체에 접근한다면 복수의 사용자가 동시에 같은 값을 가지는 NEXT VALUE를 사용하는 사태가 발생합니다.

이는 DBMS의 물리적인 저장 방식 때문에 발생하는데요. 순번처럼 비슷한 데이터를 연속으로 INSERT하면 물리적으로 같은 영역에 저장됩니다. 이때 저장소의 특정 물리적 블록에만 I/O 부하가 커지므로 성능 악화가 발생합니다. 이렇게 I/O 부하가 몰리는 부분을 '핫 스팟(Hot Spot)' 또는 '핫 블록(Hot Block)'이라고 부릅니다(그림 8-24)[4].

그림 8-24 핫스팟

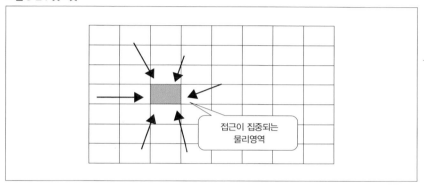

접근이 집중되는
물리영역

이러한 성능 악화의 대표적인 사례가, 시퀀스 객체를 사용한 INSERT를 반복해서 대량의 레코드를 생성하는 경우입니다. 반복과 관련된 문제가 다시 얼굴을 드러내는 것이지요. 문제는 이러한 문제에 대처하기가 거의 불가능하다는 점입니다. RDB는 물리적인 계층을 사용자로부터 은폐하는 것이 설계 기본입니다. 따라서 물리적인 계층의 접근 패턴을 사용자가 명시적으로 바꾸는 것이 거의 불가능합니다.

– 순번을 키로 사용할 때의 성능 문제에 대처

이러한 문제를 완화할 수 있는 방법은 크게 두 가지가 있습니다. 첫 번째는 Oracle의 역 키 인덱스처럼, 연속된 값을 도입하는 경우라도 DBMS 내부에서 변화를 주어 제대로 분산할 수 있는 구조(일종의 해시)를 사용하는 것입니다. 두 번째는 인

----

4 저자주_ 핫 스팟은 테이블과 인덱스에서도 발생할 수 있습니다. 발생 이유로는 특정 저장소 영역의 리소스 부하 증가라는 물리적인 요인과, 락 경합이라는 논리적인 요인을 꼽을 수 있습니다. 핫 스팟 발생 이론과 관련된 내용은 다음 문서를 참고하기 바랍니다.
Monotonically increasing clustered index keys can cause LATCH contention – MSDN Blogs
http://goo.gl/wfDjFd

덱스에 일부러 복잡한 필드를 추가해서 데이터의 분산도를 높이는 것입니다. 즉, (seq)만 유일한 값을 가지는 것이 아니라, (emp_id, seq)처럼 추가적인 필드를 사용해 인덱스를 만드는 것입니다.

하지만 이러한 방법에도 트레이드오프가 있습니다. 역 키 인덱스와 같은 구조를 사용하면 분명 INSERT 구문 자체는 빨라집니다. 하지만 반대로 범위 검색 등에서 I/O 양이 늘어나 SELECT 구문의 성능이 나빠질 위험이 있습니다. 또한 구현 의존적인 방법입니다. 인덱스에 불필요한 필드를 키로 추가한다는 것도 논리적인 차원에서 좋은 설계가 아닙니다. 나중에 설계를 보는 다른 엔지니어들이 "대체 이건 뭐지?"라고 생각할 수 있기 때문입니다.

이와 같이 시퀀스 객체를 사용했을 때의 성능 문제는 (물리 계층에서 발생한다는 점에서) 굉장히 뿌리 깊은 문제입니다. 따라서 시퀀스 객체는 최대한 사용하지 말아야 하며, 사용한다면 어떤 위험이 있는지 확실하게 인지해야 한다는 것이 결론입니다!

2. IDENTITY 필드

IDENTITY 필드는 '자동 순번 필드'라고도 합니다. 테이블의 필드로 정의하고, 테이블에 INSERT가 발생할 때마다 자동으로 순번을 붙여주는 기능입니다.

이러한 IDENTITY 필드는 기능적, 성능적 측면에서 모두 시퀀스 객체보다 심각한 문제를 가집니다. 기능적으로 시퀀스 객체는 테이블과 독립적이므로 여러 테이블에서 사용할 수 있습니다. 반대로 IDENTITY 필드는 특정한 테이블과 연결됩니다. 성능적으로도 시퀀스 객체는 적어도 CACHE, NOORDER를 지정할 수 있지만, IDENTITY 필드는 구현에 따라 이들을 아예 사용할 수 없거나 제한적으로만 사용할 수 있습니다. 따라서 IDENTITY 필드를 사용할 때의 이점은 거의 없다고 말해도 좋습니다.

3. 채번 테이블

최근에는 거의 찾아볼 수 없지만, 옛날에 만들어진 애플리케이션에서는 채번 테이블이라는 순번을 생성하는 전용 테이블을 사용하는 경우가 꽤 있었습니다. 구현이 시퀀스 객체와 IDENTITY 필드를 모두 지원하지 않던 시절, 순번을 부여하고 싶으면 애플리케이션 쪽에서 자체적으로 순번을 부여해야만 했습니다. 이는 테이블에서 유사적으로 시퀀스 객체를 구현한 것으로, 시퀀스 객체의 락 메커니즘을 테이블을 활용해 직접 구현했었습니다.

물론 성능이 제대로 나오지 않습니다. 또한 시퀀스 객체의 CACHE와 NOORDER 같은 개선 방법도 없습니다. 따라서 현재 시점에 설계하는 시스템이라면 사용할 이유가 전혀 없습니다. 만약 채번 테이블을 사용하는 구시대의 유물과 같은 시스템을 유지보수해야 한다면, 그 부분에서 바틀 넥(Bottle Neck)이 걸리지 않기를 기도하기 바랍니다. 바틀 넥이 걸려도 튜닝할 수 있는 방법이 전혀 없으니까요[5].

---

5 저자주_ 이러한 때는 데이터베이스가 아닌, 애플리케이션에서 순번을 생성하는 편이 차라리 낫습니다. 물론 연속성과 순서성을 사용할 것인지, 프로그래밍 언어는 어떤 것을 사용할지, 서버 스펙이 어느 정도일지 등에 의존하지만 데이터베이스에서 수행하는 것보다 빠를 수 있습니다. 다만 배타적인 제어를 해야 하므로 해당 부분에서 병목이 발생할 수 있다는 것은 데이터베이스와 같습니다. 배타 제어라는 것 자체가 병렬화가 어렵기 때문입니다.

마치며

- SQL에서 초기에 배제했던 절차 지향형이 윈도우 함수라는 형태로 부활

- 윈도우 함수를 사용하면 코드를 간결하게 기술할 수 있으므로 가독성 향상

- 윈도우 함수는 결합 또는 테이블 접근을 줄이므로 성능 향상을 가져옴

- 시퀀스 객체 또는 IDENTITY 필드는 성능 문제를 일으키는 원인이 되므로 사용할 때 주의가 필요

연습문제

해답은 400p

[코드 8-13]의 절차 지향형 쿼리에서는, 정렬 키로 체중(weight) 필드와 학생 ID(student_id) 필드를 사용했습니다. 이때 기본 키였던 학생 ID를 [코드 8-23]처럼 제외해버리면 코드가 제대로 동작하지 않습니다. 그 이유는 무엇일까요?

코드 8-23 student_id를 제외하면 동작하지 않음

```
SELECT AVG(weight) AS median
  FROM (SELECT weight,
               ROW_NUMBER() OVER (ORDER BY weight ASC) AS hi,
               ROW_NUMBER() OVER (ORDER BY weight DESC) AS lo
          FROM Weights) TMP
 WHERE hi IN (lo, lo +1 , lo -1);
```

샘플 테이블로 [코드 8-24]를 사용합니다. 이때 중앙값은 70kg과 60kg의 중간인 65kg입니다.

코드 8-24 샘플 테이블

```
DELETE FROM Weights;
INSERT INTO Weights VALUES('B346', 80);
INSERT INTO Weights VALUES('C563', 70);
INSERT INTO Weights VALUES('A100', 70);
INSERT INTO Weights VALUES('A124', 60);
INSERT INTO Weights VALUES('B343', 60);
INSERT INTO Weights VALUES('C345', 60);
```

9장

갱신과 데이터 모델

망치와 못

망치라는 도구만을 가지고 있는 사람에게는 모든 문제가 못으로 보인다.

_ Abraham Harold Maslow

갱신은 효율적으로

SQL의 'Q'가 'Query'(질의)의 축약이라는 점에서 알 수 있듯이 SQL이라는 언어는
탄생할 때부터 데이터베이스에서 정보를 검색하는 것을 주요 목적으로 설계되었습
니다. 실제로 우리가 업무에서 사용하는 SQL의 대부분은 SELECT 구문이라고 할
수 있습니다. 반면 UPDATE 또는 DELETE라는 갱신을 위한 기능은 상세하게 다
뤄볼 기회가 거의 없습니다. 최근 표준 SQL에 MERGE 구문이 추가되는 등 활발
한 확장이 이루어지고 있지만 사용자로부터 거의 주목받지 못하고 있습니다. 따라
서 강력한 기능들이 있음에도 널리 활용되지 못하고 있는 현실입니다.

그 결과 갱신과 관련된 SQL 구문은 검색 SQL 구문 이상으로 비효율적이고 성능이
좋지 않은 방향으로 작성됩니다. 대표적인 예가 5장에서 살펴보았던 '반복계'라고
할 수 있습니다. 반복계는 한 번에 한 개의 레코드를 갱신하는 간단한 SQL 구문을
반복으로 돌리는 것이었는데요. 성능적인 관점에서 좋지 않다는 것을 이미 살펴보
았습니다. 다만 5장에서는 주로 반복계와 관련된 검색 SQL을 다루었습니다. 따라
서 이번 장에서는 갱신을 효율적으로 수행하는 SQL을 케이스 스터디(case study)
를 통해 공부하겠습니다. 동시에 데이터베이스에서 갱신과 관련된 문제가 발생하
는 근원, 모델링 문제에 대해서도 생각해봅시다.

1. NULL 채우기

[그림 9-1]과 같은 샘플 테이블을 생각해봅시다. [코드 9-1]과 같은 SQL 구문
을 실행해주세요. keycol(키) + seq(순번)으로 유일함을 나타내는 딱히 특별할

것 없는 테이블입니다. 여기서 val 값이 NULL인 부분에 주목해 주세요. 이는 본
래 값은 있지만 이전 레코드(같은 keycol 필드를 갖고 seq 필드가 1 작은 레코드)
와 같은 값을 가지므로 생략한 것입니다. 종이 매체의 데이터를 컴퓨터에 입력해
서 전자 데이터로 변환할 때처럼, 입력 횟수를 줄이고자 이렇게 생략하는 경우가
자주 있습니다.

그림 9-1 OmitTbl : 채우기 이전 상태

```
keycol| seq |   val
------+-----+--------
A     | 1 |   50
A     | 2 |
A     | 3 |
A     | 4 |   70
A     | 5 |
A     | 6 |   900
B     | 1 |   10
B     | 2 |   20
B     | 3 |
B     | 4 |    3
B     | 5 |
B     | 6 |
```

※ keycol : 키, seq : 순번, val : 값

코드 9-1 OmitTbl 테이블 정의

```
CREATE TABLE OmitTbl
(keycol CHAR(8) NOT NULL,
 seq    INTEGER NOT NULL,
 val    INTEGER ,
  CONSTRAINT pk_OmitTbl PRIMARY KEY (keycol, seq));

INSERT INTO OmitTbl VALUES ('A', 1, 50);
INSERT INTO OmitTbl VALUES ('A', 2, NULL);
INSERT INTO OmitTbl VALUES ('A', 3, NULL);
INSERT INTO OmitTbl VALUES ('A', 4, 70);
INSERT INTO OmitTbl VALUES ('A', 5, NULL);
INSERT INTO OmitTbl VALUES ('A', 6, 900);
```

```
INSERT INTO OmitTbl VALUES ('B', 1, 10);
INSERT INTO OmitTbl VALUES ('B', 2, 20);
INSERT INTO OmitTbl VALUES ('B', 3, NULL);
INSERT INTO OmitTbl VALUES ('B', 4, 3);
INSERT INTO OmitTbl VALUES ('B', 5, NULL);
INSERT INTO OmitTbl VALUES ('B', 6, NULL);
```

컴퓨터가 아닌 사람의 경우 이러한 규칙을 알면 바로 어떤 값을 넣어야 할지 알수 있습니다. 하지만 데이터베이스에 이러한 데이터를 넣고 val의 값을 집계하는 것은 불가능합니다. 따라서 NULL이 들어가 있는 값에 진짜 값을 넣어줘야 합니다. 이제 NULL이 들어가 있는 레코드를 채워 [그림 9-2]와 같은 테이블을 만들 겠습니다.

그림 9-2 OmitTbl : 값을 채운 뒤 상태

```
keycol | seq |   val
-------+-----+-------
A      |  1  |    50
A      |  2  |    50      채웠음
A      |  3  |    50      채웠음
A      |  4  |    70
A      |  5  |    70      채웠음
A      |  6  |   900
B      |  1  |    10
B      |  2  |    20
B      |  3  |    20      채웠음
B      |  4  |     3
B      |  5  |     3      채웠음
B      |  6  |     3      채웠음
```

일단 val 필드가 NULL인 레코드가 갱신 대상입니다. 따라서 UPDATE 구문의 WHERE 구를 val IS NULL로 입력해야 한다는 것은 쉽게 알 수 있습니다. 문제는 갱신 대상이 되는 레코드에 val 필드를 계산해서 넣을 방법입니다. 대부분 커서(cursor) 또는 호스트 언어로 레코드를 하나씩 읽고 반복문을 돌리는, 반복계를 사용한 접근법이 먼저 떠오를 것입니다. 하지만 좋지 않은 방법이라는 것 또한 대부분 알고 있습니다.

계산을 할 때 하나의 레코드만으로는 어렵고 레코드 간 비교가 필요합니다. 고전적인 SQL의 사고방식을 사용한다면 상관 서브쿼리를 사용한 접근법이 떠오를 것입니다.

❶ 같은 keycol 필드를 가짐
❷ 현재 레코드보다 작은 seq 필드를 가짐
❸ val 필드가 NULL이 아님

즉, 앞에서 제시한 세 가지 조건을 만족하는 레코드 집합을 구하고, 그중 가장 큰 seq 필드를 가진 레코드를 찾으면 됩니다. 조건 ❷가 포인트인데요. 이 조건 때문에 현재 레코드 이전의 레코드로 차근차근 거슬러 올라가며 스캔합니다.

이를 상관 서브쿼리로 기술하면 답은 [코드 9-2]와 같습니다. 방금 살펴본 세 가지 조건 모두가 하나의 UPDATE 구문 내부에 들어가 있습니다.

코드 9-2 OmitTbl의 UPDATE 구문

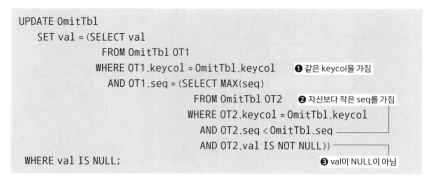

```
UPDATE OmitTbl
    SET val = (SELECT val
                  FROM OmitTbl OT1
                 WHERE OT1.keycol = OmitTbl.keycol      ❶ 같은 keycol을 가짐
                   AND OT1.seq = (SELECT MAX(seq)
                                    FROM OmitTbl OT2    ❷ 자신보다 작은 seq를 가짐
                                   WHERE OT2.keycol = OmitTbl.keycol
                                     AND OT2.seq < OmitTbl.seq
                                     AND OT2.val IS NOT NULL))
    WHERE val IS NULL;                                  ❸ val이 NULL이 아님
```

실행 계획은 [그림 9-3]처럼 됩니다. OT2에 대해 테이블 스캔의 결과를 MAX 함수로 집약하고 이것으로 OT1 테이블의 레코드를 특정합니다.

그림 9-3 상관 서브쿼리를 사용한 UPDATE 구문의 실행 계획(PostgreSQL)

```
------------------------------------------------------------------------------------
Update on omittbl (cost=0.00..3.50 rows=1 width=19)
  · > Seq Scan on omittbl (cost=0.00..3.50 rows=1 width=19)
        Filter: (val IS NULL)
        SubPlan 2
          -> Seq Scan on omittbl ot1 (cost=1.19..2.38 rows=1 width=4)
                Filter: ((keycol = omittbl.keycol) AND (seq = $2))
                InitPlan 1 (returns $2)
                  -> Aggregate (cost=1.18..1.19 rows=1 width=4)
                        -> Seq Scan on omittbl ot2 (cost=0.00..1.18 rows=2 width=4)
                              Filter: ((val IS NOT NULL) AND (seq < omittbl.seq) AND (keycol = omittbl.keycol))
```

지금은 테이블의 데이터양이 적으므로 테이블에 seq scan이 수행되고 있습니다. 데이터양이 늘어나면 (keycol, seq)를 기본 키 인덱스로 활용할 확률이 높습니다. 따라서 반복계에 비해 성능이 높을 수 있지요.

이번에는 Oracle의 실행 계획을 살펴봅시다. IS NULL 조건만 가지는 WHERE 구는 OmitTbl 테이블을 풀 스캔할 수밖에 없습니다. 하지만 내부에 있는 2개의 서브쿼리는 테이블에 접근할 때 기본 키 인덱스를 사용하는 것으로 나타납니다(그림 9-4). PostgreSQL에서도 데이터양이 늘어나면 이와 같이 인덱스를 사용해 실행 계획을 만들 가능성이 큽니다.

그림 9-4 상관 서브쿼리를 사용한 UPDATE 구문의 실행 계획(Oracle)

```
-------------------------------------------------------------------------------------------
| Id | Operation                      | Name      | Rows | Bytes | Cost (%CPU)| Time     |
-------------------------------------------------------------------------------------------
|  0 | UPDATE STATEMENT               |           |   1  |  36   |  5 (20)| 00:00:01|
|  1 |  UPDATE                        | OMITTBL   |      |       |        |         |
| *2 |   TABLE ACCESS FULL            | OMITTBL   |   1  |  36   |  2  (0)| 00:00:01|
|  3 |    TABLE ACCESS BY INDEX ROWID | OMITTBL   |   1  |  36   |  1  (0)| 00:00:01|
| *4 |     INDEX UNIQUE SCAN          | PK_OMITTBL|   1  |       |  1  (0)| 00:00:01|
|  5 |      SORT AGGREGATE            |           |   1  |  36   |        |         |
| *6 |       TABLE ACCESS BY INDEX ROWID| OMITTBL |   1  |  36   |  1  (0)| 00:00:01|
| *7 |        INDEX RANGE SCAN        | PK_OMITTBL|   1  |       |  2  (0)| 00:00:01|
-------------------------------------------------------------------------------------------
```

2. 반대로 NULL을 작성

반대로, 채우기 이후의 OmitTbl(그림 9-2)를 출발점에 놓고, 채우기 이전의 상태(그림 9-1)로 변환할 때도 비슷한 방식을 사용합니다. 바로 [코드 9-3]의 UPDATE 구문입니다.

코드 9-3 채우기 역연산 SQL(UPDATE 구문)

```
UPDATE OmitTbl
   SET val = CASE WHEN val
                = (SELECT val
                    FROM OmitTbl O1    스칼라 서브쿼리 전체를 CASE 식의 매개변수로 전달
                   WHERE O1.keycol = OmitTbl.keycol
                     AND O1.seq
                         = (SELECT MAX(seq)
                              FROM OmitTbl O2
                             WHERE O2.keycol = OmitTbl.keycol
                               AND O2.seq < OmitTbl.seq))
              THEN NULL
              ELSE val END;
```

앞에서 살펴본 조건 ❶~❸에 해당하는 레코드라면 NULL을 입력하고, 그렇지 않은 레코드에는 해당 레코드의 val 값을 입력하는 분기를 CASE 식으로 나타낸 것이 포인트입니다. 이러한 코드가 가능한 이유는 서브쿼리가 하나의 값을 리턴하는 스칼라 서브쿼리이기 때문입니다.

실행 계획은 [그림 9-3], [그림 9-4]와 거의 비슷하므로 생략하겠습니다.

27강

레코드에서 필드로의 갱신

이번에는 2개의 테이블을 사용해서 한쪽 테이블의 정보를 편집하고 다른 테이블로 복사하는 UPDATE 구문을 살펴보겠습니다. 학생의 시험 점수를 레코드로 가진 테이블과 필드로 가진 테이블을 샘플로 합니다(그림 9-5, 그림 9-6). 이때 [코드 9-4], [코드 9-5]과 같은 방법으로 작성해주세요.

그림 9-5 점수를 레코드로 갖는 테이블

ScoreRows

student_id(학생 ID)	subject(과목)	score(점수)
A001	영어	100
A001	국어	58
A001	수학	90
B002	영어	77
B002	국어	60
C001	영어	52
C003	국어	49
C003	사회	100

그림 9-6 점수를 필드로 갖는 테이블

ScoreCols

student_id(학생 ID)	score_en(영어 점수)	score_nl(국어 점수)	score_mt(수학 점수)
A001			
B002			
C003			

D004			

코드 9-4 점수를 레코드로 갖는 테이블 정의

```
CREATE TABLE ScoreRows
(student_id CHAR(4)    NOT NULL,
 subject    VARCHAR(8) NOT NULL,
 score      INTEGER ,
   CONSTRAINT pk_ScoreRows PRIMARY KEY(student_id, subject));

INSERT INTO ScoreRows VALUES ('A001',  '영어',  100);
INSERT INTO ScoreRows VALUES ('A001',  '국어',  58);
INSERT INTO ScoreRows VALUES ('A001',  '수학',  90);
INSERT INTO ScoreRows VALUES ('B002',  '영어',  77);
INSERT INTO ScoreRows VALUES ('B002',  '국어',  60);
INSERT INTO ScoreRows VALUES ('C003',  '영어',  52);
INSERT INTO ScoreRows VALUES ('C003',  '국어',  49);
INSERT INTO ScoreRows VALUES ('C003',  '사회',  100);
```

코드 9-5 점수를 필드로 갖는 테이블 정의

```
CREATE TABLE ScoreCols
(student_id CHAR(4)    NOT NULL,
 score_en       INTEGER ,
 score_nl       INTEGER ,
 score_mt       INTEGER ,
   CONSTRAINT pk_ScoreCols PRIMARY KEY (student_id));

INSERT INTO ScoreCols VALUES ('A001', NULL, NULL, NULL);
INSERT INTO ScoreCols VALUES ('B002', NULL, NULL, NULL);
INSERT INTO ScoreCols VALUES ('C003', NULL, NULL, NULL);
INSERT INTO ScoreCols VALUES ('D004', NULL, NULL, NULL);
```

여기서 문제는 레코드 기반 테이블에서 필드 기반 테이블로 각 과목별 점수를 이동하는 것입니다. 필드 기반 테이블은 갱신 이후에 [그림 9-7]과 같은 데이터를 가집니다.

럼 3개의 값이 리턴됩니다[3]. 이 상태로는 SET 구의 우변에 사용할 수 없습니다. 하지만 MAX 함수를 적용하면 이중 NULL이 제외되고 100이라는 단일한 값을 리턴할 수 있습니다[4].

3. NOT NULL 제약이 걸려있는 경우

[그림 9-6]에서는 ScoreCols 테이블의 국어, 영어, 수학 필드에 NULL을 허용했습니다. 따라서 ScoreRows 테이블에 존재하지 않는 학생 D004의 모든 필드, B002와 C003의 수학 필드 등이 NULL로 갱신되었습니다. 그럼, 만약 ScoreCols 테이블의 모든 필드에 NOT NULL 제약이 걸려 있다면 어떨까요? 초기 상태는 [그림 9-11]처럼 0입니다. [코드 9-8]처럼 작성해주세요.

그림 9-11 점수를 필드로 가지는 테이블(NOT NULL 제약 추가)

ScoreColsNN

student_id(학생 ID)	score_en(영어 점수)	score_nl(국어 점수)	score_mt(수학 점수)
A001	0	0	0
B002	0	0	0
C003	0	0	0
D004	0	0	0

코드 9-8 ScoreColsNN 테이블 정의

```
CREATE TABLE ScoreColsNN
(student_id    CHAR(4) NOT NULL,
 score_en      INTEGER NOT NULL,
 score_nl      INTEGER NOT NULL,
 score_mt      INTEGER NOT NULL,
```

----

3 저자주_ 2개의 NULL은 영어와 수학의 레코드가 ELSE 구에 NULL로 변환된 결과입니다.

4 역자주_ 이해를 돕고자 추가 설명하겠습니다. MAX 함수를 사용하지 않으면 서브쿼리를 실행한 상태에서의 쿼리가 'UPDATE ScoreCols SET (score_en, score_nl, score_mt) = ((100, null, null), (null, 58, null), (null, null, 90))'처럼 됩니다. 하나의 값을 지정하는 것인데 우변에 3개의 값씩 들어있으므로 오류가 발생합니다. 이때 MAX 함수를 사용하면 쿼리가 'UPDATE Score Cols SET (score_en, score_nl, score_mt) = (100, 58, 90)'처럼 되는데요. 우변이 스칼라 형태가 되므로 값을 입력할 수 있게 됩니다.

```
            CONSTRAINT pk_ScoreColsNN PRIMARY KEY (student_id));

INSERT INTO ScoreColsNN VALUES ('A001', 0, 0, 0);
INSERT INTO ScoreColsNN VALUES ('B002', 0, 0, 0);
INSERT INTO ScoreColsNN VALUES ('C003', 0, 0, 0);
INSERT INTO ScoreColsNN VALUES ('D004', 0, 0, 0);
```

– UPDATE 구문 사용

제약이 걸린 상태에서는 앞에서 보았던 두 개의 UPDATE 구문, 즉 [코드 9-6]과
[코드 9-7] 모두 오류가 발생하는데요. NULL이 들어갈 수 없기 때문입니다. 따
라서 이러한 오류를 해결하려면 [코드 9-9]와 [코드 9-10]처럼 SQL을 수정해줘
야 합니다.

코드 9-9 코드 9-6의 NOT NULL 제약 대응

```
UPDATE ScoreColsNN
    SET score_en = COALESCE((SELECT score  학생은 있지만, 과목이 없을 때의 NULL 대응
                             FROM ScoreRows
                             WHERE student_id = ScoreColsNN.student_id
                               AND subject = '영어'), 0),
        score_nl = COALESCE((SELECT score
                             FROM ScoreRows
                             WHERE student_id = ScoreColsNN.student_id
                               AND subject = '국어'), 0),
        score_mt = COALESCE((SELECT score
                             FROM ScoreRows
                             WHERE student_id = ScoreColsNN.student_id
                               AND subject = '수학'), 0)
WHERE EXISTS (SELECT *  처음부터 학생이 존재하지 않을 때의 NULL 대응
              FROM ScoreRows
              WHERE student_id = ScoreColsNN.student_id);
```

코드 9-10 코드 9-7의 NOT NULL 제약 대응

```
UPDATE ScoreColsNN
    SET (score_en, score_nl, score_mt)          ┌─ 학생은 있지만, 과목이 없을 때의 NULL 대응
        = (SELECT COALESCE(MAX(CASE WHEN subject = '영어' ───────┘
                                    THEN score
                                    ELSE NULL END), 0) AS score_en,
                  COALESCE(MAX(CASE WHEN subject = '국어'
                                    THEN score
                                    ELSE NULL END), 0) AS score_nl,
                  COALESCE(MAX(CASE WHEN subject = '수학'
                                    THEN score
                                    ELSE NULL END), 0) AS score_mt
             FROM ScoreRows SR
             WHERE SR.student_id = ScoreColsNN.student_id)
    WHERE EXISTS (SELECT *   처음부터 학생이 존재하지 않는 때의 NULL 대응
                    FROM ScoreRows
                    WHERE student_id = ScoreColsNN.student_id);
```

※ 2014년 기준 Oracle과 DB2에서만 사용할 수 있습니다.

이들 코드는 두 단계에 걸쳐 NULL에 대응합니다.

일단 첫 번째 단계는 '처음부터 테이블 사이에 일치하지 않는 레코드가 존재한 경우'입니다. 학생 D004가 여기에 해당합니다. 이러한 레코드는 처음부터 갱신 대상에서 제외합니다. 따라서 외부의 WHERE 구에 EXISTS를 사용해 '2개의 테이블 사이에 학생 ID가 일치하는 레코드로 한정'이라는 조건을 추가했습니다.

두 번째 단계는 '학생은 존재하지만 과목이 없는 경우'입니다. 달리 말하면 '레코드는 있지만 필드가 없는 경우'입니다. 학생 B002와 C003의 수학 과목이 여기에 해당합니다. 이는 COALESCE 함수로 NULL을 0으로 변경해서 대응할 수 있습니다.

실행 계획은 필드를 하나씩 갱신할 때와 다중 필드 할당할 때 모두 ScoreColsNN 테이블과 ScoreRows 테이블의 EXISTS 관련 결합이 추가될 뿐이므로 생략하겠습니다.

– MERGE 구문 사용

이런 NOT NULL의 경우에 대응하는 방법이 한 가지 더 있습니다. [코드 9-11]처

럼 MERGE 구문을 사용하는 것입니다.

코드 9-11 MERGE 구문을 사용한 여러 개의 필드 갱신

```
MERGE INTO ScoreColsNN
    USING (SELECT student_id,
                  COALESCE(MAX(CASE WHEN subject = '영어'
                               THEN score
                                ELSE NULL END), 0) AS score_en,
                  COALESCE(MAX(CASE WHEN subject = '국어'
                               THEN score
                               ELSE NULL END), 0) AS score_nl,
                  COALESCE(MAX(CASE WHEN subject = '수학'
                               THEN score
                               ELSE NULL END), 0) AS score_mt
           FROM ScoreRows
          GROUP BY student_id) SR
      ON (ScoreColsNN.student_id = SR.student_id)    결합 조건을 한 곳에서 정의
  WHEN MATCHED THEN
      UPDATE SET ScoreColsNN.score_en = SR.score_en,
                 ScoreColsNN.score_nl = SR.score_nl,
                 ScoreColsNN.score_mt = SR.score_mt;
```

※ 2015년 기준 Oracle과 DB2에서만 사용할 수 있습니다.

이 방법의 장점은 UPDATE 때는 두 개의 장소에 분산되어 있던 결합 조건을 ON 구로 한꺼번에 끝낼 수 있다는 것입니다. 이렇게 하면 코드를 간단하게 유지할 수 있습니다. 또한 향후 코드를 변경할 때 수정 실수를 줄일 수 있습니다[5].

본래 MERGE 구문은 UPDATE와 INSERT를 한번에 시행하려고 고안된 기술입니다. 하지만 UPDATE 또는 INSERT만 수행해도 구문 상에는 문제가 없다는 것을 사용한 트릭입니다.

실행 계획을 보면 MERGE 구문의 경우 ScoreRows 테이블에 풀 스캔 1회 + 정렬 1회가 필요합니다(그림 9-12). 갱신할 필드가 많아져도 이는 변하지 않습니다. 따라서 상관 서브쿼리를 여러 개 사용할 때와 달리 성능이 악화될 위험이 없습

---

5 저자주_ 두 개의 장소에 분산되어 있으면 하나는 수정해도 다른 하나를 깜빡하고 수정하지 않는 실수가 나올 수도 있습니다.

시도 없습니다. 성능적으로 더 이상 개선할 수 있을 여지가 없을 정도로 좋은 실행 계획입니다.

29강

같은 테이블의 다른 레코드로 갱신

이어서, 같은 테이블 내부의 다른 레코드 정보를 바탕으로 연산한 결과를 갱신하는 경우를 생각해봅시다. 샘플 테이블 Stocks는 주식거래 정보를 저장하는 테이블입니다. 테이블에는 종목별 거래를 행한 날짜의 주가가 등록되어 있습니다(그림 9-18). 이 주가 테이블을 사용해 trend 필드를 연산하여, 비어있는 테이블 Stock2(그림 9-19)에 데이터를 INSERT하는 문제를 살펴봅시다. 두 개의 테이블은 [코드 9-15], [코드 9-16]처럼 작성해주세요.

그림 9-18 참조 대상 주가 테이블(trend 필드를 연산해서 INSERT)

Stocks(주가 테이블)

brand(브랜드)	sale_date(거래일)	price(종가)
A철강	2008-07-01	1000
A철강	2008-07-04	1200
A철강	2008-08-12	800
B상사	2008-06-04	3000
B상사	2008-09-11	3000
C전기	2008-07-01	9000
D산업	2008-06-04	5000
D산업	2008-06-05	5000
D산업	2008-06-06	4800
D산업	2008-12-01	5100

그림 9-19 갱신 대상 주가 테이블(비어있는 상태)

Stocks2(주가 테이블 2)

brand(브랜드)	sale_date(거래일)	price(종가)	trend(트랜드)

코드 9-15 참조 대상 주가 테이블의 정의

```
CREATE TABLE Stocks
(brand       VARCHAR(8) NOT NULL,
 sale_date  DATE        NOT NULL,
 price       INTEGER     NOT NULL,
    CONSTRAINT pk_Stocks PRIMARY KEY (brand, sale_date));

INSERT INTO Stocks VALUES ('A철강',  '2008-07-01',  1000);
INSERT INTO Stocks VALUES ('A철강',  '2008-07-04',  1200);
INSERT INTO Stocks VALUES ('A철강',  '2008-08-12',  800);
INSERT INTO Stocks VALUES ('B상사',  '2008-06-04',  3000);
INSERT INTO Stocks VALUES ('B상사',  '2008-09-11',  3000);
INSERT INTO Stocks VALUES ('C전기',  '2008-07-01',  9000);
INSERT INTO Stocks VALUES ('D산업',  '2008-06-04',  5000);
INSERT INTO Stocks VALUES ('D산업',  '2008-06-05',  5000);
INSERT INTO Stocks VALUES ('D산업',  '2008-06-06',  4800);
INSERT INTO Stocks VALUES ('D산업',  '2008-12-01',  5100);
```

코드 9-16 갱신 대상 주가 테이블의 정의

```
CREATE TABLE Stocks2
(brand       VARCHAR(8) NOT NULL,
 sale_date  DATE        NOT NULL,
 price       INTEGER     NOT NULL,
 trend       CHAR(3)     ,
    CONSTRAINT pk_Stocks2 PRIMARY KEY (brand, sale_date));
```

trend는 이전 종가와 현재 종가를 비교해서 올랐다면 '↑', 내렸다면 '↓', 그대로라면 '→'라는 값을 지정합니다(그림 9-20). 각 종목을 처음 거래한 날은 연산할 것이 없으므로 NULL로 둡니다.

그림 9-20 갱신 후의 주가 테이블

Stocks2(주가 테이블 2)

brand(브랜드)	sale_date(거래일)	price(종가)	trend(트랜드)
A철강	2008-07-01	1000	
A철강	2008-07-04	1200	↑
A철강	2008-08-12	800	↓
B상사	2008-06-04	3000	
B상사	2008-09-11	3000	→
C전기	2008-07-01	9000	
D산업	2008-06-04	5000	
D산업	2008-06-05	5000	→
D산업	2008-06-06	4800	↓
D산업	2008-12-01	5100	↑

1. 상관 서브쿼리 사용

기존의 레코드를 갱신하는 것이 아닌, 다른 테이블의 레코드로 추가하는 것이므로 INSERT SELECT 구문을 사용할 것임을 쉽게 알 수 있습니다[1]. 문제는 trend 필드를 연산할 방법입니다. 레코드끼리 비교할 때 사용하는 도구로는 일단 상관 서브쿼리가 있습니다(코드 9-17).

코드 9-17 trend 필드를 연산해서 INSERT(상관 서브쿼리)

```
INSERT INTO Stocks2
SELECT brand, sale_date, price,
      CASE SIGN(price -
                  (SELECT price
                    FROM Stocks S1
                    WHERE brand = Stocks.brand
```

---

1 저자주_ 레코드를 하나하나 INSERT하는 반복계는 지금의 우리라면 당연히 사용하지 않겠죠?

```
                    AND sale_date =
                        (SELECT MAX(sale_date)
                           FROM Stocks S2
                          WHERE brand = Stocks.brand
                            AND sale_date < Stocks.sale_date)))
              WHEN -1 THEN '↓'
              WHEN 0  THEN '→'
              WHEN 1  THEN '↑'
              ELSE NULL
        END
  FROM Stocks;
```

SIGN 함수는 매개변수로 받은 숫자가 양수라면 1, 음수라면 −1, 0이라면 0을 리턴하는 부호 조사 함수입니다. 이는 모든 데이터베이스에서 사용할 수 있는 함수입니다. SIGN 함수의 매개변수로 '현재 종가 − 이전 종가'의 부호를 조사해서 주식이 올랐는지 내렸는지 판별합니다.

실행 계획은 [그림 9−21]과 같습니다. Oracle과 PostgreSQL 모두 비슷하게 나오므로 Oracle의 실행 계획만 적겠습니다.

그림 9-21 상관 서브쿼리의 실행 계획(Oracle)

```
|Id | Operation                    | Name      |Rows |Bytes | Cost (%CPU)|Time      |

| 0 | INSERT STATEMENT             |           | 10  | 190  |  2 (0)|00:00:01 |
| 1 |  LOAD TABLE CONVENTIONAL     | STOCKS2   |     |      |       |          |
| 2 |   TABLE ACCESS BY INDEX ROWID| STOCKS    |  1  |  19  |  1 (0)|00:00:01 |
|*3 |    INDEX UNIQUE SCAN         | PK_STOCKS |  1  |      |  0 (0)|00:00:01 |
| 4 |     SORT AGGREGATE           |           |  1  |  16  |       |          |
| 5 |      FIRST ROW               |           |  1  |  16  |  1 (0)|00:00:01 |
|*6 |       INDEX RANGE SCAN(MIN/MAX)| PK_STOCKS|  1  |  16  |  1 (0)|00:00:01 |
| 7 |   TABLE ACCESS FULL          | STOCKS    | 10  | 190  |  2 (0)|00:00:01 |
```

이 실행 계획에 새로운 포인트는 없습니다. 그래도 상관 서브쿼리의 숙명으로 인해 Stocks 테이블에 수 차례에 걸친 접근이 발생한다는 것 정도는 살펴봅시다. Id =6 은 기본 키 인덱스에 대한 인덱스 온리 스캔이고, Id =2에서는 기본 키 인덱스를 사용한 테이블 접근, Id＝7에서는 테이블 풀 스캔이 수행됩니다. 이들 접근 횟수를 줄일 수 있다면 성능을 개선할 수 있을 것입니다.

2. 윈도우 함수 사용

그럼 윈도우 함수로 코드를 개선해보겠습니다(코드 9-18).

코드 9-18 trend 필드를 연산해서 INSERT(윈도우 함수)

```
INSERT INTO Stocks2
SELECT brand, sale_date, price,
        CASE SIGN(price -
                MAX(price) OVER (PARTITION BY brand
                                    ORDER BY sale_date
                        ROWS BETWEEN 1 PRECEDING
                                    AND 1 PRECEDING))
            WHEN -1 THEN '↓'
            WHEN 0  THEN '→'
            WHEN 1  THEN '↑'
            ELSE NULL
        END
  FROM Stocks S2;
```

앞에서 살펴본 [그림 9-21]의 실행 계획과 비교해 매우 간단해집니다(그림 9-22). Stocks 테이블에 대한 접근도 풀 스캔 한 번으로 감소했습니다.

그림 9-22 윈도우 함수의 실행 계획(Oracle)

```
-------------------------------------------------------------------------
|Id |Operation                  | Name    | Rows |Bytes |Cost (%CPU)|Time     |

| 0 |INSERT STATEMENT           |         |   10 |  190 |   3 (34)|00:00:01 |
| 1 |  LOAD TABLE CONVENTIONAL  |STOCKS2  |      |      |         |         |
| 2 |   WINDOW SORT             |         |   10 |  190 |   3 (34)|00:00:01 |
| 3 |    TABLE ACCESS FULL      |STOCKS   |   10 |  190 |   2  (0)|00:00:01 |
-------------------------------------------------------------------------
```

3. INSERT와 UPDATE 어떤 것이 좋을까?

지금까지 살펴본 내용과 같은 요령으로, Stocks 테이블에 trend 필드를 추가하고 UPDATE를 수행할 수도 있습니다. 이때 INSERT SELECT와 UPDATE를 비교하면 어떤 차이가 있을까요?

INSERT SELECT에는 두 가지 장점이 있습니다. 첫째, 일반적으로 UPDATE에 비해 INSERT SELECT가 성능적으로 나으므로 고속 처리를 기대할 수 있습니다. 둘째, MySQL처럼 갱신 SQL에서의 자기 참조를 허가하지 않는 데이터베이스에서도 INSERT SELECT는 사용할 수 있습니다(참조 대상 테이블과 갱신 대상 테이블이 서로 다른 테이블이라는 부분이 포인트입니다).

반면, INSERT를 사용할 때의 단점은 같은 크기와 구조를 가진 데이터를 두 개 만들어야 한다는 것입니다. 따라서 저장소 용량을 2배 이상 소비합니다. 하지만 최근 저장소 가격이 낮아진 것을 생각하면 이를 그렇게 큰 단점이라고 하기도 애매합니다.

이 문제를 보았을 때 Stocks2 테이블을 뷰로 만드는 방법을 떠올린 독자도 있을 것입니다. 그렇게 하면 저장소 용량을 절약할 수 있는 것은 물론 정보를 항상 최신으로 유지할 수 있다는 장점이 있습니다. 이는 INSERT와 UPDATE에서는 얻을 수 없는 장점입니다[2]. 하지만 단점으로는 Stocks2 뷰에 접근이 발생할 때마다 복잡한 연산이 수행되므로 Stocks2에 접근하는 쿼리의 성능이 낮아집니다. 따라서 성능과 동기성의 트레이드오프라고 할 수 있는데요. 이와 관련된 내용은 뒤에서 더 자세하게 알아보겠습니다.

---

2 저자주_ 실시간 갱신이라는 방법도 있지만 갱신 오버 헤드가 너무 커지므로 현실적인 대안이 아닙니다.

30강

갱신이 초래하는 트레이드오프

구체적인 예제를 통해 살펴봅시다. [그림 9-23]과 같은 두 개의 테이블 Orders(주문)과 OrderReceipts(주문 명세)가 있습니다.

이들 테이블은 각종 선물의 주문과 배송을 관리합니다. Orders 테이블의 레코드 하나는 주문 하나에 대응하고, OrderReceipts 테이블의 레코드 하나는 주문된 제품 하나에 대응합니다. 한 번에 여러 개의 제품을 주문할 수 있으므로 Orders와 OrderReceipts 테이블은 일대다 관계입니다. 이런 부모 자식 관계의 테이블은 여러 시스템에서 자주 볼 수 있는 구성입니다

이런 테이블로 주문마다 주문일(order_date)과 상품의 배송 예정일(delivery_date)의 차이를 구해 3일 이상이라면 주문자에게 배송 주문이 늦어지고 있다는 연락을 하고 싶습니다. 어떤 주문번호가 그에 해당하는지가 문제입니다.

그림 9-23 Orders 테이블과 OrderReceipts 테이블

Orders(주문)

order_id(주문번호)	order_shop(주문 점포)	order_name(주문자 이름)	order_date(주문일)
10000	서울	윤인성	2011/08/22
10001	인천	연하진	2011/09/01
10002	인천	패밀리마트	2011/09/20
10003	부천	한빛미디어	2011/08/05
10004	수원	동네슈퍼	2011/08/22
10005	성남	야근카페	2011/08/29

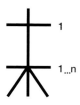

1

1...n

OrderReceipts(주문 명세)

order_id (주문번호)	order_receipt_id (주문 명세 번호)	item_group (품목)	delivery_date (배송 예정일)
10000	1	식기	2011/08/24
10000	2	과자	2011/08/25
10000	3	소고기	2011/08/26
10001	1	어패류	2011/09/04
10002	1	과자	2011/09/22
10002	2	조미료 세트	2011/09/22
10003	1	쌀	2011/08/06
10003	2	소고기	2011/08/10
10003	3	식기	2011/08/10
10004	1	야채	2011/08/23
10005	1	음료수	2011/08/30
10005	2	과자	2011/08/30

각각의 테이블은 [코드 9-19], [코드 9-20]처럼 작성해주세요.

코드 9-19 Orders 테이블 정의

```
CREATE TABLE Orders
( order_id   INTEGER     NOT NULL,
 order_shop  VARCHAR(32) NOT NULL,
 order_name  VARCHAR(32) NOT NULL,
 order_date DATE,
 PRIMARY KEY (order_id));
```

```
INSERT INTO Orders VALUES (10000,  '서울',  '윤인성',      '2011/8/22');
INSERT INTO Orders VALUES (10001,  '인천',  '연하진',      '2011/9/1');
INSERT INTO Orders VALUES (10002,  '인천',  '패밀리마트',  '2011/9/20');
INSERT INTO Orders VALUES (10003,  '부천',  '한빛미디어',  '2011/8/5');
INSERT INTO Orders VALUES (10004,  '수원',  '동네슈퍼',    '2011/8/22');
INSERT INTO Orders VALUES (10005,  '성남',  '야근카페',    '2011/8/29');
```

코드 9-20 OrderReceipts 테이블 정의

```
CREATE TABLE OrderReceipts
( order_id           INTEGER      NOT NULL,
  order_receipt_id   INTEGER      NOT NULL,
  item_group         VARCHAR(32)  NOT NULL,
  delivery_date      DATE         NOT NULL,
  PRIMARY KEY (order_id, order_receipt_id));

INSERT INTO OrderReceipts VALUES (10000,  1, '식기',       '2011/8/24');
INSERT INTO OrderReceipts VALUES (10000,  2, '과자',       '2011/8/25');
INSERT INTO OrderReceipts VALUES (10000,  3, '소고기',     '2011/8/26');
INSERT INTO OrderReceipts VALUES (10001,  1, '어패류',     '2011/9/4');
INSERT INTO OrderReceipts VALUES (10002,  1, '과자',       '2011/9/22');
INSERT INTO OrderReceipts VALUES (10002,  2, '조미료 세트', '2011/9/22');
INSERT INTO OrderReceipts VALUES (10003,  1, '쌀',         '2011/8/6');
INSERT INTO OrderReceipts VALUES (10003,  2, '소고기',     '2011/8/10');
INSERT INTO OrderReceipts VALUES (10003,  3, '식기',       '2011/8/10');
INSERT INTO OrderReceipts VALUES (10004,  1, '야채',       '2011/8/23');
INSERT INTO OrderReceipts VALUES (10005,  1, '음료수',     '2011/8/30');
INSERT INTO OrderReceipts VALUES (10005,  2, '과자',       '2011/8/30');
```

이 문제의 접근법은 크게 두 가지로 나눌 수 있습니다. 각각의 설명을 살펴보기 전에 자신이라면 어떻게 해결할지 시간을 가지고 생각해보세요!

1. SQL을 사용하는 방법

이 문제의 요점을 한 마디로 요약하면 주문일(order_date)와 배송 예정일(delivery_date)의 관계를 알고 싶다는 것입니다. 그런데 각 필드가 서로 다른 테이블에 존재하므로 결합을 사용해야 합니다. 이 자체는 그렇게 특별한 이야기가 아니므로 곧바로 코드를 살펴봅시다. [코드 9-21]과 같은 쿼리로 diff_days 필드에서 날짜 차이를 구할 수 있습니다.

코드 9-21 주문일과 배송 예정일의 차이

```
SELECT O.order_id,
       O.order_name,
       ORC.delivery_date - O.order_date AS diff_days
  FROM Orders O
       INNER JOIN OrderReceipts ORC
           ON O.order_id = ORC.order_id
 WHERE ORC.delivery_date - O.order_date >= 3;
```

실행 결과

```
order_id | order_name | diff_days
---------+------------+----------
   10000 | 윤인성      |        3
   10000 | 윤인성      |        4
   10001 | 연하진      |        3
   10003 | 한빛미디어   |        5
   10003 | 한빛미디어   |        5
```

만약 주문번호별 최대 지연일을 알고 싶다면 주문번호를 집약합니다. 주문번호와 주문자 명의가 일대일 대응한다는 것이 확실하다면 [코드 9-22]처럼 주문자 이름에도 함수를 적용해서 결과에 포함할 수 있습니다.

코드 9-22 주문 단위로 집약

```
SELECT O.order_id,
       MAX(O.order_name),
       MAX(ORC.delivery_date - O.order_date) AS max_diff_days
  FROM Orders O
       INNER JOIN OrderReceipts ORC
           ON O.order_id = ORC.order_id
 WHERE ORC.delivery_date - O.order_date >= 3
 GROUP BY O.order_id;
```

```
order_id|    max     |max_diff_days
--------+------------+---------------
  10000 | 윤인성     |             4
  10001 | 연하진     |             3
  10003 | 한빛미디어 |             5
```

O.order_name과 ORC.delivery_date − O.order_date에 MAX 함수를 사용하고 있는데요. 이 두 가지의 목적은 전혀 다릅니다. ORC.delivery_date − O.order_date에 MAX 함수를 사용한 것은, 정말로 날짜 차이의 최댓값을 구하려는 것입니다. 하지만 O.order_name에 MAX 함수를 적용한 것은 딱히 최댓값을 구하려는 것이 아니라[1]. SELECT 구문에 order_name 필드를 그냥 입력할 수 없기 때문입니다. order_name 필드는 상수도 아니고 GROUP BY 구에서도 사용하지 않습니다. 따라서 그대로 SELECT 구문에 적으면 오류가 발생합니다. 이를 방지하고자 집약 함수의 형태로 사용한 것뿐입니다. 따라서 MAX 함수 대신에 MIN 함수를 사용해도 상관없습니다. MAX/MIN 함수는 모든 데이터 자료형에 적용할 수 있으므로 이러한 상황에 굉장히 유용합니다.

덧붙여, order_id와 order_name 필드가 일대일 대응한다는 전제가 성립한다면, GROUP BY 구에 order_name 필드를 포함해 GROUP BY order_id, order_name을 입력해도 됩니다. 이렇게 하면 order_name은 GROUP BY 구의 키가 되므로 MAX 함수 없이도 SELECT 구문에 사용할 수 있습니다.

2. 모델 갱신을 사용하는 방법

앞에서 살펴본 SQL 구문은 기능적 측면에서 요건을 만족하므로 문제의 해답 중 하나입니다. 그런데 이것이 과연 최적의 해답인지는 의문의 여지가 있습니다. 그렇다고 더 나은 SQL 구문을 작성할 수 있는 방법이 있다는 의미는 아닙니다. 이 문제

----

[1] 저자주_ order_id와 order_name이 일대일 대응이라는 가정에서는, order_id로 그룹화하면 order_name의 값도 1개만 존재합니다.

는 'SQL에 의지하지 않고'도 해결할 가능성이 있다는 뜻입니다.

앞에서 구한 답은 현재 상태의 테이블 구성(ER 모델)을 변경할 수 없다는 전제 하에 SQL 구문을 따로 만들어 어떻게든 원하는 것을 구하는 방법이었습니다. 하지만 이런 방법을 채택하면 결합 또는 집약을 포함한 SQL 구문을 사용하므로 검색 처리에 드는 비용이 높습니다. 또한 결합은 실행 계획의 변동 리스크가 있는 만큼 장기적 측면에서 성능을 불안정하게 만드는 요인이 됩니다.

반면 [그림 9-24]처럼 배송이 늦어질 가능성이 있는 주문의 레코드에 대해 플래그 필드를 Orders 테이블에 추가하면, 검색 쿼리는 해당 플래그만을 조건으로 삼으므로 굉장히 간단해집니다. 플래그가 1이라면 지연된 것이고 0이라면 지연되지 않았다는 의미입니다.

그림 9-24 Orders 테이블에 배송 지연 플래그를 추가

order_id (주문번호)	order_shop (주문 점포)	order_name (주문자 이름)	order_date (주문일)	del_late_flg (배송 지연 플래그)
10000	서울	윤인성	2011/08/22	1
10001	인천	연하진	2011/09/01	1
10002	인천	패밀리마트	2011/09/20	0
10003	부천	한빛미디어	2011/08/05	1
10004	수원	동네슈퍼	2011/08/22	1
10005	성남	야근카페	2011/08/29	0

Orders(배송 지연 플래그를 추가)

플래그 필드를 추가

조금은 '콜럼버스의 달걀' 식의 답이지만 어떤가요? 여러분은 문제를 보고 어떤 해결 방법을 생각했나요? 아마 일부 독자는 반사적으로 SQL 구문부터 생각했을 것입니다. 하지만 이는 매우 성급한 태도입니다. 문제를 해결하는 수단은 코딩 외에도 다양합니다. 그런데 우리는 항상 하나의 방법에 의존하려는 경향이 있습니다.

심리학자 에이브러햄 매슬로Abraham Harold Maslow는 이러한 사람들의 심리에 대해 "망치라는 도구만을 가진 사람에게는 모든 문제가 못으로 보인다"라고 표현했습니다. 특히 망치를 잘 다루는 사람일수록 빠지기 쉬운 함정입니다.

모델 갱신의 주의점

복잡한 쿼리 때문에 머리를 싸매지 않아도 된다는 점에서 역시 모델 갱신은 좋은 해결책입니다. 하지만 여기에도 트레이드오프가 존재합니다. 세 가지 트레이드오프를 살펴봅시다.

1. 높아지는 갱신비용

당연하지만 이 방법에는 Orders 테이블의 배송 지연 플래그 필드에 값을 넣는 처리가 필요합니다. 따라서 검색 부하를 갱신 부하로 미루는 꼴입니다.

만약 Orders 테이블에 레코드를 등록할 때 이미 플래그 값이 정해져 있다면 갱신비용은 거의 올라가지 않습니다. 굉장히 이상적인 경우입니다. 하지만 등록할 때는 아직 개별 상품의 배송 예정일이 정해져 있지 않을 수 있습니다(현실이라면 오히려 이런 경우가 많겠지요). 따라서 이런 경우에는 플래그 필드를 UPDATE 해야하므로 갱신비용이 올라갑니다.

2. 갱신까지의 시간 랙(Time Rag) 발생

이 방법에는 데이터의 실시간성이라는 문제가 발생합니다. 배송 예정일이 주문 등록 후에 갱신되는 경우에는 Orders 테이블의 배송 지연 플래그 필드와 OrderReceipts 테이블의 배송 예정일 필드가 실시간으로 동기화되지 않으므로 차이가 발생할 수 있습니다(그림 9-25).

그림 9-25 배송 지연 플러그의 갱신 처리 시퀀스(단계)

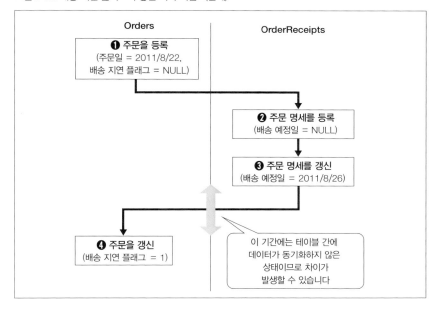

특히 이러한 처리를 야간에 배치 갱신을 통해 일괄 처리한다면 시간 랙 기간은 더 길어질 수 있습니다. 이러한 시간 랙을 얼마나 허용할지는 업무 요건에 맞춰 상세하게 검토해야 합니다.

실시간성이 중요한 업무일수록 [그림 9-25]에서 '❸ 주문 명세를 갱신'과 '❹ 주문을 갱신'의 간격이 짧아져야 합니다. 완전한 실시간을 요구하는 경우는 ❸과 ❹를 동일 트랜잭션으로 처리해줘야겠죠? 하지만 이렇게 하면 성능과 실시간성 사이에 심각한 트레이드오프가 발생합니다.

3. 모델 갱신비용 발생

RDB 데이터 모델 갱신은 코드 기반의 수정에 비해 대대적인 수정이 요구됩니다. 갱신 대상 테이블을 사용하는 다른 처리에 문제가 발생할 가능성도 있으므로 개발 프로젝트 막바지 단계에 모델을 변경하는 것은 시스템 품질과 개발 일정 모두에 큰 리스크가 됩니다. 또한 실제 운용에 들어가고 나면 더 이상의 모델 변경은 거의 불가능하다고 할 수 있습니다.

이처럼 모델링이란 사전에 모든 요인을 생각해두지 않으면 이후 큰 문제를 일으키는 핫 스팟(Hot spot)인 것입니다.

시야 협착 : 관련 문제

시야 협착에 빠지기 쉬운 경우를 한 가지 더 살펴보겠습니다. 앞에서 살펴본 두 개의 테이블 Orders(주문)과 OrderReceipts(주문 상세)를 다시 사용합니다(그림 9-23). 이번에는 주문번호마다 몇 개의 상품이 주문되었는지 알고 싶습니다. 결과에 포함되어야 하는 필드는 다음과 같습니다.

- 주문번호
- 주문자 이름
- 주문일
- 상품 수

1. 다시 SQL을 사용한다면

상품의 수는 OrderReceipts 테이블을 주문번호 별로 카운트해서 구할 수 있습니다. 그런데 주문자 이름과 주문일은 Orders 테이블을 참조해야 합니다. 따라서 결합과 집약이 필요합니다(코드 9-23).

코드 9-23 집약 함수를 사용

```
SELECT O.order_id,
       MAX(O.order_name) AS order_name,
       MAX(O.order_date) AS order_date,
       COUNT(*) AS item_count
  FROM Orders O
       INNER JOIN OrderReceipts ORC
         ON O.order_id = ORC.order_id
```

```
 GROUP BY O.order_id;
```

```
order_id | order_name | order_date | item_count
---------+------------+------------+------------
  10000  | 윤인성      | 2011-08-22 |     3
  10001  | 연하진      | 2011-09-01 |     1
  10002  | 패밀리마트   | 2011-09-20 |     2
  10003  | 한빛미디어   | 2011-08-05 |     3
  10004  | 동네슈퍼     | 2011-08-22 |     1
  10005  | 야근카페     | 2011-08-29 |     2
```

그 밖에 윈도우 함수를 사용한 방법도 있습니다(코드 9-24).

코드 9-24 윈도우 함수를 사용

```
SELECT O.order_id,
       O.order_name,
       O.order_date,
       COUNT(*) OVER (PARTITION BY O.order_id) AS item_count
  FROM Orders O
       INNER JOIN OrderReceipts ORC
         ON O.order_id = ORC.order_id;
```

```
order_id | order_name | order_date | item_count
---------+------------+------------+------------
  10000  | 윤인성      | 2011-08-22 |     3
  10000  | 윤인성      | 2011-08-22 |     3
  10000  | 윤인성      | 2011-08-22 |     3
  10001  | 연하진      | 2011-09-01 |     1
  10002  | 패밀리마트   | 2011-09-20 |     2
  10002  | 패밀리마트   | 2011-09-20 |     2
  10003  | 한빛미디어   | 2011-08-05 |     3
  10003  | 한빛미디어   | 2011-08-05 |     3
  10003  | 한빛미디어   | 2011-08-05 |     3
  10004  | 동네슈퍼     | 2011-08-22 |     1
  10005  | 야근카페     | 2011-08-29 |     2
  10005  | 야근카페     | 2011-08-29 |     2
```

집약 함수를 사용한 방법과 윈도우 함수를 사용한 방법 모두 결합과 집약을 수행합니다. 따라서 실행 비용 자체는 거의 비슷합니다. 물론 실행 계획도 비슷하고요 (그림 9-26, 그림 9-27).

그림 9-26 집약 함수의 실행 계획(PostgreSQL)

```
HashAggregate (cost=50.94..57.94 rows=400 width=90)◄── [그림 9-27]과 다른 부분 (GROUP BY)
  -> Hash Join (cost=19.00..44.44 rows=650 width=90)
      Hash Cond: (orc.order_id = o.order_id)
      -> Seq Scan on orderreceipts orc (cost=0.00..16.50 rows=650 width=4)
      -> Hash (cost=14.00..14.00 rows=400 width=90)
          -> Seq Scan on orders o (cost=0.00..14.00 rows=400 width=90)
```

그림 9-27 윈도우 함수의 실행 계획(PostgreSQL)

```
WindowAgg (cost=74.81..86.18 rows=650 width=90)
  -> Sort (cost=74.81..76.43 rows=650 width=90)
      Sort Key: o.order_id ◄── [그림 9-26]과 다른 부분 (윈도우 함수의 집약 조작)
      -> Hash Join (cost=19.00..44.44 rows=650 width=90)
          Hash Cond: (orc.order_id = o.order_id)
          -> Seq Scan on orderreceipts orc (cost=0.00..16.50 rows=650 width=4)
          -> Hash (cost=14.00..14.00 rows=400 width=90)
              -> Seq Scan on orders o (cost=0.00..14.00 rows=400 width=90)
```

어느 쪽이 더 좋은 코드인지는 여러 관점에서 판단해야 합니다. 일단 윈도우 함수 쪽이 무엇을 하는지 확실하게 표현하고 있습니다(가독성이 좋습니다). 또한 주문 번호가 아닌 상품별로 결과를 출력하고 싶을 때도 쉽게 대응할 수 있다는(확장성) 두 가지 관점에서는 더 좋은 코드라고 말할 수 있겠군요.

2. 다시 모델 갱신을 사용한다면

SQL을 사용한다면 [코드 9-23]과 [코드 9-24] 중 하나를 이용해 문제를 해결할 수 있습니다. 그 전에 한걸음 뒤로 물러서서 생각해봅시다. 망치와 못을 내려놓고 하려는 일을 전체적으로 다시 바라봅시다. Orders 테이블에 '상품 수'라는 정보를 추가해서 모델을 갱신하는 방법은 어떨까요(그림 9-28). 상품 수는 일반적으로 주문을 등록할 때 알 수 있겠지요. 따라서 Orders 테이블에 INSERT 구문을 실행할 때 함께 넣을 수 있을 것입니다.

그림 9-28 Orders 테이블에 상품 수를 추가

order_id (주문번호)	order_shop (주문 점포)	order_name (주문자 이름)	order_date (주문일)	item_count (상품 수)
10000	서울	윤인성	2011/08/22	3
10001	인천	연하진	2011/09/01	1
10002	인천	패밀리마트	2011/09/20	2
10003	부천	한빛미디어	2011/08/05	3
10004	수원	동네슈퍼	2011/08/22	1
10005	성남	야근카페	2011/08/29	2

Orders(상품 수를 추가)

상품 수는 등록 때 알 수 있음

이 방법의 주의점은 한 번 등록한 주문을 나중에 변경한다면 상품 수도 함께 변경될 가능성이 있으므로 수정해야 한다는 것입니다. 따라서 앞에서 다룬 동기/비동기 문제를 생각해야 합니다.

3. 초보자보다 중급자가 경계해야

시야 협착은 SQL뿐 아니라 프로그래밍 전반에 걸쳐 발생합니다. 특히 초급자 수준에서 벗어나 프로그래밍을 어느 정도 할 수 있게 되는 중급자로 넘어가는 단계에서 발생하기 쉽습니다. 이 단계에 이르게 되면 자신이 프로그래밍을 할 수 있는 폭이 넓어지고, 조금 어려운 문제 또는 함정을 파놓은 문제를 푸는 것 자체가 즐거워집니다.

그 자체는 굉장히 좋은 일입니다. 하지만 어려운 문제를 그냥 어려운 상태인 채 풀려고 할 수 있습니다. 스스로에게는 어려운 문제를 풀었다는 즐거움을 줄 수 있겠지만 복잡한 코드 또는 프로그램이 만들어져서 시스템 전체 관점에서는 비효율이 발생하는 결과를 야기할 수 있습니다.

진짜 중급자는 망치 이외의 도구를 사용할 수 있어야 합니다. 스포츠에 비유한다면 '플레이의 폭을 넓힌다' 또는 '넓은 시야를 가진다'라고 할 수 있겠군요.

데이터 모델을 지배하는 자가
시스템을 지배한다

지금까지 살펴본 것처럼, 데이터 모델 차원에서의 대응이 단순하면서도 최적의 솔루션이 되는 경우가 꽤 많습니다. 데이터 모델 차원에서 대응하면 쉽게 해결할 수 있는데, 테이블 구성에 손을 대지 않고 구문을 바꿔 해결하려 하는 것은 시간과 에너지 낭비라고 할 수 있지요.

미국의 프로그래머 에릭 레이먼드E.R.Raymond는 『성당과 시장』(2013, 한빛미디어)에서 "[현명한 데이터 구조와 멍청한 코드의 조합]이 [멍청한 데이터 구조와 현명한 코드의 조합]보다 좋다"고 말했습니다. 레이먼드는 C 언어를 염두에 두고 이러한 말을 했지만, 이는 모든 프로그래밍 언어와 데이터에 일반화할 수 있습니다. 또한 프레더릭 브룩스Frederick P. Brooks, Jr.도 『맨먼스 미신』(2015, 인사이트)에서 "플로우차트만 보여주고 테이블을 보여주지 않는다면, 무슨 말을 하는지 이해하기 어려울 것이다. 반대로 테이블을 보여주면, 플로우차트도 필요없다. 테이블만으로 모든 것을 명백하게 이해할 수 있기 때문이다"라고 말했습니다.

두 사람의 공통된 인식은, 데이터 모델이 코드를 결정하지 코드가 데이터 모델을 결정하지는 않는다는 것입니다. 따라서 잘못된 데이터 모델에서 출발하면, 잘못된 코드를 바로잡을 수 없습니다. 코드는 어디까지나 시스템을 만들어내는 수단이지 목적은 아닙니다. 전쟁에 비유한다면 총을 들고 전장에 나가는 슈퍼 솔저라고 할 수 있지요.

전략적 실패를 불과 한 사람의 전술적 활약으로 뒤집어버리는 슈퍼 솔저는 굉장히 멋있기 때문에, 영화 또는 드라마 등에서 자주 나오는 캐릭터입니다. 하지만 현실에서는 개인이 아무리 발버둥쳐도, 데이터 모델 설계가 잘못되었다면 그를 만회할 수 없습니다. 설령 기적적으로 한 번은 그러한 상황이 생긴다고 해도, 다음 시스템에서 같은 실수를 반복하게 될 것입니다. 엔지니어의 사명은 전략적 실패를 만회하는 전술을 찾는 것이 아닌, 올바른 전략을 고려하는 것입니다. 그래서 진짜 좋은 엔지니어가 지휘하는 개발 프로젝트는, 좋은 분위기로 시작해서 그대로 좋은 분위기로 끝납니다.

그럼에도 나쁜 데이터 구조는 그대로 둔 채 복잡한 코딩으로 문제를 해결하려고 하는 경우가 많습니다. 물론 현실적인 문제로 인해 '이제 와서 테이블 구조를 바꿀 수는 없고, 그러한 권한도 없다'는 안타까운 사정이 있을 수 있습니다. 따라서 테이블 설계는 처음이 중요합니다. 그리고 아름다우면서도 기능적인 설계를 실현할 때, 이번 장에서 소개한 내용들이 큰 도움이 될 것입니다.

마치며

- SQL을 효율적으로 갱신하려면 다중 필드 할당, 서브쿼리, CASE 식, MERGE 구문 등을 다양하게 활용

- 모든 문제를 반드시 코딩으로 해결할 필요는 없음

- 문제 해결 과정에서 모델을 변경하는 편이 손쉬운 경우도 있지만, 이후 그러한 모델을 다시 바꾸려면 힘듦

연습문제

해답은 401p

[코드 9-14]의 UPDATE에서, 갱신 대상 테이블인 ScoreRows 테이블의 score 필드는 NULL을 허용합니다. 이번에는 이 필드에 NOT NULL 제약을 추가합니다. 초깃값은 모두 '0'으로 통일합니다(코드 9-25). 이 경우 필드에서 레코드로 변환하는 UPDATE 구문을 생각해보세요(힌트: [코드 9-14]를 그대로 실행하면 'C003'의 '사회'를 NULL로 갱신하다가 오류가 발생합니다. 이 부분에 대처해주세요).

코드 9-25 score 필드에 NOT NULL 제약을 추가한 테이블 정의

```
CREATE TABLE ScoreRowsNN
(student_id CHAR(4)     NOT NULL,
 subject    VARCHAR(8) NOT NULL,
 score      INTEGER    NOT NULL,
   CONSTRAINT pk_ScoreRowsNN PRIMARY KEY(student_id, subject));

INSERT INTO ScoreRowsNN VALUES ('A001', '영어', 0);
INSERT INTO ScoreRowsNN VALUES ('A001', '국어', 0);
INSERT INTO ScoreRowsNN VALUES ('A001', '수학', 0);
INSERT INTO ScoreRowsNN VALUES ('B002', '영어', 0);
INSERT INTO ScoreRowsNN VALUES ('B002', '국어', 0);
INSERT INTO ScoreRowsNN VALUES ('C003', '영어', 0);
INSERT INTO ScoreRowsNN VALUES ('C003', '국어', 0);
INSERT INTO ScoreRowsNN VALUES ('C003', '사회', 0);
```

10장

인덱스 사용

균형의 약점

가장 일반적이면서 중요한 인덱스 방법은 B 트리(B-tree)다. 모든 애플리케이션을 만족시킬 수 있는 최적의 메모리 구조란 사실 존재하지 않지만, 그래도 하나를 선택 해야 한다면 B 트리를 선택할 것이라는 뜻이다.

_ Christopher J. Date 『데이터베이스 시스템 6판』

RDB 튜닝에서 인덱스는 가장 많이 쓰이는 방법입니다. 애플리케이션을 변경하지 않아도 데이터베이스 조작으로 성능을 개선할 수 있다는 높은 편리성과, 그 결과도 굉장히 좋다는 점을 인정받아 거의 모든 시스템이 튜닝 수단으로 인덱스를 다양하게 활용합니다.

34강

인덱스와 B-tree

RDB에서 사용하는 인덱스는 구조에 따라 다음과 같이 세 가지로 분류할 수 있습니다.

- B-tree 인덱스
- 비트맵 인덱스
- 해시 인덱스

1. 만능형 : B-tree

B-tree 인덱스는 이름 그대로 데이터를 트리 구조로 저장하는 형태의 인덱스입니다. 균형잡힌 뛰어난 범용성을 인정받아 가장 많이 사용됩니다. 데이터베이스에서 '인덱스'라고 말하면 대부분 B-tree 인덱스를 지칭하는 것입니다. 실제로 특별한 수식을 붙이지 않은 채 CREATE INDEX 구문을 실행하면, 모든 DBMS에서 암묵적으로 B-tree 인덱스가 만들어집니다.

B-tree가 검색 알고리즘으로서는 뛰어나게 성능이 좋은 편이 아닙니다. B-tree를 고안했던 사람 중 한 명인 R.Bayer도 "만약 세계가 완전히 정적이고, 데이터가 변화하지 않는다면, 다른 인덱스 기술로도 비슷한 정도의 성능을 낼 수 있을 것이다"라고 말했습니다. 그래도 여전히 B-tree 인덱스가 RDB에서 사용되는 이유는 균형이 잘 잡혀있기 때문입니다.

사실 대부분의 데이터베이스에서는 트리의 리프 노드에만 키값을 저장하는 B+tree라는, B-tree의 수정 버전을 채택합니다(Oracle, PostgreSQL, MySQL

등). 이는 B-tree에 비해 검색을 보다 효율적으로 만든 알고리즘으로, 데이터베이스 외에 파일 시스템 등에서도 사용됩니다(그림 10-1).

그림 10-1 B+tree의 구조

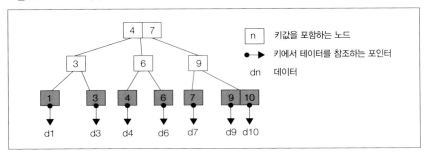

하지만 본질적인 특징은 B-tree와 B+tree가 다르지 않습니다. 따라서 이후에는 B+tree를 전제로 이야기를 진행하겠습니다. 이번 10장에서 아무런 추가설명 없이 '인덱스'라고 이야기한다면 B+tree 인덱스를 가리킨다고 생각해주세요.

B+tree의 검색 성능이 뛰어난 이유는 몇 가지 있습니다. 예를 들어 B+tree는 루트와 리프의 거리를 가능한 일정하게 유지하려 합니다. 따라서 균형이 잘 잡혀 검색 성능이 안정적입니다. 또한 트리의 깊이도 대개 3-4 정도의 수준으로 일정할 뿐 아니라, 데이터가 정렬 상태를 유지하므로 이분 탐색을 통해 검색 비용을 크게 줄일 수 있습니다. 또 데이터가 정렬되어 있는 만큼 잘만 활용하면 집약 함수 등에서 요구되는 정렬을 하지 않은 채 넘어갈 수도 있습니다.

2. 기타 인덱스

남아있는 두 개의 인덱스에 대해서도 간단하게 설명하고 넘어가겠습니다.

비트맵 인덱스는 데이터를 비트 플래그로 변환해서 저장하는 형태의 인덱스로, 카디널리티가 낮은 필드에 대해 효과를 발휘합니다. 하지만 갱신할 때 오버헤드가 너무 크기 때문에 빈번한 갱신이 일어나지 않는 BI/DWH 용도로 사용됩니다.

해시 인덱스는 키를 해시 분산해서 등가 검색을 고속으로 실행하고자 만들어진 인덱스입니다. 하지만 등가 검색 외에는 효과가 거의 없고 범위 검색을 할 수 없다는 점 때문에 거의 사용되지 않습니다. 또한 지원하는 구현도 일부에 불과합니다[1].

---

1 **저자주_** 해시 인덱스를 구현하는 DBMS로는 PostgreSQL이 있습니다. 또한 Oracle의 반대 키 인덱스(reverse key index)도 해시와 같은 효과를 냅니다. 하지만 두 가지 모두 사용할 기회는 거의 없답니다.

인덱스를 잘 활용하려면

B+tree의 장점은 앞에서 언급한 것처럼 범용성입니다. 키값 사이에 검색 속도의 불균형이 거의 없으므로 데이터양이 증가해도 검색 속도가 갑자기 악화하는 일이 없습니다. 또한 등호(=)뿐만 아니라 부등호(<, >, <=, >=)를 사용한 검색 조건에서도 사용할 수 있습니다.

하지만 인덱스를 사용했다고 문제가 바로 해결되는 마법같은 일은 없습니다. 인덱스를 잘 활용하려면 몇 가지 포인트를 고려해야 합니다.

1. 카디널리티와 선택률

인덱스는 테이블의 특정 필드집합에 대해 만듭니다. 이때 어떤 필드에 대해 인덱스를 작성할 것인지 기준이 되는 요소가 필드의 카디널리티와 선택률입니다[1].

카디널리티란 값의 균형을 나타내는 개념입니다. 카디널리티가 가장 높은 필드는 모든 레코드에 다른 값이 들어가있는 유일 키 필드입니다. 반대로 모든 레코드에 같은 값이 들어가 있다면 카디널리티가 낮은 필드입니다. 여러 개의 필드일 경우에도 같은 방식으로 생각해주세요.

한편 선택률은 특정 필드값을 지정했을 때 테이블 전체에서 몇 개의 레코드가 선택되는지를 나타내는 개념입니다. 예를 들어서 100개의 레코드를 가진 테이블에서

---

[1] 저자주_ 인덱스의 성능을 결정하는 요인으로 클러스터링 팩터라는 개념도 있습니다. 상세한 내용은 칼럼 '클러스터링 팩터'를 참고해주세요.

유일키로 'pkey=1'처럼 등호를 지정한다면 한 개의 레코드가 선택될 것입니다. 따라서 1/100 = 0.01로 선택률은 1%입니다.

인덱스의 성능을 결정하는 요인으로 클러스터링 팩터(clustering factor : 클러스터화 계수)라는 개념도 있습니다. 이는 저장소에 같은 값이 어느 정도 물리적으로 뭉쳐 존재하는지를 나타내는 지표로, 높을수록 분산되어 있고 낮을수록 뭉쳐있다는 뜻입니다. 인덱스로 접근할 때는 특정 값에만 접근하는 경우가 많으므로 보통 클러스터링 팩터가 낮을수록 접근할 데이터양이 적어져 좋습니다(그림 A).

그림 A 클러스터링 팩터

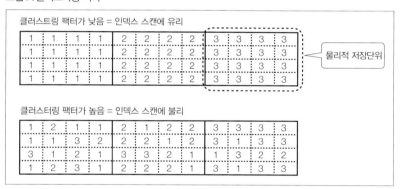

이런 클러스터링 팩터는 다음과 같이 확인할 수 있습니다.

• **DB2의 경우**

  SYSCAT.INDEXES 뷰의 CLUSTERRATIO 필드 또는 CLUSTERFACTOR 필드

• **Oracle의 경우**

  DBA_INDEXES 뷰의 CLUSTERING_FACTOR 필드

하지만 데이터의 물리적인 위치는 구현에 의존합니다. 따라서 이 책에서는 그 개념을 상세하게 다루지 않겠습니다.

2. 인덱스를 사용하는 것이 좋은지 판단하려면

인덱스를 작성하는 필드 집합의 조건은 다음과 같은 두 가지 지표로 판단합니다. 첫 번째는 카디널리티가 높을 것, 즉 값이 평균치에서 많이 흩어져있을수록 좋은 인덱스 후보입니다. 두 번째는 선택률이 낮을 것, 즉 한 번의 선택으로 레코드가 조금만 선택되는 것이 좋은 후보라는 뜻입니다. 구체적 역치는 DBMS 또는 저장소 성능 등의 조건에 따라 다를 수 있지만, 최근 DBMS에서는 대체로 5~10% 이하가 기준입니다[2]. 따라서 5% 미만이라면 해당 필드 집합은 인덱스를 작성할 가치가 있다(또는 있을 수도 있다)라는 것입니다. 선택률이 10%보다 높다면 테이블 풀 스캔을 하는 편이 더 빠를 가능성이 커집니다.

----

2 저자주_ "만약 대규모 테이블에서 5%의 레코드를 선택하고 싶다면 인덱스를 사용하는 것이 풀 스캔을 하는 것보다 적은 I/O를 가져올 것이다"(Richard J. Niemiec, 「Oracle Database 11g Release 2 Performance Tuning Tips & Techniques, Mcgraw-Hill Osborne Media」 2012). 이 선택률의 역치는 저장소 성능 향상과 반비례합니다. 옛날에는 20% 정도가 적절하다고 보았답니다. 따라서 이후에도 점점 줄어들 것입니다.

36강

인덱스로 성능 향상이 어려운 경우

다루는 데이터의 규모가 커질수록 데이터베이스 성능 확보는 어려워집니다. 따라서 대규모 데이터베이스일수록 인덱스 설계도 굉장히 중요해집니다. 여기서 착각하지 말아야 할 것이 있습니다. 바로 인덱스 설계란, 테이블 정의와 SQL만 봐서 할 수 있는 작업이 아니라는 점입니다.

특정 SQL에 적절한 인덱스를 작성하려면, SQL의 검색 조건과 결합 조건을 바탕으로 데이터를 효율적으로 압축할 수 있는 조건을 찾아야 합니다. 그리고 이를 위해서는 SQL 구문과 검색 키 필드의 카디널리티를 알아야 합니다. 그 결과, 만약 운 좋게 데이터를 압축할 조건을 찾아내면 이를 다룰 수 있는 인덱스를 작성하면 목적 달성입니다. 하지만 그렇지 않은 경우라면 어떨까요? 데이터를 압축할 조건이 해당 SQL 구문에 존재하지 않는다면 어떻게 해야 할까요?

무엇이 문제인지 이해하기 쉽게 조금 극단적인 예를 살펴보겠습니다. [코드 10-1]처럼 주문 데이터를 가진 테이블을 사용해 알아봅시다. 이 주문 테이블에 1억 개의 레코드가 들어있다고 가정합니다.

코드 10-1 주문 테이블 정의

```
CREATE TABLE Orders
(order_id  CHAR(8) NOT NULL,
 shop_id   CHAR(4) NOT NULL,
 shop_name VARCHAR(256) NOT NULL,
 receive_date DATE NOT NULL,
 process_flg CHAR(1) NOT NULL,
    CONSTRAINT pk_Orders PRIMARY KEY(order_id));
```

※ Orders : 주문 테이블, order_id : 주문 ID, shop_id : 주문받은 매장 ID, shop_name : 주문받은 매장 이름,
  receive_date : 주문 날짜, process_flg : 처리 플래그

1. 압축 조건이 존재하지 않음

일단 첫 번째는 처음부터 SQL 구문에 데이터를 압축할 수 있는 조건이 전혀 없을
경우입니다(코드 10-2).

코드 **10-2** 경우1 : 압축 조건이 존재하지 않음

```
SELECT order_id, receive_date
  FROM Orders;
```

주문 테이블에서 데이터를 모두 검색하는 매우 간단한 SELECT 구문입니다. 이 쿼
리의 스캔 동작은 실행 계획을 보지 않아도 테이블 풀 스캔이라는 것을 쉽게 알 수
있습니다. 레코드를 압축하는 WHERE 구가 애시당초 없으므로 인덱스로 작성할
만한 필드도 존재하지 않습니다.

사실 이렇게 극단적인 경우는 실무에서도 거의 없습니다. 설령 이러한 처리가 필
요한 경우라도, 1초 내로 응답해야 하는 온라인 관련 업무가 아닌, 특이한 형태의
배치 처리일 것입니다.

2. 레코드를 제대로 압축하지 못하는 경우

두 번째는 앞의 상황보다 더 자주 일어나고 그만큼 번거로운 경우입니다. 압축
조건이 있기는 하지만 레코드를 제대로 압축하지 못하는 SQL 구문입니다(코드
10-3).

코드 **10-3** 경우2 : 레코드를 제대로 압축하지 못하는 경우

```
SELECT order_id, receive_date
  FROM Orders
 WHERE process_flg = '5';
```

현재 테이블에서 process_flg의 분포는 다음과 같다고 가정합시다.

- 1(주문단계) : 200만 건
- 2(주문완료) : 500만 건
- 3(재고확인중) : 500만 건
- 4(배송준비중) : 500만 건
- 5(배송완료) : 8,300만 건

일단 WHERE 구에 'process_flg = 5'라는 검색 조건은 존재하지만 이 조건으로는 테이블의 레코드 절반 이상이 선택됩니다. 선택률이 83%로 굉장히 높은 수치입니다. 이 상태에서 process_flg 필드에 인덱스를 만들면, 설령 그것을 사용하더라도 풀 스캔을 할 때보다 느려질 가능성이 큽니다. 결국 역효과만 발생하는 것이지요.

인덱스가 제대로 작동하려면 어디까지나 '레코드를 크게 압축할 수 있는 검색 조건'이 있어야 합니다. 따라서 현재 예제와 같은 경우에는 인덱스의 의미가 없습니다. 이처럼 필드명에 _flg 또는 _status가 붙은 필드는 특정 종류만을 지정하는 경우가 많습니다(따라서 종류의 수가 적습니다). 인덱스로 만들기에 적절하지 않은 필드인 것이지요[1].

– 입력 매개변수에 따라 선택률이 변동하는 경우 – ❶

이러한 경우에 해당하는 패턴에는 다양한 변종이 있습니다. 일단 구문은 같지만 입력 매개변수에 따라 선택률이 변하는 검색 조건을 살펴봅시다. 예를 들어 기간의 범위 검색과 같은 경우입니다(코드 10-4).

코드 10-4 경우2-1 : 입력 매개변수에 따라 선택률이 변동

```
SELECT order_id
   FROM Orders
 WHERE receive_date BETWEEN :start_date AND :end_date;
```

:start_date와 :end_date는 외부에서 매개변수로 받는 값입니다. 사용자가 :start_date와 :end_date에 모두 '2015-12-01'이라는 값을 입력하면, 특정한 하루에 주문받은 주문 데이터를 선택한다는 의미입니다. 이 테이블이 몇 년 간의 데이터를 가지고 있는지는 알 수 없지만, 선택률은 꽤 작을 것으로 기대할 수 있습니다.

---

1 저자주_ 전형적 사례로 err_flg 필드의 경우 0과 1이라는 두 가지 종류만 갖습니다.

하지만 :start_date에 '2015-01-01'을 입력하고 :end_date에 '2015-12-31'을 입력하면 검색 범위가 1년으로 늘어납니다. 만약 주문양이 1년 내내 거의 균등하다고 가정하면 1일로 지정할 때의 365배에 달하는 레코드가 선택될 것입니다. 이렇게 검색 조건이 매개변수화 되어 있는 SQL은 그때그때 입력에 따라 선택률이 높아지거나 낮아집니다.

– 입력 매개변수에 따라 선택률이 변동하는 경우 – ❷

이렇게 선택률이 변하는 형태를 한 가지 더 살펴보겠습니다. 바로 주문받은 점포를 검색 기준으로 입력할 경우입니다. [코드 10-5]처럼 점포별 주문 수를 세는 SELECT 구문을 생각해봅시다.

코드 10-5 경우2-2 : 입력 매개변수에 따라 선택률이 변동

```
SELECT COUNT(*)
  FROM Orders
 WHERE shop_id = :sid;
```

큰 점포일수록 주문을 많이 받겠지요. 따라서 주문 건수가 소규모 점포의 수백~수천 배가 되어도 이상할 것 없습니다. shop_id에 주어지는 매개변수 :sid가 대규모 점포라면 1,000만 건이 선택되고 소규모 점포라면 10만 건이 선택된다고 가정합시다. 전자의 경우 선택률은 10%, 후자의 경우 선택률은 0.01%입니다. 따라서 전자의 경우만을 생각한다면 인덱스 스캔보다 테이블 풀 스캔이 나을 것입니다. 반대로 후자만 생각하면 인덱스 스캔이 더 나을 것입니다[2].

이때 무서운 점은 shop_id 필드에 인덱스가 존재하고 전자의 경우 인덱스가 사용된다면 오히려 성능 악화를 일으키게 된다는 사실입니다. 결국 인덱스를 사용하면 빨라질 것이라는 기대에 어긋납니다. 옵티마이저가 전자에 대해서는 풀 스캔을 수행하고 후자에 대해서는 인덱스 스캔을 선택해주면 좋겠지만 그러지 못하

....

2 저자주_ 지금은 단순하게 검색의 경우만을 고려했지만, 결합에도 마찬가지 문제가 발생합니다. 특히 Nested Loops 내부 테이블 결합 필드에 조건으로 히트되는 레코드가 많으면 반복 횟수가 늘어나므로 성능 문제가 발생합니다. 자세한 내용은 6장을 참고해주세요.

는 경우가 많습니다**3**.

3. 인덱스를 사용하지 않는 검색 조건

세 번째는 압축할 검색 조건이 있으면서도 인덱스를 사용할 수 없는 타입일 경우입니다.

– 중간 일치, 후방 일치의 LIKE 연산자

[코드 10–6]은 주문받은 점포 이름(shop_name)에 '대공원'이라는 문자가 포함된 레코드를 선택합니다.

코드 **10-6** 경우3 : 압축은 되지만 인덱스를 사용할 수 없는 검색 조건

```
SELECT order_id
  FROM Orders
 WHERE shop_name LIKE '%대공원%';
```

예를 들어 '대공원 입구 지점'이라던지 '대공원역 지점' 등을 결과에 포함하는 조건입니다. 이 조건으로 선택되는 레코드 수가 5,000개라고 가정합시다. 선택률은 0.005%로 5%의 역치보다 훨씬 낮은 수치라 압축 자체는 굉장히 좋습니다. 하지만 shop_name 필드에 인덱스를 작성하면 효율적인 검색이 이루어질까요?

아쉽게도 그렇지 않습니다. LIKE 연산자를 사용하는 경우 인덱스는 전방 일치('대공원%')에만 적용할 수 있습니다. 현재 예제처럼 중간 일치('%대공원%') 또는 후방 일치('%대공원')는 인덱스를 사용할 수 없습니다. 따라서 이 정도로 선택률이 좋은 검색 조건이라고 해도 풀 스캔을 사용할 수밖에 없습니다.

이렇게 LIKE 중간 일치처럼 구문적으로 인덱스를 사용할 수 없는 경우가 몇 가지 있습니다. 구현에 따라 조금은 다를 수 있지만 일반적으로 다음과 같습니다. 내용이 많지 않으므로 기억해주세요.

---

3 저자주_ 이러한 기능을 옵티마이저에게 기대하려면 적어도 통계 정도로서 필드값의 히스토그램을 검색할 수 있어야 합니다. 히스토그램은 Microsoft SQL Server, Oracle 등의 DBMS에서는 통계 정보로서 검색할 수 있습니다.

– 색인 필드[4]로 연산하는 경우

색인 필드로 연산하는 경우에는 인덱스를 사용할 수 없습니다(코드 10-7).

코드 10-7 색인 필드로 연산

```
SELECT *
  FROM SomeTable
 WHERE col_1 * 1.1 > 100;
```

하지만 검색 조건의 우변에 식을 사용할 때는 인덱스가 사용됩니다. 따라서 다음
과 같은 조건을 사용하면 됩니다.

```
WHERE col_1 > 100/1.1
```

– IS NULL을 사용하는 경우

IS NULL을 사용하는 경우에도 인덱스를 사용할 수 없습니다(코드 10-8). NULL
과 관련한 검색 조건에서 인덱스가 사용되지 않는 것은 일반적으로 색인 필드의 데
이터에 NULL이 존재하지 않기 때문입니다[5].

코드 10-8 IS NULL을 사용

```
SELECT *
   FROM SomeTable
 WHERE col_1 IS NULL;
```

또 색인 필드에 함수를 사용하는 경우에도 인덱스가 사용되지 않습니다(코드 10-
9).

코드 10-9 색인 필드에 함수를 사용

```
SELECT *
   FROM SomeTable
 WHERE LENGTH(col_1) = 10;
```

---

4 저자주_ 색인 필드란 색인(index)이 붙은 필드를 의미합니다.
5 저자주_ DB2처럼 인덱스에 NULL을 저장하는 DBMS도 있지만 일반적이지는 않습니다.

색인 필드에 함수를 사용하면 인덱스가 적용되지 않는 이유는 '색인 필드에 연산을 하는 경우'와 같습니다. 인덱스 내부에 존재하는 값은 어디까지나 col_1이지 LENGTH(col_1)이 아니기 때문입니다. 함수 색인하는 방법도 있지만, 쓸데없는 연산 비용이 발생하므로 기본적으로 사용하지 않는 게 좋습니다.

– 부정형을 사용하는 경우

부정형(< >, !=, NOT IN)은 인덱스를 사용할 수 없습니다(코드 10-10).

코드 10-10 부정형을 사용

```
SELECT *
  FROM SomeTable
 WHERE col_1 <> 100;
```

인덱스를 사용할 수 없는 경우 대처법

그렇다면 이렇게 일반적인 인덱스를 사용하지 못하거나, 인덱스를 사용하면 오히려 느려지는 SQL 구문의 성능은 어떻게 튜닝해야 할까요? 방법은 크게 두 가지입니다. 첫 번째는 애플리케이션에서의 설정으로 처리하는 방법입니다. 두 번째는 인덱스 온리 스캔입니다. 지금부터 각각의 상세한 방법을 살펴봅시다. 일단 첫 번째는 다시 외부 설정에 의한 처리와 데이터 마트에 의한 처리로 나뉩니다.

1. 외부 설정으로 처리 – 깊고 어두운 강 건너기

– UI 설계로 처리

가장 간단한 해결방법은 처음부터 이러한 쿼리가 실행되지 않게 애플리케이션에서 제한하는 것입니다. 예를 들어 앞에서 살펴본 Orders 테이블의 쿼리를 [그림 10-2]와 같은 웹 화면에서의 입력으로 생성한다고 가정합니다.

그림 10-2 웹 입력 화면

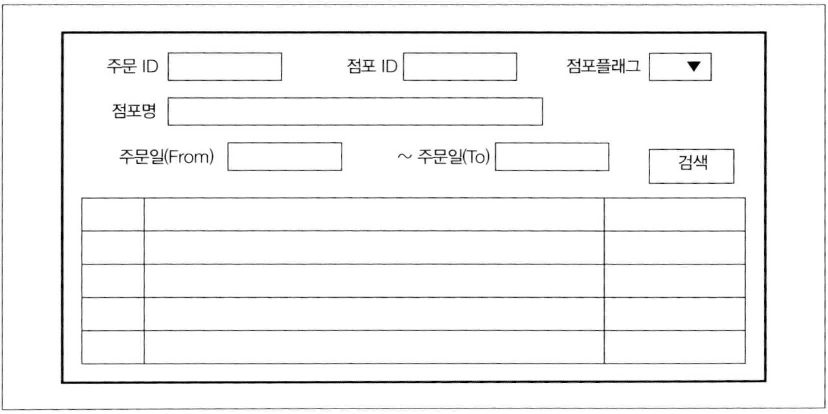

이 화면에서는 사용자가 굉장히 자유롭게 조건을 조합할 수 있으므로 선택률이 높은 검색 조건이 나올 수 있습니다. 이때 예를 들어 '점포 ID'로 검색하면 반드시 '주문일'도 함께 입력해야 검색 버튼을 누를 수 있게 하는 등의 입력제한을 둔다면 Orders 테이블에 더 많은 압축을 가할 수 있습니다. 또한 '기간 검색은 최대 1개월까지'라는 조건을 준다면 기간 검색에서도 인덱스를 잘 사용할 가능성이 커집니다[1]. 그렇게 할 경우 월 단위 파티션을 만들 수도 있겠지요.

36강의 '인덱스로 성능 향상이 어려운 경우'에서 '인덱스 설계는 테이블 정의와 SQL만 봐서 할 수 있는 작업이 아니'라고 했던 것은 이러한 이유 때문입니다. 애플리케이션이 어떤 쿼리를 조합해 어떤 검색 조건을 만들지는 애플리케이션의 기능과 UI 설정에 크게 의존합니다. 따라서 사용자 입력에 대해 실무 요건을 고려해야 합니다. 어떤 사용자 인터페이스를 준비하고 어떤 입력 제한을 만들지는 사용자 또는 엔지니어와 함께 생각해야겠죠?

2. 외부 설정을 사용한 대처 방법의 주의점

시스템 사용자란 '아무런 필수조건 없이 내 마음대로 입력'하는 것을 좋아하는 생명

----

1 저자주_ 12개월을 검색하고 싶다면 1개월의 검색을 12번 반복하는 것이 성능상 좋습니다. 하지만 이렇게 만들면 사용자 입장에서 조금 귀찮아지기는 합니다.

체입니다. 따라서 만드는 측에서 보면 "대체 왜 그런 값을 입력했어요?" 또는 "이 걸 왜 조건으로 보는 거에요?"라는 생각이 들 것입니다. 하지만 반대로 우리가 사용자 입장이라면, 마찬가지로 내 마음대로 입력하고 싶은 마음이 들 것입니다. 따라서 성능과 사용성의 트레이드오프를 통해 타협점을 찾는 것이, 데이터베이스의 엔지니어가 해야 하는 일이지요[2].

데이터베이스 기술자와 애플리케이션 엔지니어는 완전 분업하기 때문에, 자칫하면 커뮤니케이션 단절이 일어나기 쉽습니다. 그렇게 되면 애플리케이션 엔지니어는 데이터베이스 또는 하드웨어를 완전히 블랙 박스로 취급하므로, 저장소의 구성과 테이블의 물리 배치 등에 대해 알 수 없습니다. 반대로 데이터베이스 엔지니어는 사용자와 멀기 때문에 "사용성? 그거 먹을 수 있는 거야?"라는 식으로 취급합니다.

물론 이러한 분업 체계가 확립되는 데는 나름의 이유가 있습니다. 하지만 시스템을 전체적으로 조감해주는 사람이 없다면 성능을 최적화하기 어렵습니다. 결과적으로 인프라와 애플리케이션 사이에 깊고 어두운 강이 생기게 되는 것이지요.

따라서 외부 설계를 사용한 대처에 실패, 선택률을 낮출 수 없는 경우가 굉장히 많습니다. 이러한 대처는 사실 프로젝트를 시작하는 단계에서부터 사용자와 합의해야 하는 것입니다. 하지만 프로젝트를 시작하는 단계에서는 성능을 거의(또는 전혀) 고려하지 않는 경우가 대부분입니다. 결국 테스트 단계에서 치명적인 성능 문제가 발견된다면 이미 늦어버린 것입니다. 이런 상황이 닥치면, 외부 설정 변경을 배제한 채로 시스템을 튜닝해야 합니다.

3. 데이터 마트로 대처

외부 설정에 영향을 받지 않는 방법 중 하나가 바로 데이터 마트입니다. 간단하게 줄여서 마트 또는 개요 테이블(Summary Table)이라고도 합니다. 데이터 마트

---

2 저자주_ ERP(Enterprise Resource Planning, 전사적 자원 관리)와 같은 업무 패키지 소프트웨어가 얽히면 이야기가 더 복잡해집니다. 이러한 개발은 UI 설계 자유도가 낮고, 내부 로직도 블랙박스이므로 변경하기 어렵습니다. 결국 패키지 제품을 사용하면 성능적인 위험이 더 높아집니다.

는 특정한 쿼리(군)에서 필요한 데이터만을 저장하는, 상대적으로 작은 크기의 테이블을 의미합니다. 원래 테이블의 부분 집합(또는 서브셋)이라고 보면 좋습니다 (그림 10-3).

그림 10-3 데이터 마트

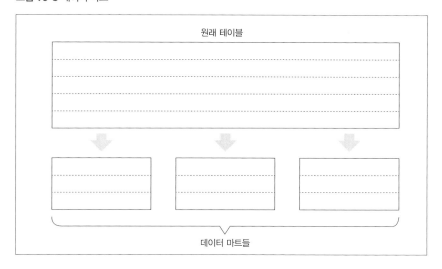

데이터 마트라는 용어는 원래 대규모의 데이터를 다뤄야 하는(따라서 성능 요건이 중요한) BI/DWH 분야에서 사용되었습니다. 접근 대상 테이블의 크기를 작게 해서 I/O 양을 줄이는 것이 데이터 마트의 목적입니다.

예를 들어 앞에서 설명한 [코드 10-2]의 쿼리를 살펴보면, 필요한 데이터는 order_id, receive_date라는 두 개의 필드뿐입니다. 따라서 [코드 10-11]와 같은 데이터 마트가 있다면 [코드 10-12]처럼 쿼리를 만들 수 있습니다.

코드 10-11 데이터 마트

```
CREATE TABLE OrderMart
(order_id        CHAR(4) NOT NULL,
 receive_date    DATE NOT NULL);
```

코드 10-12 경우1 : 압축 조건이 존재하지 않는 경우에도 성능 보장

```
SELECT order_id, receive_date
  FROM OrderMart;
```

4. 데이터 마트를 채택할 시 주의점

이러한 데이터 마트를 채택할 때 주의할 포인트는 총 4가지입니다.

— 데이터 신선도

이는 데이터 동기 시점의 문제입니다. 데이터 마트는 원래 테이블의 부분적인 복사본입니다. 따라서 특정한 시점마다 원본 테이블에서 데이터를 동기화해야 합니다. 문제는 바로 그 시점입니다. 이 동기 사이클이 짧으면 짧을수록 데이터의 신선도는 높으며, 원본 테이블과 가까운 모습을 가집니다. 대신 빈번한 갱신 처리가 실행되면 성능적으로 문제가 생길 수 있습니다. 전통적으로 이러한 동기는 야간 배치로 실행하는 경우가 많은데요. 이러한 경우 데이터가 하루에 한 번 정도 갱신되므로 신선도가 굉장히 낮아집니다. 만약 데이터 신선도가 중요한 경우라면 이러한 방법을 채택하기 어렵습니다.

— 데이터 마트 크기

데이터 마트를 만드는 목적은 테이블의 크기를 작게 해 I/O 양을 줄이는 것입니다[3]. 따라서 원래 테이블에서 크기를 딱히 줄일 수 없다면, 데이터 마트를 만들어도 빨라지지 않습니다.

예를 들어 SELECT * 처럼 모든 필드를 검색해야 하는 경우나, 검색 조건의 선택률이 높아 레코드를 제대로 압축하지 못하는 경우에는 데이터 마트를 만들어도 성능적인 개선이 불가능합니다.

....

3 저자주_ 검색(SELECT 구문) 처리를 할 때는 읽기(Output)만 일어난다고 생각하는 사람들이 많은데요. 실제로는 쓰기(Input)도 일어납니다. 해시 또는 정렬과 관련된 연산을 수행하는 경우 등 일시 작업용 메모리 영역이 부족할 때, 데이터를 일시적으로 저장소에 쓰는 동작(TEMP 탈락)이 일어나기 때문입니다. 자세한 내용은 1장의 '추가적인 메모리 영역 '워킹 메모리"를 참고해주세요.

다만 GROUP BY 절을 미리 사용해서 집계를 마치고 데이터 마트를 만들면, 필드 수와 레코드 수를 크게 줄일 수 있으며, GROUP BY에 필요한 정렬 또는 해시 처리도 사전에 끝낼 수 있으므로 굉장히 효과적입니다[4].

– 데이터 마트 수

이는 성능과 관련된 관점에서는 부차적인 요소지만, 데이터 마트가 성능 개선에 유용하다고 판단되면 계속해서 데이터 마트를 대량으로 만들어내는 프로젝트들이 있습니다. 필자가 보았던 어떤 시스템은 데이터 마트 수가 100개를 넘기도 했습니다. BI/DWH 시스템인 만큼 어느 정도 데이터 마트에 의지하는 것은 어쩔 수 없는 일이었지요. 하지만 그렇다고 해도, 대체 어떤 테이블이 어떤 처리에 사용되는지가 혼동되면서 더 이상 사용하지 않는데도 쓸데없이 동기화가 일어나는 '좀비 마트'가 생기거나, 관리가 불가능해지는 경우도 있었습니다.

데이터 마트는 애시당초 기능 요건에 의해 만들어지는 엔티티가 아닙니다. 따라서 ER에도 등장하지 않으므로 제대로 관리하기 어렵습니다. 또한 그 수가 늘어나면 그만큼 저장소 용량을 압박하고, 백업 또는 스냅샷을 할 때의 시간이 오래 걸리는 문제도 생깁니다. 따라서 데이터 마트에 지나치게 의존하는 것은 좋지 않습니다.

– 배치 윈도우

당연한 이야기지만, 데이터 마트를 만드는 데도 시간이 걸리므로 배치 윈도우를 압박합니다. 만들어진 데이터 마트는 어느 정도 규모의 갱신이 발생할 때 통계 정보도 다시 수집해야 합니다. 따라서 이러한 처리를 여유있게 수행하기 위한 배치 윈도우와 Job Net도 고려해야 합니다.

이처럼 데이터 마트는 간단한 성능 개선 방법처럼 보이지만, 실제로는 고려할 포인트(특히 운용과 관련된 포인트)가 많다보니 적당히 사용하려다가는 이후 문제가 생길 수 있습니다. 주의해주세요!

----

4 저자주_ 원래 BI/DWH의 데이터 마트는 대부분 GROUP BY를 사용해 만듭니다.

5. 인덱스 온리 스캔으로 대처

외부 설계에 영향을 주지 않고 튜닝하는 두 번째 방법이 인덱스 온리 스캔입니다. 인덱스 온리 스캔은 SQL 구문이 접근하려는 대상의 I/O 감소를 목적으로 한다는 점에서는 데이터 마트와 같습니다. 특히 데이터 마트에서 문제가 되는 데이터 동기 문제를 해결할 수 있습니다.

인덱스 온리 스캔은 이름처럼 인덱스를 사용한 고속화 방법입니다. 하지만 기존 인덱스와는 사용 방법이 많이 다릅니다.

압축할 수 있는 조건이 전혀 존재하지 않던 [코드 10-2]를 다시 살펴봅시다(코드 10-13). 인덱스는 원칙적으로 WHERE 구문을 사용하지 않는 한, 풀 스캔이 무조건 발생했었습니다.

코드 10-13 경우1 : 압축 조건이 존재하지 않는 경우(다시 게재)

```
SELECT order_id, receive_date
  FROM Orders;
```

그런데 이 쿼리에서는 풀 스캔을 할 때 검사 대상을 테이블이 아닌 인덱스로 바꿀 수 있습니다. 이를 위해서는 [코드 10-14]처럼 특정한 필드를 커버할 수 있는 인덱스를 작성해야 합니다.

코드 10-14 커버링 인덱스

```
CREATE INDEX CoveringIndex ON Orders (order_id, receive_date);
```

order_id와 receive_date라는 2개의 필드는 SELECT 구문에 포함되어 있으므로, 일반적으로는 인덱스의 필드 후보로 되지 않습니다. 그런데 이들 2개의 필드를 커버하는 인덱스가 존재하면, 테이블이 아닌 인덱스만을 스캔 대상으로 하는 검색(인덱스 온리 스캔)을 사용할 수 있게 됩니다(그림 10-4). 이러한 인덱스를 커버링 인덱스(Covering Index)라고 부릅니다. 인덱스 온리 스캔은 SQL 구문에서 필요한 필드를 인덱스만으로 커버할 수 있는 경우에 테이블 접근을 생략하는 기술입니다.

그림 10-4 기존의 인덱스 스캔과 인덱스 온리 스캔의 차이

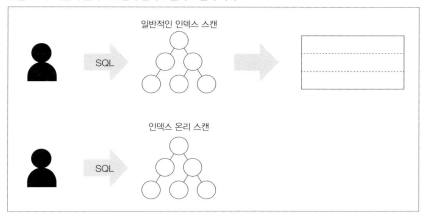

이러한 기술의 장점은 데이터 마트를 사용할 때와 마찬가지로 I/O 비용을 줄일 수 있다는 것입니다. 인덱스는 테이블 필드의 부분 집합만 저장하므로 원래 테이블에 비해 크기가 굉장히 작습니다. 뿐만 아니라 데이터 마트를 만들 때는 애플리케이션도 수정해야 하지만, 인덱스를 사용할 경우에는 그럴 필요가 없습니다.

현재 경우의 실행 계획을 Oracle에서 살펴봅시다(그림 10-5)[5].

그림 10-5 인덱스 온리 스캔의 실행 계획(Oracle)

```
-------------------------------------------------------------------
|Id| Operation              | Name         |Rows |Bytes |Cost (%CPU)|Time     |
-------------------------------------------------------------------
| 0| SELECT STATEMENT       |              |  1 |  19 |   2 (0)|00:00:01|
| 1|  INDEX FAST FULL SCAN |COVERINGINDEX |  1 |  19 |   2 (0)|00:00:01|
-------------------------------------------------------------------
```

'INDEX FAST FULL SCAN'이라는 조작이 인덱스를 사용한 풀 스캔을 의미합니다. 주목할 점은 이 실행 계획에 'Orders'라는 테이블 이름이 등장하지 않는다는 것입니다. 이는 테이블에 접근하지 않기 때문입니다. 쿼리의 모든 필드를 커버하는 인덱스가 존재하므로, 옵티마이저가 자동으로 판단한 것입니다[6].

---

5 저자주_ PostgreSQL은 데이터 개수가 적으면 일반적인 시퀀셜 스캔을 선택합니다. 따라서 Oracle의 실행 계획을 살펴보는 것입니다.

6 저자주_ 만약 인덱스를 사용하고 싶지 않다면, Oracle의 경우에는 INDEX_FFS 힌트를 사용해서 제어할 수 있습니다.

마찬가지로 [코드 10-3]과 [코드 10-6]에도 적용할 수 있습니다(코드 10-15, 코드 10-16). 각각 [코드 10-17], [코드 10-18]처럼 필드를 커버하는 인덱스를 만들었으므로, 인덱스 온리 스캔을 사용할 수 있습니다.

코드 10-15 경우2 : 레코드를 제대로 압축하지 못하는 검색 조건(다시 게재)

```sql
SELECT order_id, receive_date
  FROM Orders
 WHERE process_flg = '5';
```

코드10-16 경우3 : 압축은 되지만, 인덱스를 사용하지 않는 검색 조건(다시 게재)

```sql
SELECT order_id, receive_date
  FROM Orders
 WHERE shop_name LIKE '%대공원%';
```

코드10-17 코드 10-15에 대한 커버링 인덱스 생성

```sql
CREATE INDEX CoveringIndex_1 ON Orders (process_flg, order_id, receive_date);
```

코드10-18 코드 10-16에 대한 커버링 인덱스 생성

```sql
CREATE INDEX CoveringIndex_2 ON Orders (shop_name, order_id, receive_date);
```

이는 말하자면 로우(레코드) 지향 저장소의 DBMS에 유사적으로 컬럼(필드) 기반 저장소를 실현하는 것으로 봐도 좋습니다(컬럼 '인덱스 온리 스캔과 컬럼 지향 데이터베이스' 참고).

컬럼 인덱스 온리 스캔과 컬럼 지향 데이터베이스

이번 10장에서 소개한 인덱스 온리 스캔이라는 기술은, 특정한 상황에서 검색 성능을 극단적으로 높일 수 있는 강력한 기능입니다. 이는 컬럼 지향 데이터베이스를 로우 지향 데이터베이스에서 의사적으로 구현한 방법이라고 할 수 있습니다.

현재 존재하는 대부분의 RDB는 로우 지향 데이터베이스입니다. 쉽게 말하면 레코드

단위로 데이터를 저장하는 형태라는 것이지요(그림 A)[7].

그림 A 로우 지향

이런 로우 지향을 성능 관점에서 본다면 비효율적이라고 할 수 있습니다. 일종의 낭비가 일어나기 때문인데요. 예를 들어 다음과 같은 간단한 SELECT 구문을 살펴봅시다.

```
SELECT col_1
  FROM SomeTable;
```

이런 SELECT 구문이 접근해야 하는 데이터는 col_1 뿐입니다. 따라서 필드 하나만 검색하는 것이 효율적입니다. 하지만 로우 지향 데이터베이스에서는 I/O가 레코드 단위로 이루어지기 때문에 필요하지 않은 다른 필드를 모두 읽어야 합니다. 만약 SomeTable이라는 테이블이 col_1~col50까지 50개의 필드를 가진다면, 필요하지 않은 49개의 필드를 읽어야 하는 것입니다. 물론 실제로 필요한 것은 1개의 필드뿐이므로, 나머지는 읽어들이긴 해도 사용하지 않고 버립니다. 입출력적으로 굉장히 큰 낭비가 발생하는 것이지요.

컬럼 지향 데이터베이스는 '실제로 SQL 구문에서 사용하는 필드는 굉장히 한정적이다'라는 사고를 바탕으로 만들어진 데이터베이스입니다. 이름 그대로 데이터의 저장 단위를 필드로 바꾸어서, 불필요한 필드를 읽지 않도록 만든 방법입니다(그림 B).

---

7 저자주_ 컬럼 지향 데이터베이스 제품으로는 Sybase IQ 등이 있습니다.

그림 B 컬럼 지향

필드 1	필드 2	필드 3	필드 4
a	b	c	d
A	B	C	D
...			
...			
v	w	x	y

물리적으로는 필드
단위로 하나하나 저장

이렇게 되면 앞에서 설명했던 SELECT 구문처럼 일부 필드만 사용하는 SQL 구문에서
데이터 입출력을 크게 감소시킬 수 있습니다. 따라서 성능이 향상되지요. 하지만 장점
이 있으면 단점이 있는 법입니다. 컬럼 지향 데이터베이스의 경우, 이번에는 다음과 같
은 SELECT 구문에서 성능이 나빠집니다.

```
SELECT *
  FROM SomeTable
 WHERE col_1 = 'A';
```

col='A'라는 조건이 있으므로 필드를 하나만 확인해서 선별할 수는 있지만, 어차피 모
든 필드에 접근해야 하므로 로우 지향 데이터베이스보다 성능이 떨어집니다. 이처럼
극단적이지 않더라도, 많은 필드를 사용하는 SQL 구문에는 컬럼 지향 데이터베이스
가 어울리지 않습니다.

여기까지 보면, 인덱스 온리 스캔이 로우 지향 데이터베이스에서 컬럼 지향 데이터베
이스를 유사하게 실현했다는 말의 의미를 이해할 수 있을 것입니다. SQL 구문에서 사
용하는 필드를 커버하는 인덱스를 만들어, 접근하는 필드를 제한한다는 발상은 컬럼
지향 데이터베이스의 발상과 다르지 않습니다.

6. 인덱스 온리 스캔의 주의사항

인덱스 온리 스캔은 데이터 마트를 만들지 않아도 쿼리를 고속으로 만들 수 있다는 점에서 굉장히 좋은 기술입니다. 하지만 몇 가지 주의할 점도 있답니다.

– DBMS에 따라 사용할 수 없는 경우도 있다

Oracle, DB2, Microsoft SQL Server, PostgreSQL, MySQL 모두 2015년 8월을 기준으로 최신판에서 인덱스 온리 스캔을 지원합니다. 하지만 오래된 버전을 사용중이라면 주의가 필요합니다[8].

– 한 개의 인덱스에 포함할 수 있는 필드 수에 제한이 있다

이 역시 구현 의존적인 주의사항입니다. 인덱스의 크기는 무제한이 아니며, 포함할 수 있는 필드 수 또는 크기에 제한이 있습니다[9]. 이러한 제한은 구현 환경마다 다르므로 매뉴얼 등을 잘 살펴보기 바랍니다. 애시당초 인덱스의 크기가 너무 커지면, 물리 I/O를 줄이겠다는 당초의 목적이 희미해집니다. 따라서 인덱스를 만드는 의미가 사라지지요.

– 갱신 오버 헤드가 커진다

인덱스란 테이블의 갱신 부하를 올리기 마련입니다. 인덱스 온리 스캔을 위한 커버링 인덱스는 성질상 필연적으로 필드 수가 많아 크기가 큰 인덱스가 되기 쉽습니다. 따라서 테이블을 갱신할 때의 오버 헤드도 일반적인 인덱스에 비해 큰 경향이 있습니다. 검색을 고속으로 만들 수 있는 대신, 갱신 성능이 떨어지는 트레이드 오프가 발생하는 것이지요.

....

8 저자주_ PostgreSQL은 9.2부터 인덱스 온리 스캔을 지원합니다. 한편 Microsoft SQL Server와 DB2는 인덱스 키 이외의 필드값을 인덱스로 추가하는 기능도 가집니다. Microsoft SQL Server에서는 '포괄 열 인덱스'라고 부릅니다. 이는 물리적인 구조가 트리로 존재할 뿐, 논리적으로는 거의 테이블과 같은 것입니다.
– 포괄 열을 사용하여 인덱스 만들기 : https://msdn.microsoft.com/ko-kr/library/ms190806

9 저자주_ Oracle 등의 DBMS는 이러한 제한에 대처하고자 여러 개의 인덱스를 통합해서 인덱스 온리 스캔을 하기도 합니다. 예를 들어 (a, b, c, d)라는 필드를 사용하는 쿼리를 (a, b, c)와 (b, c, d)라는 인덱스가 있는 테이블에 적용한다면, 모든 필드를 커버할 수 있는 인덱스가 없으므로 인덱스 온리 스캔을 사용하지 못합니다. 하지만 두 개의 인덱스를 통합해서 (a, b, c, d)라는 인덱스를 만들어 테이블에 접근한다면, 인덱스 온리 스캔을 사용할 수 있습니다. 하지만 이러한 통합 처리 자체가 오버헤드가 되므로 처음부터 (a, b, c, d)라는 인덱스를 만들어 사용하는 것이 훨씬 효율적이겠지요.

– 정기적인 인덱스 리빌드가 필요

인덱스에만 접근한다는 것은 다시 말해 검색 성능 자체가 인덱스의 크기에 의존한다는 것입니다. 특히 인덱스의 일부만 읽어들이는 일반적인 레인지 스캔과 달리, Oracle의 INDEX FAST FULL SCAN 등은 인덱스로 풀 스캔을 수행합니다. 따라서 검색 성능이 인덱스의 크기에 거의 비례하며, 일반적인 인덱스보다도 크기에 민감하게 성능이 반응합니다. 이러한 이유 때문에, 커버링 인덱스의 정기적인 크기 모니터링과 리빌드를 운용에 포함시켜야 합니다.

– SQL 구문에 새로운 필드가 추가된다면 사용할 수 없다

애플리케이션 유지 보수 작업에 의해서 쿼리에 새로운 필드가 추가될 수 있습니다. 원리를 이해한다면 당연한 이야기지만, 그렇게 되면 인덱스 온리 스캔을 사용할 수 없습니다. 그 결과 갑작스러운 실행 계획의 변동이 일어나 쿼리의 성능이 갑자기 나빠질 수 있습니다. WHERE 구문 변경이 곧 급격한 성능 변화로 이어질 수 있다는 것은 대부분의 엔지니어가 이해하는 부분입니다. 하지만 SELECT 구문에 필드를 추가하는 정도의 작업은 섣부르게 진행하는 경우가 많습니다. 그러나 커버링 인덱스는 SQL 구문에서 사용하는 필드를 모두 커버할 수 없게 된 시점에서, 더 이상 커버링 인덱스가 아닙니다. 이러한 점에서 인덱스 온리 스캔은, 일반적인 인덱스에 비해 애플리케이션 유지 보수에 약한 타입의 튜닝이라고 할 수 있습니다.

이렇게 인덱스 온리 스캔은 일반적인 레인지 스캔에서는 고속화가 어려운 경우에도 사용할 수 있다는 장점이 있지만, 그만큼 주의할 점도 많은 변칙적인 기술입니다. B+tree 인덱스 본연의 사용법과는 많이 다르지만, 여러 조건을 만족시켜 잘 활용될 수 있다면 기존의 B+tree 인덱스로 고속화가 어려운 경우에도 큰 성능 개선이 가능합니다. 따라서 꼭 기억해두어야 하는 선택지입니다.

마치며

- B+tree 인덱스는 편리하지만, 카티널리티와 선택률에 따라 성능이 결정

- 선택률을 제어하려면 UI 설계까지도 변경할 필요가 있음

- 선택률이 높은 경우에는 인덱스 온리 스캔을 활용

- 결국 인덱스를 사용한 성능 개선도 I/O 비용을 줄이기 위한 노력

연습문제

해답은 402p

여러분이 참여하고 있는 프로젝트에서, 대규모의 테이블에 사용하는 쿼리가 늦어 데이터 마트를 사용해서 성능을 개선하기로 했다고 합시다. 어떤 구현 방법이 있는지, 어떠한 장점/단점이 있는지 생각해보세요.

부록

A PostgreSQL 설치와 실행

지금부터 실행 환경으로 오픈소스 데이터베이스인 PostgreSQL(버전 9.4.4)을 윈도우에 설치하는 방법을 소개하겠습니다.

A-1

PostgreSQL 다운로드 사이트[1]에서 인스톨러를 다운받습니다[2]. 이 장에서는 32비트 버전의 윈도우 인스톨러(Win x86-32)를 사용해 윈도우7(32비트)에 설치하는 과정을 소개합니다. 하지만 독자 분이 활용할 때는 자신의 환경에 맞게 적절한 것을 다운 받기 바랍니다. 예를 들어 사용하고 있는 컴퓨터의 운영체제가 윈도우 64비트라면 'Win x86-64' 인스톨러를 다운받아주세요.

----

1 저자주_ http://www.postgresql.org/download/

2 역자주_ http://www.enterprisedb.com/products-services-training/pgdownload#windows

A-2

인스톨러를 실행할 때는 파일을 마우스 오른쪽 클릭하고 '관리자 권한으로 실행'을 눌러주세요[3]. 이렇게 하면 다음과 같은 설치 화면이 기동됩니다. Next 버튼을 클릭하세요.

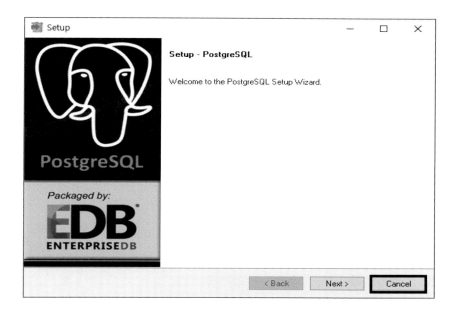

A-3

다음과 같은 Installation Directory 화면이 나오면 기본적으로 'C:\Program Files\PostgreSQL\9.4'가 표시됩니다. 'Program Files' 폴더는 사용자 계정으로는 접근하지 못할 가능성이 있으므로 'C:\PostgreSQL\9.4'로 수정하고 Next 버튼을 클릭합니다. 참고로 폴더는 설치 시 자동 생성되므로 따로 폴더를 생성할 필요는 없습니다.

....

3 저자주_ PostgreSQL 인스톨러는 운영체제의 관리자 권한을 요구합니다. 따라서 인스톨러를 실행할 때는 반드시 관리자 권한으로 실행해주세요. 이때 관리자 비밀번호를 물어볼 수 있는데요. 자신의 컴퓨터에 설정되어 있는 관리자 비밀번호를 입력하기 바랍니다.

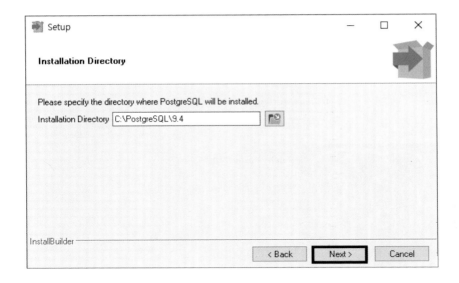

A-4

이어서 데이터를 저장할 폴더를 선택하는 Data Directory 화면이 뜹니다. 'C:\
PostgreSQL\9.4\data'라고 표시되는데요. 특별한 이유가 없다면 그대로 사용합
니다. 계속해서 Next 버튼을 눌러 진행합니다.

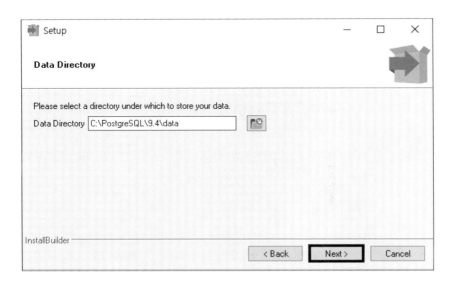

A-5

데이터베이스 관리자 사용자 비밀번호를 설정하는 화면이 나옵니다. 비밀번호를 입력하고 Next 버튼을 클릭해주세요. 이 비밀번호는 설치 마지막 과정에서 PostgreSQL에 로그인할 때 사용하므로 잊지 말아주세요!

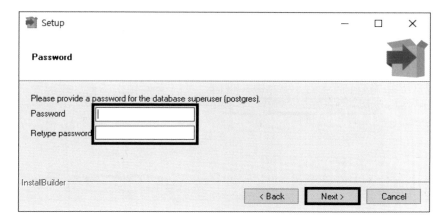

A-6

PostgreSQL의 포트 번호를 설정하는 화면이 나옵니다. 특별한 이유가 없다면 그대로 사용합니다. 계속해서 Next 버튼을 눌러 진행합니다. 보통 여기까지는 대부분 아무런 문제없답니다.

PostgreSQL의 로케일을 설정하는 Advanced Options 화면이 나옵니다. 'Korean, Korea'를 선택하고 Next 버튼을 클릭해주세요.

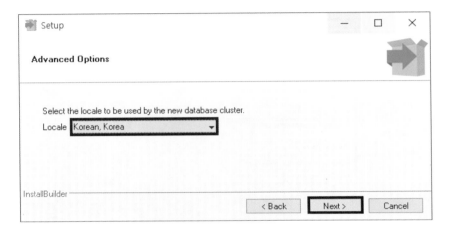

설치 준비를 위한 Ready to Install 화면이 나옵니다. 곧바로 Next 버튼을 클릭해주세요.

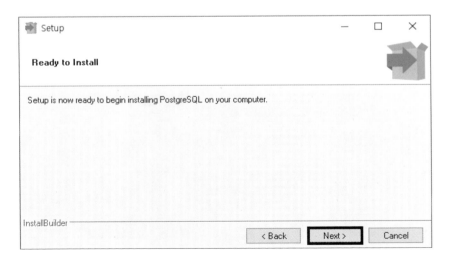

Installing 화면이 뜨고 설치가 시작됩니다.

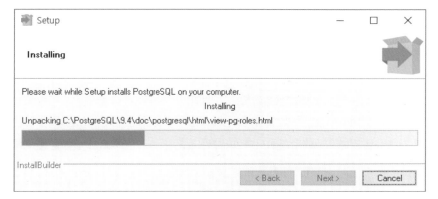

설치 완료 화면이 나옵니다. 'Launch Stack Builder at exit?' 체크를 제거하고 Finish 버튼을 눌러주세요. 'Launch Stack Builder at exit?'는 다양한 부가적 도 구를 설치하는 기능입니다. 하지만 PostgreSQL 자체만을 사용할 경우에는 특별 히 필요하지 않습니다. 이렇게 설치를 완료했습니다.

A-11

보안을 위해 PostgreSQL 설정 파일을 변경하겠습니다. 다음 파일을 메모장 등의 텍스트 파일로 열어주세요.

C:\PostgreSQL\9.4\data\postgresql.conf

이 파일을 열고 'listen_addresses'라는 키워드로 검색해주세요. 이 키워드는 설치한 직후에는 'listen_addresses = '*''로 설정됩니다. 이는 모든 원격 호스트로부터의 연결을 받아들이겠다는 의미입니다. 하지만 학습을 위한 환경에서는 로컬 접근만 허용하는 것만으로도 충분합니다. 따라서 기존의 코드 앞에 # 기호를 붙여 주석 처리하고, 다음과 같은 줄을 입력합니다.

```
listen_addresses = 'localhost'
```

이렇게 하면 로컬 머신(현재 컴퓨터)에서만 PostgreSQL에 연결 가능합니다. 이 설정을 적용하려면 일단 PostgreSQL을 다시 시작해야 합니다. 윈도우의 제어판을 열고 '관리 도구' → '서비스'를 선택해주세요. 서비스 화면이 뜨면 다음 그림과 같이 'postgresql-(x64)-9.4'이라는 줄을 찾고, 마우스 오른쪽 버튼을 눌러주세요. 메뉴가 표시되면 '시작' 또는 '다시 시작'을 선택해주세요[4]. 이렇게 하면 변경한 설정 파일이 반영됩니다. 이때 실수로 postgresql-(x64)-9.4 이외의 서비스를 중지하면 운영체제가 제대로 동작하지 않을 위험이 있습니다. 따라서 다른 서비스를 건드리지 않게 조심해주세요.

....

4 저자주_ PostgreSQL이 이미 실행중인 상태에서는 '시작'이 비활성화되어 있습니다. 반대로 PostgreSQL이 중지 상태일 때는 '다시 시작'이 비활성화 되어 있습니다. 따라서 클릭할 수 있는 것을 클릭하면 됩니다.

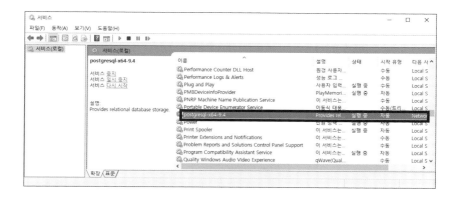

A-12

로컬 PC에 설치된 'PostgreSQL 9.4' – 'SQL Shell(psql)'을 선택합니다. 명령
프롬프트에 'Password for user postgres'가 표시될 때까지 Enter를 눌러주세요.
그리고 A-5 과정에서 설정했던 비밀번호를 입력한 뒤 Enter를 누릅니다. 이렇게
하면 명령 프롬프트에 'postgres=#'이라고 표시되는데요. PostgreSQL 연결이
완료된 것입니다. 이제 여기에 SQL 구문을 입력하면 됩니다.

```
 SQL Shell (psql)                              —    □    ✕
Server [localhost]:
Database [postgres]:
Port [5432]:
Username [postgres]:
Password for user postgres:
psql (9.4.4)
Type "help" for help.

postgres=#
```

B

연습문제 해답

1장

불특정 다수의 사용자로부터 요구되는 데이터의 캐시 히트율을 올리고 싶을 때, 어떤 데이터를 캐시하는 것이 좋을지를 기계적으로 풀기 위한 기본적인 알고리즘은 LRU(Least Recently Used)입니다. 이는 '참조 빈도가 가장 적은 것을 캐시에서 버리는' 알고리즘입니다. 반대로 말하자면, 참조 빈도가 많은 데이터가 캐시에 오래 남을 수 있으므로 전체적인 캐시 히트율이 상승합니다.

구현에 따른 세세한 차이는 매뉴얼 등 신뢰할 수 있는 문서를 참고하기 바랍니다. Oracle과 MySQL(InnoDB)은 온라인에서도 정보를 얻을 수 있습니다.

- **Oracle Database 11g 릴리즈2 (11.2) 「Database Buffer Cache」**
  http://docs.oracle.com/cd/E25054_01/server.1111/e25789/memory.htm#autoId10

- **MySQL 5.7 Reference Manual 「8.9.1 The InnoDB Buffer Pool」**
  http://dev.mysql.com/doc/refman/5.7/en/innodb-buffer-pool.html

2장

[코드 B-1]와 같은 SQL 구문을 사용합니다.

남녀별 연령 랭킹을 내림차순으로 구하는 SELECT 구문

```
SELECT name,
       sex,
       age,
       RANK() OVER(PARTITION BY sex ORDER BY age DESC) rnk_desc
  FROM Address;
```

실행 결과

```
name | sex | age | rnk_desc
------+------+------+-----------
하린   | 여   | 55 |     1
아린   | 여   | 25 |     2
하진   | 여   | 21 |     3
인아   | 여   | 20 |     4
빛나래 | 여   | 19 |     5
준     | 남   | 45 |     1
기주   | 남   | 32 |     2
민     | 남   | 32 |     2
인성   | 남   | 30 |     4
```

3장

UNION과 IN의 실행결과는 같은데요. CASE 식을 사용한 실행 결과가 달라집니다. key 필드가 '7'인 레코드가 추가되더라도, CASE 식의 결과는 [그림 B-1]처럼 기존 그대로입니다.

그림 **B-1** CASE 식의 결과

```
key | name |   date_1   | flg_1 |   date_2   | flg_2 |   date_3   | flg_3
-----+------+------------+-------+------------+-------+------------+-------
  1 | a    | 2013-11-01 | T     |            |       |            |
  2 | b    |            |       | 2013-11-01 | T     |            |
  5 | e    |            |       |            |       | 2013-11-01 | T
```

한편 UNION과 IN 쿼리는 다음과 같이 key 필드가 '7'인 레코드도 결과에 포함하는 형태로 변경됩니다(그림 B-2).

```
key | name | date_1     | flg_1 | date_2     | flg_2 | date_3     | flg_3
----+------+------------+-------+------------+-------+------------+------
  1 | a    | 2013-11-01 | T     |            |       |            |
  2 | b    |            |       | 2013-11-01 | T     |            |
  5 | e    |            |       |            |       | 2013-11-01 | T
  7 | g    | 2013-11-01 | F     |            |       | 2013-11-01 | T
```

이러한 차이가 생기는 이유는 CASE 식의 WHEN 구가 단락 평가를 수행하기 때문입니다. 단락 평가에서는 앞에 있는 조건이 TRUE라면 거기에서 평가를 중단하고, 나머지 분기의 평가를 생략합니다. 따라서 key 필드가 '7'인 레코드에 대해 CASE 식은 먼저 기술된 WHEN 구문 data_1 = '2013-11-01'을 평가했을 때, flg_1의 값으로 'F'를 리턴합니다. 결국 WHERE 구에서 'T' = 'F'가 FALSE로 평가되므로, 결과에서 제외되는 것입니다. 이어서 단락 평가에 의해 date_2 = '2013-11-01'과 date_3 = '2013-11-01'이 평가되지 않으므로, date_3를 평가할 때 WHERE 구 전체가 TRUE로 평가될 가능성이 전혀 없습니다.

UNION과 IN은 (date_n, flg_n)의 짝들을 전부 평가하므로 이러한 일이 일어나지 않습니다. 결과적으로 UNION과 무조건 동치인 것은 CASE 식을 사용한 쿼리가 아니라, IN을 사용한 쿼리랍니다.

4장

실행 환경(하드웨어, DBMS의 버전 또는 매개변수)에 따라 실행 계획이 다를 수 있지만, 필자의 환경에서는 [그림 B-3], [그림 B-4]와 같은 결과가 나옵니다. 아마 여러분의 실행 환경에서도 비슷한 결과가 나올 것입니다.

그림 **B-3** PostgreSQL 9.1에서의 실행 계획

```
--------------------------------------------------------------
HashAggregate (cost=1.16..1.27 rows=9 width=6)
   -> Seq Scan on persons (cost=0.00..1.11 rows=9 width=6)
```

그림 B-4 Oracle 11g에서의 실행 계획

```
-------------------------------------------------------------------------
|Id| Operation              | Name     |Rows |Bytes| Cost (%CPU)|Time     |
-------------------------------------------------------------------------
| 0| SELECT STATEMENT       |          |   9 |  54 |   3  (34)| 00:00:01 |
| 1|   HASH GROUP BY        |          |   9 |  54 |   3  (34)| 00:00:01 |
| 2|    TABLE ACCESS FULL   | PERSONS  |   9 |  54 |   2   (0)| 00:00:01 |
-------------------------------------------------------------------------
```

PostgreSQL과 Oracle의 실행 계획을 살펴보면, 본문에서 보았던 것과 차이가 없습니다. 모두 GROUP BY 연산을 해시로 실행합니다.

SQL Server에서는 실행 계획의 세 번째 줄에 Sort(ORDER BY : ([Expr1003] ASC))가 나타나는데요. GROUP BY 처리에서 정렬을 사용한다는 것을 확인할 수 있습니다(그림 B-5).

그림 B-5 SQL Server 2008에서의 실행 계획

```
-------------------------------------------------------------------------------------------------
|--Compute Scalar(DEFINE:([Expr1004]=CONVERT_IMPLICIT(int,[Expr1007],0)))
   |--Stream Aggregate(GROUP BY:([Expr1003]) DEFINE:([Expr1007]=Count(*)))
      |--Sort(ORDER BY:([Expr1003] ASC))
         |--Compute Scalar(DEFINE:([Expr1003]=substring([master].[dbo].[Persons].[name],(1),(1))))
            |--Clustered Index Scan(OBJECT:([master].[dbo].[Persons].[PK_Persons__72E12F1A4AD81681]))
```

MySQL에서의 실행 계획은 [그림 B-6]과 같습니다.

그림 B-6 MySQL 5.6에서의 실행 계획

id	select_type	table	type	possible_keys	key	key_len	ref	rows	Extra
1	SIMPLE	Persons	ALL	NULL	NULL	NULL	NULL	9	Using temporary; Using filesort

포인트는 'Extra' 필드에 있는 'Using temporary; Using filesort'입니다. 일단 워킹 메모리 내부에서 정렬 처리를 완료할 수 없으므로, 일시 영역(저장소)에 파일을 만들어 정렬한다는 의미입니다. 따라서 MySQL에서는 GROUP BY와 집약 함수를 조작할 때 해시가 아닌, 정렬이 사용되었음을 알 수 있습니다.

DB2에서도 마찬가지로 정렬이 실행되는 것을 확인할 수 있습니다(그림 B-7).

그림 B-7 DB2 9.7에서의 실행 계획

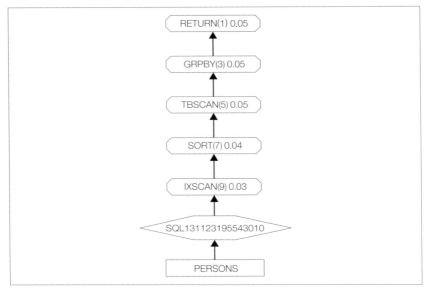

지금까지의 내용으로 Oracle과 PostgreSQL에서는 GROUP BY 연산에 해시를 사용하고, 이외의 DBMS에서는 정렬을 사용한다는 것을 알 수 있었습니다. 이러한 알고리즘은 DBMS의 버전이 올라가면 바뀔 수 있으므로(Oracle 9i까지는 GROUP BY에 정렬을 사용했습니다), 항상 자신이 사용하는 DBMS와 관련된 정보에 주의를 기울이기 바랍니다.

5장

'직전의 레코드'를 스칼라 서브쿼리로 표현한다면, 윈도우 함수로 만들었던 var 필드를 다음과 같이 만들 수 있습니다(코드 B-2).

코드 B-2 상관 서브쿼리를 사용한 방법

```
INSERT INTO Sales2
SELECT company,
       year,
       sale,
       CASE SIGN(sale - (SELECT sale       --직전 연도의 매상 선택
                         FROM Sales SL2
                         WHERE SL1.company = SL2.company
                         AND SL2.year =
                             (SELECT MAX(year)       --직전 연도 선택
                              FROM Sales SL3
                              WHERE SL1.company = SL3.company
                              AND SL1.year > SL3.year )))
            WHEN 0  THEN '='
            WHEN 1  THEN '+'
            WHEN -1 THEN '-'
            ELSE NULL END AS var
    FROM Sales SL1;
```

실행 계획은 [그림 B-8]과 같습니다.

그림 B-8 상관 서브쿼리를 사용한 방법의 실행 계획(Oracle)

```
--------------------------------------------------------------------------------
|Id |Operation                     |Name     | Rows | Bytes| Cost (%CPU)| Time      |
--------------------------------------------------------------------------------
|  0 |SELECT STATEMENT             |         |   12 |  108 |   2  (0)| 00:00:01 |
|  1 | SORT AGGREGATE              |         |    1 |    9 |         |          |
|  2 |  TABLE ACCESS BY INDEX ROWID |SALES    |    1 |    9 |   1  (0)| 00:00:01 |
|* 3 |   INDEX UNIQUE SCAN          |PK_SALES |    1 |      |   0  (0)| 00:00:01 |
|  4 |    SORT AGGREGATE           |         |    1 |    6 |         |          |
|  5 |     FIRST ROW               |         |    1 |    6 |   1  (0)| 00:00:01 |
|* 6 |      INDEX RANGE SCAN (MIN/MAX)|PK_SALES |    1 |    6 |   1  (0)| 00:00:01 |
|  7 | TABLE ACCESS FULL           |SALES    |   12 |  108 |   2  (0)| 00:00:01 |
--------------------------------------------------------------------------------
```

일단 'SL1.company = SL2.company'와 'SL1.company = SL3.company'는 같은 회사라는 조건을 나타냅니다. 그리고 현재 레코드의 연도보다 작은 연도(SL1.year > SL3.year) 중에서 가장 큰 연도(MAX(year))를 구하고, 이 연도를 사용해 '직전 연도의 매상'을 구합니다.

SL1.year > SL3.year 조건에 맞는 레코드 집합을 그림으로 나타내면 [그림 B-9]와 같습니다(굵은 글자로 표시된 부분은 연도의 최댓값을 나타냅니다).

그림 B-9 조건에 맞는 레코드 집합

SL1.year	SL1.year > SL3.year 조건에 해당하는 레코드 집합
S0 : 2002	ф 공집합
S1 : 2003	2002
S2 : 2004	2002 **2003**
S3 : 2007	2002 2003 **2004**

이는 고전적인 SQL의 집합 지향적 사고방식인데요. 비등가 결합을 사용해서 현재 레코드를 기점으로 하는 집합을 만드는 기술은 윈도우 함수가 도입되기 전의 SQL에서 정석에 해당했습니다. 이처럼 '어떤 값을 기점으로 그것보다 작은 값의 집합'에서의 기점을, 집합론에서는 하계(下界 : lower bound)[1]라 합니다.

기준이 되는 연도가 하나씩 늘어나면서 중첩 집합이 점점 커지는 형태가 되는데요. 일종의 재귀적 집합이라고 볼 수 있습니다. 중첩 집합에 순서대로 S0, S1, S2, S3라는 이름을 붙이면, 다음과 같은 포함 관계가 성립합니다.

• S0 ⊂ S1 ⊂ S2 ⊂ S3

이를 그림으로 나타내면 [그림 B-10]처럼 재귀 집합이 그려집니다.

----

1 역자주_ 하계 또는 최대 하한이라고 부릅니다.

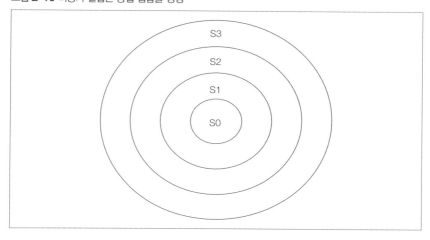

상관 서브쿼리는 테이블을 여러 번 스캔하고, 결합도 발생하므로 윈도우 함수를 사용한 방법에 비해 성능은 좋지 않습니다. 또한 결합을 사용하므로 실행 계획의 안정성도 굉장히 낮고, 윈도우 함수를 사용한 방법에 비해 가독성도 나쁩니다.

단적으로 말하자면, 윈도우 함수를 사용할 수 있는 환경에서, 과거의 기술이었던 상관 서브쿼리를 사용하는 장점은 전혀 없습니다.

6장 ─────────────────────────────────────

EXISTS의 경우, 필자의 환경에서는 PostgreSQL과 Oracle에서 각각 [그림 B-11], [그림 B-12]처럼 실행 계획이 나옵니다.

그림 **B-11** EXISTS의 실행 계획(PostgreSQL)

```
----------------------------------------------------------
Hash Semi Join (cost=1.14..2.22 rows=3 width=10)
   Hash Cond: (d.dept_id = e.dept_id)
   -> Seq Scan on departments d (cost=0.00..1.04 rows=4 width=10)
   -> Hash (cost=1.06..1.06 rows=6 width=3)
       -> Seq Scan on employees e (cost=0.00..1.06 rows=6 width=3)
```

```
--------------------------------------------------------------
|Id|Operation           |Name          |Rows|Bytes|Cost (%CPU)|Time     |

| 0|SELECT STATEMENT     |              |  3 |  36 |   3 (0)|00:00:01|
| 1| NESTED LOOPS SEMI   |              |  3 |  36 |   3 (0)|00:00:01|
| 2|  TABLE ACCESS FULL  |DEPARTMENTS   |  4 |  40 |   3 (0)|00:00:01|
|*3|  INDEX RANGE SCAN   |IDX_DEPT_ID   |  4 |   8 |   0 (0)|00:00:01|
--------------------------------------------------------------
```

PostgreSQL에서는 Hash, Oracle에서는 Nested Loops를 사용하는데요. 이 차이는 딱히 중요하지 않습니다. 주목해야 하는 부분은 두 실행 계획에서 나타나는 'Semi'라는 키워드입니다. 'Semi-Join'은 한국어로는 '준결합(準結合)' 또는 '반결합(半結合)'이라고 불립니다. 이는 일반적인 결합에는 나타나지 않고, EXISTS(와 IN)을 사용할 때 쓰이는 특수한 알고리즘입니다.

이 알고리즘의 특징은 다음과 같은 두 가지입니다.

- 결과에 구동 테이블의 데이터만 포함되며, 1개의 레코드는 반드시 1개의 결과만 생성한다(일반적인 결합에서는 일대다 결합일 때, 레코드 수가 늘어나는 경우가 있음).
- 내부 테이블에서 조건에 맞는 레코드를 1개라도 발견한 시점에서 남은 레코드의 검색을 생략하므로, 일반적인 결합보다 성능이 좋다.

성능상의 이점을 조금 더 자세하게 설명하겠습니다. 예를 들어 Employees 테이블에는 개발(dept_id = 12) 레코드로 '중민', '웅식', '주아'가 있는데요. 그중 가장 첫 번째 레코드를 찾는 시점에서 검색을 생략할 수 있으므로, 남은 두 개 레코드까지 다시 찾아야 하는 일반적인 결합에 비해 반복 횟수가 적을 것입니다.

따라서 EXISTS를 사용할 수 있는 경우에는, 일반적인 결합 대신 EXISTS를 사용하는 결합으로 변경하는 편이 성능 측면에서 낫습니다. 이는 성능 개선 방법의 전형적인 예입니다.

반대로 NOT EXISTS의 경우는 [그림 B-13], [그림 B-14]처럼 실행 계획이 나옵니다.

그림 B-13 NOT EXISTS의 실행 결과(PostgreSQL)

```
Hash Anti Join (cost=1.14..2.20 rows=1 width=10)
   Hash Cond: (d.dept_id = e.dept_id)
   -> Seq Scan on departments d (cost=0.00..1.04 rows=4 width=10)
   -> Hash (cost=1.06..1.06 rows=6 width=3)
      -> Seq Scan on employees e (cost=0.00..1.06 rows=6 width=3)
```

그림 B-14 NOT EXISTS의 실행 결과(Oracle)

Id	Operation	Name	Rows	Bytes	Cost (%CPU)	Time
0	SELECT STATEMENT		1	12	3 (0)	00:00:01
1	NESTED LOOPS ANTI		1	12	3 (0)	00:00:01
2	TABLE ACCESS FULL	DEPARTMENTS	4	40	3 (0)	00:00:01
* 3	INDEX RANGE SCAN	IDX_DEPT_ID	4	8	0 (0)	00:00:01

PostgreSQL에서는 Hash, Oracle에서는 Nested Loops를 사용하는데요. 여기서도 이 차이는 크게 중요하지 않습니다. 주목해야 하는 부분은 두 실행 계획에 나타나는 'Anti'라는 키워드입니다. 'Anti-Join'은 한국어로는 '반결합(反結合)'이라고 불립니다. 이는 일반적인 결합에 나타나지 않고, EXISTS(와 IN)을 사용할 때 쓰이는 특수한 알고리즘입니다.

반결합의 동작은 준결합과 거의 비슷합니다. 내부 테이블에서 조건에 맞는 레코드를 1개라도 발견한 시점에서 남은 레코드의 검색을 생략한다는 점은 같습니다. 하지만 이번에는 구동 레이블의 레코드 데이터가 결과에서 제외된다는 차이가 있습니다. 이는 EXISTS와 NOT EXISTS가 기능적으로 반대인 만큼 당연한 이야기입니다. 반결합도 일반적인 결합에 비해 반복 횟수가 감소하므로, 성능적으로 좋습니다.

참고로 EXISTS와 IN은 결과가 같을 때 실행 계획도 같을 가능성이 큽니다. 하지만 NOT EXISTS와 NOT IN은 결과가 같다고 해도 실행 계획이 다를 가능성이 높습니다. 흥미가 있다면 NOT IN의 실행 계획도 함께 살펴보세요(아마 NOT EXISTS 성능이 더 좋게 나올 것입니다).

결합을 집약보다 우선하는 이유로 생각해볼 수 있는 경우 중 하나는, 예를 들어 결합을 먼저 사용했을 때 레코드 수를 크게 줄일 가능성이 있을 때입니다. 결합으로 레코드 수를 크게 줄인 뒤 집약을 하게 되면, 전체적인 비용이 내려간다고 기대할 수 있습니다.

또 하나는 효율적인 접근이 가능한 조건 또는 인덱스가 존재하지 않는 경우입니다. 예를 들어 현재 실행 계획에서는 pk_Companies라는 기본 키의 인덱스를 사용한 Nested Loop가 효율적이라고 옵티마이저가 판단하는 것입니다. 마찬가지로 파티션도 뷰 통합의 원인이 될 수 있습니다.

추가로 Oracle에 한정된 이야기지만, 이러한 두 가지 타입의 실행 계획을 MERGE/ NO_MERGE라는 힌트 구로 제어할 수 있습니다. MERGE는 뷰 머지를 강제하고, NO_MERGE는 뷰를 분리한다는 의미입니다. Oracle에서 NO_MERGE를 사용하면 [그림 B-15]처럼 뷰에서 집약이 먼저 실행됩니다.

그림 **B-15** NO_MERGE 힌트 구로 뷰를 분리한 실행 계획

```
| Id | Operation            | Name       | Rows | Bytes | Cost (%CPU)| Time     |
| 0  | SELECT STATEMENT     |            |  7   | 182   | 8 (25)| 00:00:01 |
|* 1 |   HASH JOIN          |            |  7   | 182   | 8 (25)| 00:00:01 |
| 2  |     TABLE ACCESS FULL | COMPANIES |  4   |  32   | 3  (0)| 00:00:01 |
| 3  |     VIEW             |            |  7   | 126   | 4 (25)| 00:00:01 |
| 4  |       HASH GROUP BY   |            |  7   | 147   | 4 (25)| 00:00:01 |
|* 5 |         TABLE ACCESS FULL | SHOPS  |  7   | 147   | 3  (0)| 00:00:01 |
```

정렬 키를 체중(weight) 필드로만 지정하면, hi와 lo를 산출할 때 같은 체중의 학생들이 언제나 같은 순서로 정렬된다는 보장이 없기 때문입니다. [코드 B-3]과 같

은 오름차순과 내림차순으로 각각 정렬한 ROW_NUMBER의 결과를 보면 쉽게 알 수 있습니다.

코드 B-3 오름차순과 내림차순으로 정렬한 ROW_NUMBER 결과

```
SELECT student_id,
       weight,
       ROW_NUMBER() OVER (ORDER BY weight ASC) AS hi,
       ROW_NUMBER() OVER (ORDER BY weight DESC) AS lo
  FROM Weights;
```

필자의 환경에서 실행하면 [그림 B-16]과 같은 실행 결과가 나옵니다.

그림 B-16 코드의 실행 결과(환경에 따라 다를 수 있음)

```
student_id|weight|     hi|     lo
--------------+----------+----------+----------
B346      |     80 |     6 |     1
A100      |     70 |     5 |     2
C563      |     70 |     4 |     3
B343      |     60 |     2 |     4
A124      |     60 |     1 |     5
C345      |     60 |     3 |     6
```

이때 'hi IN(lo, lo + 1, lo − 1)'의 조건에 걸리는 것은 'C563(70kg)'뿐입니다. 따라서 쿼리 결과로 70kg이라는 잘못된 계산 결과를 구하게 됩니다. 또는 환경에 따라 결과에 아무것도 나타나지 않을 수 있습니다.

이러한 결과가 나타나는 이유는, weight 필드의 값이 같을 때 어떤 순서로 정렬할지 보장하지 않으므로 물리적인 기록 순서에 따라 순서가 바뀌기 때문입니다. 따라서 환경에 따라 다른 결과가 나올 수 있는 것입니다.

9장

답은 [코드 B-4]입니다.

코드 B-4 NOT NULL 제약의 필드도 갱신 가능한 UPDATE 구문 : 첫 번째

```
UPDATE ScoreRowsNN
    SET score = (SELECT COALESCE(CASE ScoreRowsNN.subject
                                      WHEN '영어' THEN score_en
                                      WHEN '국어' THEN score_nl
                                      WHEN '수학' THEN score_mt
                                      ELSE NULL
                                 END, 0)
                   FROM ScoreCols
                  WHERE student_id = ScoreRowsNN.student_id);
```

포인트는 서브쿼리 내부에서 사용하고 있는 COALESCE 함수입니다. COALESCE 함수는 NULL을 0으로 변환해줍니다. 추가로 이 함수의 위치를 [코드 B-5]처럼 서브쿼리의 밖에 위치시켜도 같은 결과를 냅니다. 실행 계획에도 차이는 없습니다.

코드 B-5 NOT NULL 제약의 필드도 갱신 가능한 UPDATE 구문 : 두 번째

```
UPDATE ScoreRowsNN
    SET score = COALESCE((SELECT CASE ScoreRowsNN.subject
                                      WHEN '영어' THEN score_en
                                      WHEN '국어' THEN score_nl
                                      WHEN '수학' THEN score_mt
                                      ELSE NULL
                                 END
                            FROM ScoreCols
                           WHERE student_id = ScoreRowsNN.student_id), 0);
```

10장

데이터 마트를 만드는 방법은 크게 다음과 같은 두 가지입니다.

❶ Table to Table 갱신
❷ 머티리얼라이즈 뷰(Materialized View, MV)

❶의 Table to Table 갱신은, 예를 들어 원본 테이블에서 SELECT한 결과를 INSERT하거나 UPDATE하는 간단한 방법입니다. ❷의 MV는 이를 DBMS 기능으로 어느 정도 자동화하는 방법입니다. 이때 ❶과 ❷를 비교하는 관점으로는

MV 지원 여부, 차분 갱신의 유연성, 갱신 시점, 튜닝 가능성의 4가지를 꼽을 수 있습니다.

일단 MV는 Oracle, DB2, PostgreSQL이 지원합니다[2].

- **CREATE MATERIALIZED VIEW – Oracle Database SQL 레퍼런스 11g 릴리즈 1(11.1)**
  http://docs.oracle.com/cd/B28359_01/server.111/b28286/statements_6003.htm

- **DB2 Basics: An introduction to materialized query tables – developerWorks**
  http://www.ibm.com/developerworks/data/library/techarticle/dm–0509melnyk/

- **38.3. Materialized Views – PostgreSQL 9.3.2 문서**
  http://www.postgresql.org/docs/9.3/static/rules–materializedviews.html

차분 갱신과 관련, ❶은 SQL 코딩으로 제어할 수 있는 레벨까지 수행할 수 있지만 ❷는 DBMS에 따라 MV의 차분 갱신 레벨이 다릅니다.

갱신 타이밍과 관련, 기본적으로는 ❶과 ❷ 모두 온 커밋 또는 온 배치를 선택하지만 온 커밋은 갱신 부하가 높으므로 거의 사용하지 않습니다. 따라서 이 관점에서도 서로 거의 비슷합니다.

튜닝 가능과 관련, ❷는 DBMS에게 모든 것을 맡기므로 튜닝 수단이 거의 없습니다[3]. 반면 ❶은 SQL 코딩으로 제어할 수 있으므로, 튜닝 가능성이라는 측면에서는 ❶이 좋습니다.

---

2 저자주_ DB2에서는 머티리얼라이즈 쿼리 테이블(Materialized Query Table, MQT)라고 부릅니다.

3 저자주_ 병렬 처리할 것인지, MV의 삭제를 DELETE와 TRUCATE 중에 어떤 것으로 할 것인지 정도만 선택할 수 있습니다.

INDEX

INDEX

INDEX

INDEX

INDEX